本书由
中央高校建设世界一流大学（学科）
和特色发展引导专项资金
资助

中南财经政法大学“双一流”建设文库

数 | 字 | 经 | 济 | 系 | 列 |

数字经济背景下价值评估研究

张世如 著

中国财经出版传媒集团
中国财政经济出版社

图书在版编目（CIP）数据

数字经济背景下价值评估研究／张世如著．--北京：中国财政经济出版社，2019．12
（中南财经政法大学“双一流”建设文库．数字经济系列）
ISBN 978－7－5095－9321－9

Ⅰ．①数…　Ⅱ．①张…　Ⅲ．①信息经济－资产评估－研究－中国　Ⅳ．①F492

中国版本图书馆CIP数据核字（2019）第232956号

责任编辑：吴　敏　　　　责任校对：李　丽
封面设计：陈宇琰

数字经济背景下价值评估研究
SHUZI JINGJI BEIJINGXIA JIAZHI PINGGU YANJIU
中国财政经济出版社 出版

URL：http：//www.cfeph.cn
E－mail：cfeph＠cfemg.cn

社址：北京市海淀区阜成路甲28号　邮政编码：100142
营销中心电话：010－88191537
北京财经印刷厂印装　各地新华书店经销
787×1092毫米　16开　13.75印张　223 000字
2019年12月第1版　2019年12月北京第1次印刷
定价：62.00元
ISBN 978－7－5095－9321－9
（图书出现印装问题，本社负责调换）
本社质量投诉电话：010－88190744
打击盗版举报热线：010－88191661　QQ：2242791300

总　序

“中南财经政法大学‘双一流’建设文库”是中南财经政法大学组织出版的系列学术丛书，是学校“双一流”建设的特色项目和重要学术成果的展现。

中南财经政法大学源起于1948年以邓小平为第一书记的中共中央中原局在挺进中原、解放全中国的革命烽烟中创建的中原大学。1953年，以中原大学财经学院、政法学院为基础，荟萃中南地区多所高等院校的财经、政法系科与学术精英，成立中南财经学院和中南政法学院。之后学校历经湖北大学、湖北财经专科学校、湖北财经学院、复建中南政法学院、中南财经大学的发展时期。2000年5月26日，同根同源的中南财经大学与中南政法学院合并组建“中南财经政法大学”，成为一所财经、政法“强强联合”的人文社科类高校。2005年，学校入选国家“211工程”重点建设高校；2011年，学校入选国家“985工程优势学科创新平台”项目重点建设高校；2017年，学校入选世界一流大学和一流学科（简称“双一流”）建设高校。70年来，中南财经政法大学与新中国同呼吸、共命运，奋勇投身于中华民族从自强独立走向民主富强的复兴征程，参与缔造了新中国高等财经、政法教育从创立到繁荣的学科历史。

“板凳要坐十年冷，文章不写一句空”，作为一所传承红色基因的人文社科大学，中南财经政法大学将范文澜和潘梓年等前贤们坚守的马克思主义革命学风和严谨务实的学术品格内化为学术文化基因。学校继承优良学术传统，深入推进师德师风建设，改革完善人才引育机制，营造风清气正的学术氛围，为人才辈出提供良好的学术环境。入选“双一流”建设高校，是党和国家对学校70年办学历史、办学成就和办学特色的充分认可。“中南大”人不忘初心，牢记使命，以立德树人为根本，以“中国特色、世界一流”为核心，坚持内涵发展，“双一流”建设取得显著进步：学科体系不断健全，人才体系初步成型，师资队伍不断壮大，研究水平和创新能力不断提高，现代大学治理体系不断完善，国际交流合作优化升级，综合实力和核心竞争力显著提升，为在2048年建校百年时，实现主干学科跻身世界一流学科行列的发展愿景打下了坚实根基。

“当代中国正经历着我国历史上最为广泛而深刻的社会变革，也正在进行着人类历史上最为宏大而独特的实践创新”，“这是一个需要理论而且一定能够产生理论的时代，这是一个需要思想而且一定能够产生思想的时代”①。坚持和发展中国特色社会主义，统筹推进“五位一体”总体布局和协调推进“四个全面”战略布局，实现“两个一百年”奋斗目标、实现中华民族伟大复兴的中国梦，需要构建中国特色哲学社会科学体系。市场经济就是法治经济，法学和经济学是哲学社会科学的重要支撑学科，是新时代构建中国特色哲学社会科学体系的着力点、着重点。法学与经济学交叉融合成为哲学社会科学创新发展的重要动力，也为塑造中国学术自主性提供了重大机遇。学校坚持财经政法融通的办学定位和学科学术发展战略，“双一流”建设以来，以“法与经济学科群”为引领，以构建中国特色法学和经济学学科、学术、话语体系为己任，立足新时代中国特色社会主义伟大实践，发掘中国传统经济思想、法律文化智慧，提炼中国经济发展与法治实践经验，推动马克思主义法学和经济学中国化、现代化、国际化，产出了一批高质量的研究成果，“中南财经政法大学‘双一流’建设文库”即为其中部分学术成果的展现。

文库首批遴选、出版二百余册专著，以区域发展、长江经济带、“一带一路”、创新治理、中国经济发展、贸易冲突、全球治理、数字经济、文化传承、生态文明等十个主题系列呈现，通过问题导向、概念共享，探寻中华文明生生不息的内在复杂性与合理性，阐释新时代中国经济、法治成就与自信，展望人类命运共同体构建过程中所呈现的新生态体系，为解决全球经济、法治问题提供创新性思路和方案，进一步促进财经政法融合发展、范式更新。本文库的著者有德高望重的学科开拓者、奠基人，有风华正茂的学术带头人和领军人物，亦有崭露头角的青年一代，老中青学者秉持家国情怀，述学立论、建言献策，彰显“中南大”经世济民的学术底蕴和薪火相传的人才体系。放眼未来、走向世界，我们以习近平新时代中国特色社会主义思想为指导，砥砺前行，凝心聚

① 习近平：《在哲学社会科学工作座谈会上的讲话》，2016年5月17日。

力推进“双一流”加快建设、特色建设、高质量建设，开创“中南学派”，以中国理论、中国实践引领法学和经济学研究的国际前沿，为世界经济发展、法治建设做出卓越贡献。为此，我们将积极回应社会发展出现的新问题、新趋势，不断推出新的主题系列，以增强文库的开放性和丰富性。

“中南财经政法大学‘双一流’建设文库”的出版工作是一个系统工程，它的推进得到相关学院和出版单位的鼎力支持，学者们精益求精、数易其稿，付出极大辛劳。在此，我们向所有作者以及参与编纂工作的同志们致以诚挚的谢意！

因时间所囿，不妥之处还恳请广大读者和同行包涵、指正！

中南财经政法大学校长

前　言

2015年以来，中国相继出台了《促进大数据发展行动纲要》《国家信息化发展战略纲要》《"十三五"国家信息化规划》等一系列文件，推动数字经济在经济发展中的引领和主导作用。腾讯研究院在其报告《2017中国互联网+数字经济》中称，2016年中国数字经济总体量约为22.77万亿元人民币，是居于美国之后的世界第二大数字经济体。麦肯锡发布的《中国数字经济如何引领全球新趋势（2017）》认为，中国已拥有全球最活跃的数字化投资与创业生态系统。2017年《政府工作报告》中首次明确了促进数字经济加快成长的要求，当前数字经济发展总体上呈现规模大、增速快、渗透不均衡的特点。

数字经济被认为是以使用数字化的知识和信息作为关键生产要素、以现代信息网络作为重要载体、以信息通信技术的有效使用作为效率提升和经济结构优化的重要推动力的一系列经济活动（G20，2016）。2018年习近平主席在致首届中国国际智能产业博览会的贺信中明确提出"加快推进数字产业化、产业数字化"的重要方略，为加快我国数字经济发展指明了前进方向。通过数字产业化和产业数字化进程，数字经济的深化发展体现为数字化的知识和信息作为关键生产要素，逐渐颠覆和替代传统生产要素的作用和地位的产业价值链重构和演进。这一进程反映在企业微观管理层面，势必引发数字化的知识和信息作为关键生产要素在企业管理情景中如何认知、界定和管理的挑战。

对企业而言，知识和信息作为生产要素，在企业价值创造过程中做出了重要贡献，无形资产、知识资产等概念的提出和研究都反映了这一现实，但伴随着知识和信息的数字化，其在企业管理情景和资产体系中的形态和地位不断演变。当前，数字化知识和信息的要素化在企业管理情景中体现为数据和算法结合的要素化，数据和算法成为构建企业核心竞争力的关键资源和能力。对企业来说，数据既是资源（如基于客户数据形成的用户画像），也是能力（如基于用户数据形成的产品画像）。用户画像和产品画像是基于数据利用的资源和能力形成的，而与数据关联的具体数字资产形态则并未被固化和认知。算法是更深层次的数据应用，作为基于数据应用的数字资产，也未被界定和认知。现有企业在数字化过程中，尝试在大数据基础上构建数据与其企业整体价值和资产价值的关联，但还局限于浅层关联，对基于数据形成的数字资产价值的深度挖掘和认知还待深化。在识别和管理数字资产的过程中存在以下认知困境：一是初始的数据收集过程会面临因用户信息和物联信息授权机制不明而产生的产权双向性和模糊性问题，基于用户信息和物联信息形成的企业数字资产应如何界定；二是企业对数据进行集合、利用、加工的数据内部化成果及与之匹配的核心算法在管理情景和资产体系中如何确认为数字资产，数字资产的价值贡献应该如何评估；三是如何界定和管理基于人工智能的数据迭代和算法优化形成的数字资产；四是对于涉及数字资产的企业并购和资产交易，应如何确定进行交易的标的和交易价值。因此，为了从理论和实践上研究数字经济发展过程中，企业利用和管理数字资产面对的资产界定和价值评估问题，本书以数字经济背景下的价值评估研究为题，对这一问题进行系统研究。

本书是作者数年以来对数字经济背景下价值评估相关问题研究和思考的阶段性总结，也是团队合作的成果。本书中的研究观点和内容既受中国资产评估协会相关课题的内容启发，也包含师文杰、邹之吟、杨明轶、王雅月和陶梦婕同学在求学期间和作者合作完成的成果，同时还得到了郑海燕、杜文洁、张翼、江玉兰和乔一丹同学在写作上的支持和协助。虽然作者尽力回答数字经济背景下价值评估理论和实务领域存在的问题和挑战，但局限于个人认知和水平，还请读者和专家多多指正。

作　者

2019 年 7 月

目 录

引 言 1

第一章 数字经济与产业数字化研究 4

第一节 数字经济研究 4

第二节 产业数字化研究 10

第三节 数字内容产业演进与价值链变迁分析 18

第二章 数字经济中资产理论演变分析 24

第一节 数字资产概念与演进分析 24

第二节 数字经济中资产理论演进分析 33

第三节 典型数字资产——核心数据库研究 52

第三章 数字经济中典型企业价值评估研究 62

第一节 网络文学阅读平台企业价值评估逻辑 63

第二节 网络文学阅读平台产业分析 70

第三节 案例研究——阅文集团股权价值评估 88

第四节 网络文学平台版权及价值分析 102

第五节 网络文学阅读平台版权评估模型的构建 109

第六节 案例研究——掌阅 APP 版权价值评估 115

第四章 数字经济中典型资产价值评估研究 126

第一节 网络剧版权价值分析 126

第二节 期权法评估网络剧参数的确定 135

第三节 回归模型的分析与构建 151

第四节　网络剧《柒个我》的版权价值评估　155
第五节　动漫形象界定及价值理论分析　161
第六节　奥飞娱乐动漫形象价值分析　169
第七节　奥飞娱乐动漫形象价值评估　178
第八节　网络游戏版权及价值分析　184
第九节　案例研究——《王者荣耀》游戏版权价值评估　191

主要参考文献　205

引 言

一、研究目的和意义

从我国提出发展数字经济概念以来，数字经济已进入深化数字产业机制、强化产业数字创新的阶段。数字产业化和产业数字化在微观层面是以资产的创新、开发、应用和保护为核心驱动的产业发展过程，数字资产的价值评估和资本化是通过资产创新驱动数字内容产业发展的重要内容之一。

（一）研究的学术价值

本书将从数字经济发展和价值评估的视角，分析数字产业化和产业数字化进程中的资产系统演变，以产业价值生态系统中演化的利益契约和权利束为数字资产界定基础，对当前数字产业化和产业数字化中的资产进行解构与归并，重构有利于价值评估的数字资产认知和界定体系。分析因数字产业化和产业数字化发展导致的生态价值系统演变而产生的数字经济进程中的资产价值影响因素及此过程中的价值演变规律，并在此分析基础上，研讨数字经济中典型企业和资产的价值评估问题，为数字资产产权的侵权赔偿、产权交易和融资模式提供价值评估的理论支撑。

（二）研究的应用价值

本书的研究以产权交易、产业融资和司法实践等迫切需要解决的现实问题为导向。数字资产是数字经济中产业和企业的核心资产，但在涉及数字资产的交易、侵权赔偿以及融资定价时，由于各方对其资产的合理价值无法判断，导致交易定价空间模糊、赔偿数额量化困难以及融资模式难以落地等现象，因此研究数字经济中典型数字资产的价值评估，对解决数字经济中存在大量的需要判断其数字资产价值的市场交易行为、司法和政策实践具有非常重要的现实意义。

综上所述，对我国数字经济中资产价值评估的研究还处于不断深化的阶段，但对数字经济中资产如何判断、分析和评估缺乏研究，针对该问题的分析和解决形成了本书的研究切入点。目前，我国数字经济中资产价值评估还是以传统无形资产评估思路为主，无法真实反映其价值评估的复杂性和模糊性，需要从产业演进的角度对数字经济中的资产体系重新进行界定和分析，并在此基础上形成具有针对性的评估理论体系和框架。本研究是对上述问题做出的具有价值的探索和创新。

二、研究的主要内容

（一）数字经济与产业数字化研究

对数字经济相关的概念、内涵等进行梳理，厘清研究的基本内容，同时将数字产业化和产业数字化发展的问题等进行分析研究，总结出我国数字经济发展中价值评估需要研究的问题。

（二）数字经济中资产理论演变分析

目前，数字经济发展中产业和企业资产是以工业经济时代传统资产的概念为认知基础，但数字经济中的资产体系发展需要对此认知基础进行重构。从数字化产业和产业数字化角度对数字经济中的资产概念进行解析，以产业数字化生态系统演化的利益契约和权利束为资产产权界定基准，进而对数字经济中的资产体系进行构建和分析，为后续的价值评估研究提供资产理论基础。

（三）数字经济中典型企业价值评估分析

数字经济中的典型产业和企业价值评估重点是在不确定状态下与企业数字化或特定资产收益行为背景下的价值认定。但以经营和交易为目的的数字化企业价值评估更应聚焦于在企业数字价值链中产生的收益创造及其价值回报机制。通过分析数字经济中典型产业和企业的价值评估问题，研究因此而产生的数字经济下典型企业价值影响因素及此过程中的价值演变规律，为数字化背景下的企业价值评估理论提供典型案例支持。

（四）数字经济中典型资产价值评估分析

通过分析数字经济背景下企业当中的典型资产价值评估案例，在考虑数字经济背景下典型资产价值实现途径的基础上，基于典型资产的价值形式，选择合适的评估方法和构建合适的价值评估模型，探讨针对数字经济中典型资产评估的假设条件，并就参数选取、评估逻辑、评估结果等问题进行分析。通过选取具有典型性的数字经济中的资产评估案例，分析判断相关评估模型对典型数字资产价值评估的适用性与可靠性。

三、研究方法和技术路线

（一）研究对象

本书以数字经济中的企业和资产为研究对象，研究其价值发现、价值评估等问题，包括数字经济中的资产概念分析与构建，价值演变规律分析，典型企业价值评估，典型资产价值评估等问题。

（二）研究总体框架

本研究按照我国数字经济中的资产界定—价值分析—价值评估的逻辑进行。首先，阐释数字经济和产业数字化的内涵和范围界定，并勾勒数字经济中价值评估面临的问题。其次，对数字经济中的资产理论进行分析与构建，并在理论构建的基础上，对数字经济中的资产理论进行界定。然后，分析数字经济中资产价值影响因素，并通过对影响因素的讨论与评价，分析其价值演变规律。最后，对数字经济中典型企业和典型资产的评估进行案例分析，见图 1。

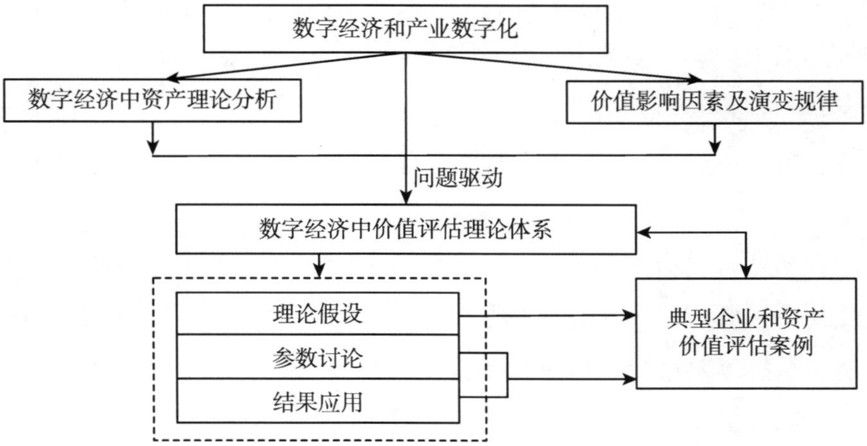

图 1　数字经济中价值评估研究思路

第一章　数字经济与产业数字化研究

第一节　数字经济研究

1994 年，“数字经济”词组首次出现。根据牛津英语词典，1994 年3 月1 日在一篇报纸报道中数字经济作为词组出现，这是目前能找到的最早记录。1996 年，这一概念首次进入行业文献。Don Tapscott（1996）的著作标题突出了数字经济，而且书中还详细描述了数字经济各方面的情况。该书在业内引起了巨大反响，数字经济这一概念真正形成。Don Tapscott 因此被公认为“数字经济之父”。

20 世纪 90 年代，特别是其后半期，美国经济出现了高增长、低通货膨胀、低失业率的繁荣景象，多数人将其主要归功于信息技术的应用。1998 年，美国商务部发布的报告从政府角度判断了数字经济的到来，并开始设计测量指标、搜集数据，将数字经济纳入官方统计中。此后，“数字经济”概念在全社会开始广泛使用。

目前，随处可见数字经济一词，政府、学术界、传媒及其他行业、普通民众都在使用这一概念，用来描述信息技术革命引发的经济现象。自 2002 年起，世界经济论坛每年发布全球信息技术报告，从首份报告起“数字经济”就出现在其正文中。经济合作与发展组织（OECD）连续多年测量数字经济，在若干报告的标题中也使用了数字经济。

一、数字经济的内涵

多年来，学者、政府机构都从各自的角度对数字经济的内涵进行了丰富的研究，加深了对数字经济的认识。

第一，几乎都认同数字经济是信息技术、信息化带来的经济形态，这是目前研究的共性。在可查阅的文献中，还未发现有研究者分裂数字经济和信息技术、信息化的关系，都认同是信息技术、信息化带来了数字经济。Negropont（1997）在《数字化生存》一书中将数字化比喻为原子到比特的转变，这是因为在数字经济时代，信息储存于虚拟化的比特而非实体化的原子之中，原有工业经济时代的运输、出版等方式将发生颠覆性的变化。赵玉鹏（2003）认为，各种社会活动都基于 0 和 1 的数字，能够用来动态地描述数字流动的经济称为数字经济。何枭吟（2011）认为，数字经济是以知识为基础，在数字技术催化作用下，制造领域、管理领域和流通领域以数字化形式表现的一种新的经济形态。澳大利亚宽带、通信和数字经济部称，数字经济是由于信息和通信技术而形成的经济和社会活动的全球网络，这些技术包括互联网、移动网络和传感器网络等。逄建等（2013）认为，数字经济是以信息和通信技术为基础，通过互联网、移动通信网络、物联网等实现交易、交流、合作的数字化，以推动经济社会的发展与进步。赵星（2016）认为，数字经济是发生在虚拟而又严谨的数字空间中，应用数字技术、交易数字产品等相关的经济活动。

第二，部分研究者采用非定义的方式描述了数字经济的某些显著特征。由于数字经济的复杂性和不断演进，部分研究者只详细描述了数字经济的某些显著特征，并未对数字经济做出明确的定义。例如，Don Tapscott（1996）指出了数字经济的 12 个特征，但并未对数字经济做出明确的定义。在其之后的著作中，仍然只是描述，而没有做出明确的定义。Brent Moulton（2017）指出，数字经济、信息技术、电子商务都没有标准定义，他认为数字经济包括信息技术和电子商务，其中信息技术涉及信息处理和相关的设备、软件、半导体和电信设备，电子商务指采用互联网销售产品和服务。

部分研究者从测量的角度描述数字经济的内涵。这种描述方式通常见于经济测量机构，是为了测量数字经济的产出、就业、劳动生产率等。这种描述方式并不一定对数字经济做出了明确的定义，而主要是通过描述并分别测量数字经济的组成部分来达到对数字经济整体的认识。例如，美国普查局的 Thomas L. Mesenbourg（2017）认为数字经济由三部分组成，分别为：①电子业务基础设施，即用于支持电子业务和电子商务的经济基础设施；②电子业务，即组织中以计算机网络作为媒介的活动；③电子商务，即通过计算机网络进行的产品和服务的销售。该表述实际上并未对数字经济做出整体定义，只是分别定义了其三个组成部分，试图通过对各部分的测量来达到对整体的理解。这一表述产生了很大的影响力，特别是在各国政府对数字经济的测量方面。不过，在测量数字经济方面存在很大的难度，这种通过部分来认识整体的方式并没有达到目标。美国在测量第一和第三部分方面的表现相对较好，而在测量第二部分方面有较大不足。英国国家统计办公室（2017）也认同 Mesenbourg 的表述方式，在 OECD 关于 ICT 部门的标准行业分类代码（SIC）的基础上，扩展形成了英国的数字部门，但他们也承认这不是全部的数字经济。

第三，部分机构从要素、条件、路径、目标等方面非常详细地定义了数字经济。这种定义方式多见于政府或与政府关联较多的研究机构，通常是为了研究数字经济的发展。这种定义方式一般有三个特点：①在内容上，通常包含对数字经济的价值评价，并且是积极评价，这为发展数字经济提供了理论支撑；②在形式上，字数通常较多，这样才能涵盖如此多的内容；③从某种意义上来说，这更像是数字经济发展战略的高度精简版。例如，2016 年在中国杭州举行的二十国集团（G20）峰会上，与会国领导人共同发起《二十国集团数字经济发展与合作倡议》（2016）。这份倡议中表明，数字经济是指以使用数字化的知识和信息作为关键生产要素、以现代信息网络作为重要载体、以信息通信技术的有效使用作为效率提升和经济结构优化的重要推动力的一系列经济活动。中国信息通信研究院（2017）认为，数字经济是以数字化的知识和信息为关键生产要素，以数字技术创新为核心驱动力，以现代信息网络为重要载体，通过数字技术与实体经济深度融合，不断提高传统产业数字化、智能化水平，加速重构经济发展与政府治理模式的新型经济形态。

第四，部分定义还指出了数字经济的某些其他显著特征。与第二点不同的是，这些研究者会对数字经济做出明确的定义，定义中既包含相对简洁的总体表述，还会刻意补充强调某些显著特征。例如，在何枭吟（2005）的定义中，在数字技术中特意指出计算机和互联网技术的作用。在澳大利亚宽带、通信和数字经济部（2009）的定义中，在信息和通信技术中特意指出互联网、移动网络和传感器网络等技术，并突出了网络的全球性。

二、数字经济的特征

Don Tapscott（1996）指出了数字经济的 12 个特征，分别是：知识驱动、数字化、虚拟化、分子化、集成/互联工作、去中介化、聚合、创新、消费者也是生产者、及时、全球化、不一致性。

中国信息通信研究院发布的《中国数字经济发展白皮书（2017 年）》在“数字经济”定义的基础上进一步总结归纳了数字经济的七个特征：①数据成为新的关键生产要素；②数字技术创新提供了源源不断的动力；③信息产业的基础性先导作用突出；④产业融合是推动数字经济的主引擎；⑤平台化、生态化成为产业组织的显著特征；⑥线上线下一体化成为产业发展的新方向；⑦多元共治成为数字经济的核心治理方式。

张亮亮（2018）认为，与传统经济相比，数字经济具有四大主要特征：一是数字化。数字技术渗透到生产、分配、交换和消费等社会再生产的全部环节，数字技术的发展不仅促使传统产业改造升级，也不断催生出新产业、新技术、新产品、新业态。二是效率性。数字技术通过降低信息获取成本，使经济社会发展中的交易成本大大降低，经济活动更少受到时间和空间因素制约，技术创新、技术扩散、产品开发和价值创造快速迭代。三是普惠性。与传统经济相比，数字技术使经济增长、就业和公共服务水平大幅提高，平台成为数字经济惠及企业及个人用户的重要方式，无论是公共部门还是私人部门均从中受益。四是融合性。数字化导致产业融合、产消融合。在供给侧，数字技术在产业间高度渗透，信息技术产业与三次产业的细分行业日益融合，新兴产业和新型业态不断涌现，产业边界越来越模糊。在需求侧，数字经济下的商业模式以消费者为中心，消费者广泛参与到产品价值链中的研发、制造和营销等环节，消费者变为“产消者”。

三、数字经济的发展态势

OECD 2017 年的一份报告指出，目前全球信息通信技术（Information Communications Technology，ICT）产品和服务的产量约占总 GDP 的 6.5%，仅 ICT 服务一项就吸纳了约 1 亿人就业。与此同时，新一代信息科技产品市场规模也高速增长，2016 年全球 3D 打印机的出货量同比增长超过 100%，达到 45 万台（UNCTAD，2017）。在数字经济时代，信息通信技术是建立通信和连接的基础，也成为日常生活和科技创新的重要领域。一方面，纵观当前 OECD 成员，都在不断完善数字基础设施，以应对新一轮数据升级的需求；另一方面，作为创新的关键驱动力，超过30%的专利申请集中在ICT领域，信息通信技术已成为科技创新领域的新热点。例如，据OECD统计，2016年底，超过70%的美国风险投资（VC）投资流向了ICT行业。各国对ICT创新的重视程度可见一斑。

英国政府在2010年通过了《数字经济2010年大法》，主要是以保护数字内容的创意产业发展为目标，通过增加通信管制机构对数字经济的管理和监督，保护在线数字内容版权以及加强对电视、广播、无线电通信、游戏、电子出版物的管理，实现对数字经济中的利益相关方权利的保护，促进以音乐、媒体、游戏为主的数字经济的健康、快速、有序发展。

澳大利亚宽带、通信和数字经济部在2009年发布的《澳大利亚的数字经济：未来的方向》报告中详细阐述了政府、产业和社会必须共同努力、相互协作来实现澳大利亚数字经济的全面发展。政府要加大包括宽带网络、数字电视、无线电通信在内的数字经济基础设施的投资力度；为数字经济发展开放公共部门信息、构建“E-政府”，促进建立有利于数字创新商业化的文化氛围；设置有利的监管框架，构筑版权“安全港”的数字经济平台，建立有利于聚合的环境。在行业方面，要展示商业数字化信息并构筑数字化能力，采用智能技术促进可持续发展，发展可持续的在线内容模式。在社会方面，要展示数字经济信息并接受数字媒体文化，体验、包容、参与到数字化活动中，获得在线参与的便利。

日本政府于2009年7月6日制定了《2015年i-Japan战略》，主要是为了建立安全而又充满活力的数字化社会，实现信息技术的方便使用，突破数字技术使用的各种壁垒，确保信息安全，通过数字技术和信息在社会经济中的渗透扩散，打造全新的日本。该战略主要由三个部分组成，即促进电子政务、医疗保健和教育及人力资源领域建设三个领域的优先发展，促进产业和当地社会的复兴，并培育新产业，大力开展数字化基础设施建设。于潇宇、陈硕（2018）认为数字转型驱动传统部门转型升级。随着传统产业的数字转型，数字技术在科学、医疗、农业和城市管理等领域正得到创新融合应用。比如，在科研领域，随着海量研究数据的收集分析和研究结果的共享扩散，正在形成开放获取期刊和同行审查的新模式；在健康领域，出现了越来越多的移动健康APP和电子健康记录，为优化和改善临床管理带来新的机遇；在农业方面，通过精确的农业和自动化，深刻影响了传统的模式；同时，城市也抓住数字应用契机，在交通、能源、水和废物系统等领域不断挖掘数字创新的潜力，以改善自己的规划和决策。

2017 年 9 月，麦肯锡发布的《中国数字经济如何引领全球新趋势》报告指出，中国已拥有全球最活跃的数字化投资与创业生态系统。据毕马威预测，到 2030 年，中国数字经济占 GDP 的比重将达到 77%，超过 153 万亿元人民币。

2015 年以来，中国相继出台了《促进大数据发展行动纲要》《国家信息化发展战略纲要》《“十三五”国家信息化规划》等一系列文件，就如何应对以互联网为核心的新一轮产业革命，对国内国外两个市场做出了全方位的战略部署。在国内，“大力实施网络强国战略、国家大数据战略、‘互联网 +’行动计划，推进‘数字中国’建设”。在国际方面，倡议建设 21 世纪数字丝绸之路，与其他国家加强发展战略对接，探索建立多边、透明、包容的数字领域国际贸易规则。在国家政策的支持和保障下，数字经济在经济发展中的引领和主导作用不断增强，数字经济总体上呈现出“规模大、增速快、渗透不均衡”的特点。

在理论研究领域，还是以介绍美国、欧洲、日本的数字经济发展现状和措施及其与中国现状的比较为主。中国对数字经济的关注始于 20 世纪 90 年代末。1998 年，姜奇平翻译出版了《浮现中的数字经济》，引起了学术界和实践领域对电子商务和信息产业的关注。早期对网络经济、数字经济、新经济、信息经济的研究不够透彻和系统，但随着研究的不断深入，在 2000 年以后，开始用经济学规范理论对数字经济进行分析和研究。一方面，对美国商务部每年出版的数字经济报告进行翻译和介绍，如《新兴数字经济 1999》《数字经济 2000》《数字经济 2002》《数字经济 2003》等，并结合中国的实际情况和国情进行比较和对比研究，分析数字经济对法律、管理、会计等诸多领域的影响，提出了许多发展建议和对策。另一方面，开始对数字经济进行全面而系统的研究。何枭吟对美国数字经济发展历程、微观基础、宏观表现进行了全面而系统的介绍和分析，结合美国数字经济发展的制度因素，对数字经济与网络经济、信息经济、知识经济的内涵进行了比较研究，提出数字经济是世界经济发展的必然趋势。中国应通过加快企业和市场数字化创新步伐，扶持数字产业发展，加强数字政府建设，积极应对数字鸿沟等问题，推进数字经济的发展。

由此可见，学术界对数字经济的研究还比较零散，局限在对国外的相关研究和发展的介绍方面，对于数字经济本身发展规律和未来发展方向的研究还比较欠缺。在实践探索中，主要是按照国外的信息通信技术和产业发展路线和轨迹来发展，没有对中国的数字经济发展进行更为深入的探索。

据清晖智库统计数据显示，2018 年中国数字经济规模突破 31 万亿元人民币，预计2035 年将达到150 万亿元人民币，占 GDP 的比重将突破55%。自2015年以来，相继出台了《“十三五”国家信息化规划》等一系列文件来推动数字经济在经济发展中的引领和主导作用。数字经济已经成为全世界发展的主流和趋势，大力发展数字经济既满足自身需要，也符合时代潮流。刘淑春（2019）指出，现代化的经济体制构架需要以数字经济为重要的支柱，数字中国和网络强国的战略也以数字经济为基础，另外，中国经济弯道超车的重要路径就是数字经济。

第二节　产业数字化研究

一、产业数字化界定

2018 年 8 月 23 日，习近平主席在致首届中国国际智能产业博览会的贺信中明确提出“加快推进数字产业化、产业数字化”的重要方略，为加快中国数字经济发展指明了前进方向，提供了根本遵循。

曹伟伟（2018）认为，数字产业化就是通过现代信息技术的市场化应用，推动数字产业形成和发展。科技创新绝不仅仅是实验室里的研究，而是必须将科技创新成果转化为推动经济社会发展的现实动力。数字产业化的目的正是将数字化的知识和信息转化为生产要素，通过信息技术创新和管理创新、商业模式创新融合，不断催生新产业新业态新模式，最终形成数字产业链和产业集群。

产业数字化是数字经济下的一个重要概念，也是数字经济的主要内容之一，要想发展数字经济，就要做好数字化的工作。目前，中国产业数字化的程度不断加强，持续稳定增长，年均增速保持在3%左右。制造业数字化网络化智能化水平持续提升，截至 2018 年 9 月，工业企业数字化研发设计工具普及率达到 67.4%，关键工序数控化率达到 48.4%。工业互联网平台快速涌现，企业在数字技术方面的投入支出和投入半径也不断加大。但是，我国的产业数字化的基础仍然不够牢固，数字产业体系还不够完善，关键的数字技术还有提升的必要性，距离全面数字化还有很长的路要走。因此，为了更好地迎合与发展数字经济，就需要对产业数字化有一个全面的把握。本书将对过往关于产业数字化的文献进行分析和整理，并提出一些认识和看法。

想要利用好产业数字化这把利剑，就必须要清楚它是什么，有什么样的内涵。国内众多研究产业数字化的学者都对其内涵有所阐述，大致分为以下两种：

第一，强调技术的作用。产业数字化这一概念是在数字经济的环境下不断发展出来的。数字经济作为目前的主要发展潮流，其背后的主要支撑便是数字技术，从计算机和互联网到最新最热的区块链、人工智能、大数据以及云计算，数字技术成为经济发展新的积极推动力。闫德利（2019）指出，数字技术已经成为目前的通用目的技术，与第一次工业革命的蒸汽机技术和第二次工业革命的电力技术相同，数字技术成为数字经济的核心驱动力。

与历史的进程相同，每一次通用目的技术的出现都意味着生产力的大幅度提升，意味着原有经济形态的改变。数字技术也是如此。作为最新、最重要的技术，它代表了先进的生产效率，其快速的发展为传统产业的数字化提供了契机，也为企业进行数字化改革奠定了技术基础。鲁春从（2018）将产业数字化定义为传统产业利用数字技术来达到生产数量和效率的增加，将产业数字化称为是数字经济融合的部分，并且认为应用数字技术所带来的产出增加是数字经济的重要组成部分。郭雳（2018）认为产业数字化其实就是人和物的数字化，利用数字技术将这些原有的要素进行更好的管理和利用，为充分发挥其作用提供助力。还有众多的学者在他们的研究中都突出了技术在产业数字化中的重要作用，认为产业数字化是以数字技术为核心工具进行的，技术改造是产业数字化的最主要内容。

第二，强调数字化的范围。还有一部分学者更加强调数字化的范围问题，即到底数字化应该达到什么程度。这些学者认为，随着数字经济的不断发展，数字技术对传统产业的改造和影响已经不能单单局限于单纯的应用数字技术，而是一种对原有产业的全面和深层次的改变。刘鹏飞、赫曦滢（2018）认为，对于产业数字化要有一个广义的认识，产业数字化不只是应用数字技术，不只是一种技术革新，而是发展模式和发展思路的重新编排和改变。产业数字化的过程不只是技术层面的升级，更是产业模式在数字技术推动下的升级。曹伟伟（2018）在其研究中表示，产业数字化是利用数字技术对原有产业进行的全方位、全角度的改造。的确，随着数字化程度不断加深，数字化已经不单单是简单地利用计算机技术或者互联网技术来改造原有的模式，而是逐渐扩大范围，数字技术已经不是只在技术升级方面发挥作用，还会带来整个产业思路和模式的改变。

这两种阐述在数字化的重点和数字化的程度方面都有所不同。前者认为数字技术是数字化的核心步骤，强调一种新技术出现对现有产业的影响作用，产业数字化就是数字技术在原有产业中的应用；后者回答了产业数字化的范围问题，即到底什么才是真正的数字化，数字化需要到什么地步。前者注重数字化的起源和本质，忽略了数字化的程度问题，后者注重数字化的过程和结果，对数字化的来源没有提及。

本书认为，对产业数字化应该要有一个全面和准确的把握。要理解这一概念，就必须先了解它的来源。正如前文所说，产业数字化是数字经济下的概念，数字经济是数字技术发展所带来的一种经济形态，技术进步是经济增长的源泉。正是因为数字技术所带来的高额生产力，才会促使传统产业走向数字化道路。产业数字化作为一种过程，它追求的实质就是生产效率的提升，而数字技术就是带来这种提升的驱动力。要更好地把握产业数字化，有必要将其与数字产业化进行对比研究。鲁春丛（2018）将数字产业化称作数字经济的基础部分，即信息产业。曹伟伟（2018）认为数字产业化的目的是推动数字产业的发展，通过数字技术的应用，不断壮大数字产业，形成数字产业链，其核心是将数字信息和知识转化为生产要素。郭雳（2018）认为数字经济应该有两方面的内容：一是数据是重要的生产要素和社会资源，二是利用数字技术对原来的传统要素进行转型开发与管理。由此可以看出，数字产业化和产业数字化是数字经济的两个主干，数字产业化是通过在其他产业的应用来不断发展数字产业自身，产业数字化则是通过数字技术的应用不断发展传统产业自身，二者有着相辅相成、相互促进的关系和作用，共同构成数字经济。

因此，产业数字化的本质和核心还是应用数字技术来做一些改变，其最本质的内容就是数字技术作为先进生产力的代表出现，使原有传统产业有利可图，从而应用技术来完成转型，谋取利润的最大化。数字技术的出现是产业数字化的起源和基础，在理解产业数字化时不能忽略，同时技术的应用也是产业数字化的核心内容。但是，我们不能只局限于起源和核心，不能只注重产业数字化从哪里来，要做什么，更应该注重产业数字化的范围和整体情况。技术革新是核心，但不是全部，随着数字化程度的普及和深入，传统产业已经不是简单地用数字技术改变生产或者营销，发展的思路也有所扩宽，发展模式也受数字技术的影响而不断调整与改变。数字化远远不是运用技术就能完成的工作，而是在技术革新的推动下实现的一种脱胎换骨的变化。新的技术会带来生产率的提升，发展模式和商业模式的改进同样有着推动作用，我们应该全面地把握产业数字化，知道它是怎么来的，要做什么，要做到什么地步，这样才能在实践中确保正确的方向和路线，才能更好地实现数字化，推动数字经济不断发展。

二、产业数字化的特征与测度

（一）产业数字化特征分析

关于数字化的特征，不同的学者都进行了相关的分析与论述。这些表述都有着相似的内容，本书在对过往文献的分析基础上，结合自己的观点，整理了如下几点：

一是数字化，部分文献中的信息化、互联网化与数字化一致。产业数字化这个概念本身就说明了这一特征，产业数字化要做的事情就是将数字经济具有的特征加到传统产业当中去。而数字经济最主要的特征就是数字化，就是将传统产业的生产、运输、销售等各个环节数字化。何枭吟（2005）提出，数字经济的特征为数字化、虚拟化、网络化、模块化和分化。张亮亮（2018）提出了数字经济与传统经济相比的四大特征，其中第一点就是数字化。陆首群（2018）在他的研究中将数字经济特征分为初级、高级和最高级三个阶段，每种经济形态下数字化都是其首要的特征。产业数字化意味着数字技术已经渗透于生产、交换、消费等各个环节。数字技术的进步不但能改造传统产业，也催生了新的技术与业态。

二是技术性。正如前文所说的产业数字化内涵问题，技术正是产业数字化最本质的内容。李长江（2017）的论述指出，数字经济的区分是从技术角度进行的，全社会的生产方式主要采取数字技术是数字经济这种经济形态的本质特征。中国信息通信研究院发布的《中国数字经济发展白皮书（2017 年）》中所列出的数字经济七个特征中也提到，数字技术创新提供源源不断的动力。

三是便捷与高效。产业数字化的根本目的是为了提升生产的效率。当数字技术应用到传统产业的各个环节中时，数字技术具有的先进性带来了生产的大幅提升。众多学者都提到了这一特征。张亮亮（2018）提出，数字技术使得信息的获取成本变小，从而大大减少了社会中的交易成本，各种经济活动受到的时间和空间约束大大减少，效率得到巨大的提升。姚余栋、杨涛（2016）在关于金融产业数字化的研究中表示，随着数字技术的不断发展，金融产业与互联网和通信的关系变得密切，消费者在手机和电脑终端就可以办理贷款等金融业务，极大地改变了跑去银行办理带来的不便，显著地提升了效率。

四是阶段性。本书认为，产业数字化既是一个过程，又是一个结果。过程是指传统产业在接触利用数字技术进行改造，结果是指这种改造要达到的程度与状态。因为数字技术本身的不断更新性和传统产业利用数字技术需要经历一个过程，所以产业数字化是分阶段的，从一开始的少数企业尝试引入数字技术到产业内大部分企业都进行数字化，平台型企开始出现，再到最后整个产业数字化的程度成熟，这是一个渐进的过程。一些学者也表达了相同的观点。何宏庆（2019）在关于金融产业数字化的进程中表示，金融产业数字化主要经历了两个阶段：一是金融工具的数字化阶段，体现为移动支付、网络借贷等；二是在最新的大数据、区块链等技术的驱动下进行的新一轮的金融业改造。张连增、秦小静（2018）在关于保险业数字化的过程研究中提到，中国保险业的数字化始于20世纪90年代，从一开始的核心业务流程电子化到后来的业务系统和财务系统的双面升级，再到行业基础信息平台的建设完成。可以看出，不同产业的数字化都有着相同的阶段性发展的特征，数字化并不是一蹴而就的。

（二）产业数字化测度研究

关于产业数字化的测度问题，只有少数的文献有所提及。苏杨（2018）认为，由于不同产业的差异性，数字化的过程会有所不同，在以下三个方面具有相同点：数字化的IT架构、数字化的投入和数字化与行业的结合程度。因此，他提出可以从这三个方面的共性出发，对产业数字化的程度进行度量。一是利用IT架构来度量。因为一般IT架构遵循传统IT架构 > 私有云或公有云 > 混合云 > 混合云平台 + 敏捷开发的发展顺序，所以可以用来判断产业处于哪个阶段。二是多数学者都提到数字化投入的力度以及方向。力度越大，表示产业对数字化越积极。而方向则能够看出数字化的阶段，这是因为数字化投入一开始侧重于购买硬件，而后偏向于购买服务和解决方案。三是在之前第二点的基础上进行改进，通过判断投入与效率的关系来确定。他在文中提出了将投资回报周期作为指标，周期过长代表数字化转型太过激进、风险过高，周期过短则表示数字化的转型力度不够，只有小规模的提升。

关于测度问题，现有研究确实不多，而数字化程度的度量对于国家了解各个产业的情况，从而制定相关促进政策，以及对于之后研究产业数字化都有着一定的作用，因此本书认为度量问题会是之后数字化研究的一个可行与有价值的方向。

三、我国产业数字化发展问题分析

大部分关于产业数字化的研究都专注于分析目前我国产业数字化所存在的不足与问题。在对这些研究进行整理之后，我们发现大多数问题都可以分为三类：一是技术类问题，二是环境类问题，三是思路层面的问题。

第一，产业数字化的核心是应用数字技术。数字技术本身的发展以及应用的过程中存在着一些问题，这些问题既是“瓶颈”，也是关键。支撑数字化转型的关键数字设备和核心的软件存在短板。企业作为产业数字化任务的主体，也面临着转型基础薄弱、转型成本高等问题。许旭、杨春立、姚磊、鲁金萍（2019）在对工业企业数字化转型的研究中提出，我国工业数字化中工业数据的权属认定不明确。苏杨（2018）认为，统一架构的pass平台的缺少导致IT应用开发在速度和个性化方面明显不足，而且私有云和公有云的安全问题及数据孤岛问题依然存在，随着数字经济的不断发展，数据不断增加，由此导致的数据处理负荷也有待解决。李虹（2017）在关于出版业数字化的研究中指出，在数字化过程中，版权的管理问题急需得到解决，数字技术使得盗版更加容易，侵权更加普遍。同样，数字技术的不完善也会导致安全问题。宋清辉（2019）在其论文中就提到了这一点，认为企业的核心数据和信息很容易被窃取，这会抑制企业数字化的动机。除了一些技术本身的“瓶颈”问题，企业应用数字技术的成本也是一个关键的问题。宋清辉（2019）提到，对于一些规模不大的企业，购买数字设备、实现数字转型的成本是巨大的，资金压力很可能会导致一个企业的破产。

第二，环境方面的问题，主要包括共享意识和人才供给两个方面。最近几年，共享已经成为一个热词，从共享单车到共享汽车，共享代表着一种新的消费观念。但是，目前产业数字化过程中的数据孤岛问题表现出社会对于信息共享的一种消极与排斥态度。同样，数字人才的缺乏极大地阻碍了数字化的进程。人才问题在各个产业都普遍存在，无论是互联网公司还是工业企业，专业的数字化人才都是数字化转型的必要条件。不少学者都提到了这两个问题。宋清辉（2019）从企业的角度分析了产业数字化面临的难点，认为成本、安全、共享和人才是主要的四个难点。

第三，思路方面的问题。落实产业数字化的主体是企业，即便有了成熟的数字技术，要不要用，怎么用，用多少，依然是数字化过程中的重要问题。目前，我国企业的整体数字化意识不够，企业对于数字化依然存在畏惧情绪，对于经济趋势的认识和战略的制定也存在着不可忽视的问题。苏杨（2018）认为，企业数字化转型遇到的问题表面上是技术问题，而实际上是管理的问题。陈春花（2019）从微观的角度阐述了数字化的问题，指出在企业组织研究中，企业认知能力的不足是其面临的最大挑战。

产业数字化归根到底是一个改变的过程，数字化需要整个社会的共同参与，所遇到的问题可能是数字化过程中每个环节自身出现的问题，也可能是环节与环节之间出现的问题。例如，数字技术发展的不足就是数字产业内部所产生的困难，而数字技术的最关键的问题就是数字产业与传统企业如何对接。因为产业数字化主要涉及两个部分，一是提供数字技术的数字产业，二是面临数字化改造的传统产业，所以本书认为产生的问题自然也就是两个部分各自内部的问题及其之间联系的问题，此外还有社会外部的一些会影响数字化推进的问题，如政策制定和人才缺乏。要想搞好产业数字化，推动数字经济，我们必须要先对数字化所遇到的问题有一个全面和准确的把握，才能更好地解决这些问题。

四、产业数字化发展对策

如何搞好产业数字化，其实是所有关于产业数字化研究最关心的问题，也一直是研究的热点。通过对文献进行分析和整理，我们发现目前研究者关于如何进行产业数字化大致有以下几种阐述：

一是体系方面，主要有三种：（1）数字化战略体系；（2）公共服务体系；（3）数字化转型的创新体系。这三种体系相辅相成，相互作用，对产业数字化的发展起着至关重要的作用。数字化战略体系统筹全局，为产业数字化奠定了基调，公共服务体系能起到强有力的辅助作用，而创新体系则是内嵌于数字化体系当中的，是数字化的关键驱动力。一些学者提出了这方面的对策与建议。苏杨（2018）认为，产业数字化的关键就是要构建数字经济的战略体系，有一套完整的制度保障，并促进创新体系的构建，为数字化提供源源不断的动力。许旭、杨春立、姚磊、鲁金萍（2019）认为，要推动产业数字化的发展，就需要完善顶层设计，同时加强数字化公共服务体系的构建。

二是技术与管理方面。这里技术与管理方面的对策其实就是指数字产业和传统产业该怎么做。一方面，数字产业应该大力投入对先进数字技术的研究，努力突破技术“瓶颈”，为产业数字化奠定坚实的基础。另一方面，传统产业应该打破固化思路，制定正确的路线，两方面共同推进，才能更好地完成数字化的工作。苏杨（2018）提到，应该大力推动数字化基础设施建设，同时打造数字化的赋能平台。秦尧（2017）认为，在未来，各个产业要主动与 IT 技术企业进行合作，不断寻求更好的将数字技术与传统产业融合的方法，让数字技术能够满足不同产业的需求。

三是人才方面，众多学者都提到了这一点。刘淑春（2019）在研究中表示，数字人才的有利供给是数字化的关键基础。苏杨（2018）认为，产业数字化的推动离不开数字教育和数字人才的完善与培养。李颖（2019）在其论文中也提到，要提升人力资本的服务能力，就要健全数字化的人才培养体系。的确，产业数字化最终的行动主体还是企业，而企业内部的数字技术人员是数字化的核心成员，产业数字化最后的效果怎么样，在很大程度上取决于企业内部数字技术人员的专业能力。

本书认为，关于如何推进产业数字化，应该结合产业数字化所产生的问题来探究。正如上文所总结的产业数字化面临的问题，我们应该针对这些问题来制定方案。一是企业应该做什么。这里的企业既包括传统产业的企业，也包括数字产业的企业。传统产业的企业不能畏惧数字化，要有前瞻性，要制定合适自己的数字化战略，一步步实现转型；而数字产业的企业要大力进行技术的升级，解决目前存在的技术上的问题，突破技术“瓶颈”，为传统产业进行数字化提供有力的数字技术。二是政府应该做什么。首先，应该加强顶层设计，制定统筹全局的数字化战略体系，给不同产业数字化提供纲领与路线；其次，应该将其落实到具体的环节当中去，制定一些有利于数字产业和传统产业的政策，为数字化提供一个方便有利的环境与氛围；最后，应该加大对数字化人才的教育和培养，可以在高校开设数字技术和数字化相关的专业，为数字化打下坚实的基础。过往的研究对于该怎么做的问题给出了一些有价值的建议，但是这些对策都偏向宏观层面，对于具体到每一个产业的研究并不是很多。不同产业有着不同的业务和需求，因此需要具体的个性化的建议与措施。本书认为，这是未来数字化研究领域一个值得探讨的问题。

第三节　数字内容产业演进与价值链变迁分析

产业数字化的发展势必会导致产业发生演进和产业价值链的变迁，本书通过分析数字内容产业演进过程和价值链变迁，对产业数字化中的这一进程予以呈现。

一、数字内容产业演进

数字内容产业的演进历程可以追溯到20世纪50年代，其发展大致可以分为四个阶段。

第一阶段：萌芽期（20世纪20年代—20世纪50年代）。20世纪20年代，广播和电视技术的出现使传统纸媒产业逐渐被广播、电视等娱乐产业取代。当时的文化产业在新的媒介形式（如电视、广播、电影）基础上，促使传统内容产业出现。通过具有代表性的好莱坞电影产业，美国在传统内容产业的世界传播中居于领先地位。

第二阶段：发展期（20世纪50年代—20世纪80年代）。20世纪50年代，计算机、光纤通信等技术兴起，传统内容产业出现了新的变革，数字内容产业在产业融合的过程中开始萌芽。20世纪60年代以来，日本通过动漫产业对美国主导世界文化市场的地位发起了挑战。动漫产业成为该时期新型内容产业的代表。

第三阶段：高速发展期（20世纪80年代—20世纪90年代）。互联网信息技术的兴起使传统内容产业进入了迅速变革的阶段，即数字内容产业迅速发展的阶段。互联网信息技术颠覆了传统内容产业的技术基础、传播方式和运营模式。在传统内容产业基础上，新信息技术导致的内容生产和传播方式拓展了文化和艺术边界，实现了跨市场和泛娱乐产业的整合和重建，数字内容产业由此产生。

第四阶段：多元发展期（20 世纪 90 年代至今）。互联网和移动信息技术迭代快速，数字内容产业开始进入主流产业视角。移动游戏、移动资讯、数字出版、数字化影像、网络直播以及新型数字内容产业飞速发展，新兴数字内容产品显示了强大的活力。基于信息技术的拓展和应用，数字内容产业已成为当前工业化国家重要的竞争性产业。各主要经济体大力发展数字内容产业，进入多元化发展时期。

中国数字内容产业的发展状况相对滞后，在产业结构与产业规模等方面落后于部分发达国家。但随着国家政策的支持、居民消费能力的迅速增长以及互联网技术的不断进步，目前中国的数字内容产业已经走上了产业发展的快车道。

从 20 世纪 90 年代开始，随着互联网的普及，文化内容产业不断数字化，但在产业的发展过程中仍存在诸多问题。2003 年，上海市政府参照国内外相关产业定义，在《上海市政府工作报告》中正式界定了数字内容产业，并为数字内容的发展设定了一系列战略目标。此时的中国数字内容产业还处于初级的发展并不断学习借鉴的阶段。

数字内容产业在“十一五”规划中被列为重点发展产业。随着政策的不断出台，基础设施的不断完善，我国数字内容产业进入快速发展期，同时也开始登上世界舞台。此外，借助更广阔的平台，优化产业结构，提升产业规模，学习现代化的信息技术，促进自身产业发展。

2011 年起，我国数字内容产业迅速发展，各地都建立了数字内容基地，引入投资。网络游戏、网络直播、短视频等数字内容形式相继出现，IP 也成为产业第一关键词。跨界整合提升产业价值，社群经济成为重要商业模式；内容平台价值凸显，“U + P”成为内容生产主流；技术与资本双轮驱动，内容创业形成热潮；产业链也逐渐明晰。截至 2017 年 12 月，我国网民规模达 7.72 亿人，全年共计新增网民 4074 万人，互联网普及率达到 55.8%。2012 年以来，我国文化产业增加值持续增长，从 1.8 万亿元人民币提升至 2017 年的 3.1 万亿元人民币，涨幅超过 70%。而作为文化产业与数字产业相融合产生的新兴领域，随着两大产业的蓬勃发展，数字内容产业也在迅速成长。

二、数字内容产业价值链变迁分析

（一）数字内容产业价值链基本理论

价值链理论是由哈佛大学教授迈克尔·波特提出的。他在其1985年的著作《竞争优势》中指出，价值链是“每一个企业都是用来进行设计、生产、销售、交货等过程及对产品起辅助作用的各种相互分离的活动的集合”。企业价值链由一系列相互联系的创造价值的活动构成，不同企业之间的价值链的差异是形成企业竞争优势的源泉。产业价值链也是由产业创造产品交易价值的相互关联的价值活动构成的。

通过以上理论，我们明确了数字内容产业最为重要的仍然是满足用户的需求，产业价值的实现要通过市场交换来实现。因此，如何满足用户需求以完成价值实现是数字内容产业相关问题的核心。图1－1给出了数字内容产业价值链一般模型。

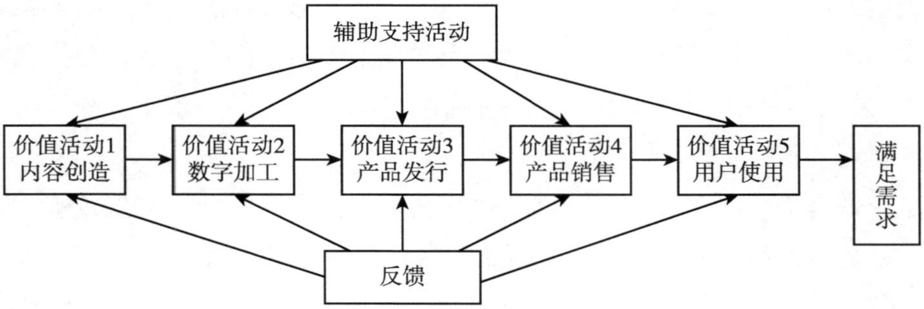

图1－1　数字内容产业价值链一般模型

（二）数字内容产业价值链变迁分析

数字内容产业价值链由基本价值链、辅助价值链和拓展价值链三个部分构成。数字内容产品基本价值链是创造、生产、销售、传播、消费内容的价值生成过程，是主要的价值增值环节。与传统内容产业相比，数字内容产业在价值链方面出现了新的变化。

第一，信息资源流向方式变化。在产业链中，从作者到用户的信息资源的流动可以以多种方式进行。例如，数字内容提供商可以直接与终端设备供应商合作，向用户提供内置的内容分发，也可以通过移动通信运营商以移动电话报告的形式向用户展示。

第二，价值链拓展。例如，传媒集团价值链不断拓展，已经由内容生产拓展到内容增值。由于数字内容产业是建立在原有传统内容产业基础上的，因此传统内容产业价值链不断向数字化方向扩展是数字内容产业发展的重要原因。

第三，集群式发展。数字内容产业在发展过程中由于市场或政策影响形成了许多产业集群，涉及数字内容产品生产、交易、传输、技术支持、服务支持等。

第四，上下游环节具有可逆性。在数字内容产业中，处于产业链下层的组织（如数字图书馆）可以为上游的数字内容生产机构提供参考咨询，因此产业链能够呈现出双向网状链接结构。

第五，中间环节具有可跳跃性。数字内容制作者可以直接与内容消费者交流并得到数字内容产品和需求反馈。这也要求中介服务机构更加注重自身价值的增值，从而吸引数字内容产品的用户，最终提供更好的服务。

第六，产业链的网络化趋势。数字内容产业结构处于不断发展变化的阶段，其涉及的产业分工也在不断细化，产业链也在向各类传统产业延伸。在这期间，数字内容产业结构逐渐复杂，各个环节间的关系相互接通和延伸，产业链由原本单一的结构向着网状转变。

第七，其他利益相关者。除了上面提到的数字内容产业链，产业链中还涉及其他组件。这些成分不是产业链的主体，但是产业链价值实现的关键，其中动漫衍生品和广告主最为典型。数字内容提供商通常会使用用户流量及停留时间来吸引广告商进行广告投放，然后与内容提供商分成，一般而言，广告收入与流量成正比。因此，广告商也可归类于产业链条的其中一环。

综上，数字内容产业的价值链主要由内容提供商、服务提供商、网络运营商、终端设备提供商和用户组成。各个环节都各自产生了不同的价值。数字内容产业价值链构成如图 1 – 2 所示。

对比数字内容产业与传统内容产业的知识资产系统，传统内容产业知识产权对应的知识资产系统是以区隔为核心的产业生态系统中产生的资产系统，产业生态系统包括分散化的传播系统、点对点的传播方式、区隔性的产业分工、聚焦内容的消费方式四个主要方面，而数字内容产业则是以平台主导流量、版权交叉利用和资产创新融合为核心的产业生态系统。

一是传统内容产业中分散化的传播系统和点对点的传播方式被颠覆和取代，

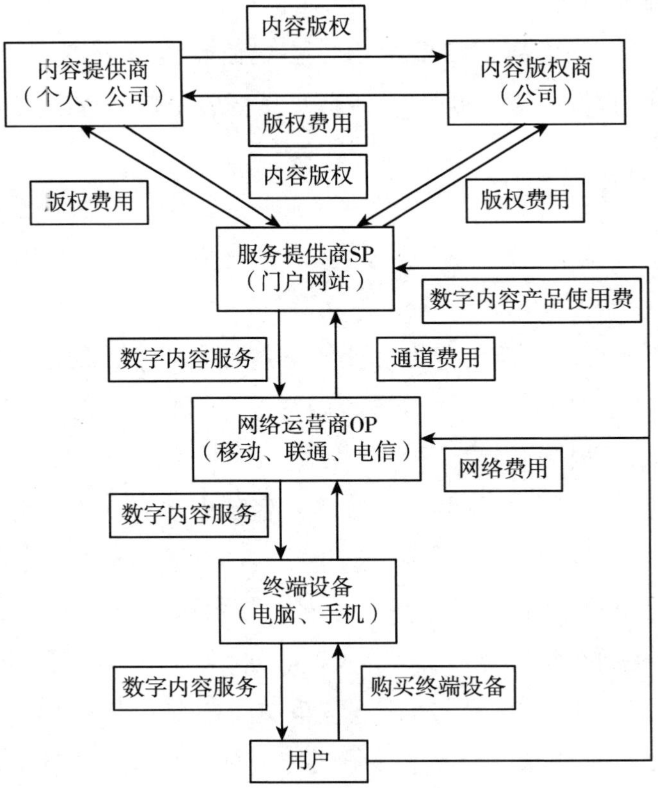

图1－2　数字内容产业价值链构成

综合性的内容平台（如阅文集团）或垂直性内容平台（如爱奇艺）成为数字内容产品整合性传播的中心。如果没有此类平台的引流，数字内容产品难以和消费市场产生对接。

二是传统内容产业中区隔性的产业分工和聚焦内容的消费方式被以核心IP为主轴的版权交叉利用协作系统和消费方式所取代。与内容平台型公司的出现相匹配，通过对核心IP在多个内容消费市场（如文学、影视、游戏、衍生品等市场）上的多重产品开发，以系列关联和协作的内容产品系统满足传统上被区隔开的不同市场上的消费需求，导致泛娱乐产业成为数字内容产业现阶段的主流发展模式。

三是传统内容产业中的以版权为单一核心的知识资产体系被更为多元、融合和创新的资产体系所取代。传统内容产业的知识资产主要体现为内容版权，而在当前的数字内容产业体系中，虽然内容版权仍然是产业知识资产体系的主要组成部分，但与产业价值链的变迁相匹配，产业知识资产系统发生了如下变化：首先，内容版权的交叉利用使数字内容产业的版权不是基于单一市场保护和利用的单一产权，而是基于多个市场保护和利用的复合产权；其次，由于数字内容产品的消费严重的依赖于产业价值链中提供数字内容服务的平台和关联方，使有关提供流量和转化的数据和方法成为产业中重要的知识资产；最后，在数字内容产品的生产、供给和消费过程中出现的专门知识（如推送）的特定算法成为产业重要的知识资产。

第二章　数字经济中资产理论演变分析

目前，数字经济发展中的资产理论还是基于工业经济时代传统资产理论的概念，但数字经济中的资产理论发展需要对此认知基础进行重新构建。从数字资产的界定开始进行分析，以产业数字化进程中的资产现象和产业生态为资产界定基准，进而对数字经济中的资产理论进行重构，为后续的价值评估提供资产理论基础。

资产本身就是个迁移概念，伴随着对应产业和企业状态的范围和内涵变化而变化，其与产业和企业的演变方向同构。具体资产的界定也在不断发展和变化，对应数字经济发展的是数字资产，当前在数字产业系统中数字资产的产生和利用方式在发生质变。显然，传统工业经济时代的资产形态及其产权系统在数字经济条件下发生了演变。

当讨论数字经济中资产理论的演变时，首先对数字资产的概念和演进予以分析，对产业数字化和数字资产的关联现象进行解析；其次分析数字经济中资产理论的演进，以数字内容产业资产体系的演变作为典型分析对象来反映这一演进过程；最后通过分析核心数据库这一典型数字资产，对具体的数字资产表现形式予以反映。

第一节　数字资产概念与演进分析

一、数字资产内涵的演化过程

（一）数字资产定义

数字资产的研究最早源于“数字经济”的时代背景。Don Tapscott 在其著作

《数字经济时代》中指出，数字经济是一种信息时代下新经济体制，一切信息和知识，包括资产，在这种情况下都可以被数字化，这是较早的对数字化资产的论述。1997年，Gold Finger（1997）进一步提出了“无形经济”的概念。他认为，经济景观的组成由原来的物质流动变成了以数字、图像和符号等无形流动，同时经济来源也已经由物质产品的生产转变到非物质内容上来。他首次提出将数字、图像等内容构成的资产纳入无形资产中。在此背景下，Gladen P. J.、Harding C. H. 和Shedd E.（2002）从内容管理的角度，将数字资产定义为在互联网技术进步背景下，具有重复传播和价值增值特性的、可以为其产权归属者带来经济利益的资产，如多媒体内容、软件内容等。Binder和Jennifer（2006）也将数字资产定义为包含元数据嵌入的内容资产，即内容创建者通过搜集元数据，将其以数字的方式嵌入到资产当中进而形成的资产。中国学者吕玉芹、袁昊、舒平（2003）则从企业会计角度将数字资产定义为以电子数据形式存在的、无有形载体且预期会给企业带来经济利益的资源，包括计算机软件、多媒体产品、专业数据库以及电子出版物等。随后，很多学者都从数字资产存储媒介和存储方式的角度来定义数字资产。张启望（2006）提出，数字资产的产生是在信息技术不断发展的背景下，生产方式改变的结果。他将数字资产定义为以数字代码形式存在于虚拟环境中的、具有资产性质的数字化商品。Van Niekerk（2007）提出，“数字资产”是以二进制形式储存的、包含使用权的内容资源或媒体项目资源。Best K.（2010）则对数字资产的存储媒介做出了进一步的说明，认为数字资产应该包括存储在计算机、智能手机、数字媒体或云中的任何数字形式的信息。Toygar A.、Rohm CET、Zhu J.（2013）也认为，任何以二进制形式存储在计算机或互联网上的、具有使用权利的资产都可以称为数字资产，如数字图像、照片、文件、音频和视频文件等，这些资产既包含货币价值，也包含个人价值。近几年，随着经济水平的提高和数字货币快速的爆炸式的发展，数字资产范围扩大到数字内容产业以外，开始与金融行业的关系越来越密切。基于此，李钧、孔华威（2014）率先从金融资产数字化角度，赋予了数字资产新的内涵，认为数字资产包括任何企业、个人所拥有的、一切以电子数据形式存在的、具有独立商业价值或交换价值的资产。

《企业会计准则第6号——无形资产》（2006）规定，“无形资产是指企业拥有或者控制的没有实物形态的可辨认非货币性资产。”符合无形资产的定义，同时与该资产相关的预计的未来经济利益很可能流入企业，并且该资产的成本能够可靠计量，则该项资产确认为无形资产。数字商品资产从表象上看具有无形资产确认条件的特征：一是数字资产没有存货形态，数字化产品的形态是无形的，无须以有形的仓库储存，而是以抽象的方式存放在磁介质中；二是数字商品资产可以为企业带来长期的收益；三是数字商品资产的成本能够可靠地计量。研究开发项目开发阶段的支出能够较为合理地计算出来，但数字商品资产具有不同于无形资产的特征：第一，数字商品资产持有的目的是为了通过直接销售而获利。一般来说，无形资产的持有目的不是为了销售。无形资产能给企业带来超额收益是因为企业掌握了某项技术、秘方或形成了良好的信誉、占据了优势地域而增强了企业的竞争力，这种收益是间接的。第二，数字商品资产具有独占性，但并不具有排他性，他人的购买、使用正是研发数字资产的目的。而无形资产与此不同，它要求同时具有独占性和排他性。

综上所述，数字资产可以简单理解为任何以二进制形式存储在数据库、计算机或者云端设备等的、由个人或企业控制的、预期能够带来收益的资产。虽然数字资产从表象上看具有无形资产的特征，但根据数字资产持有的目的、独占性和非排他性等特征，我们认为数字资产可能构成新型资产类型。

（二）数字资产监管

Alp Toygar、C. E. Tapie Rohm Jr. 、Jake Zhu（2013）认为，由于缺乏立法和法规，“数字资产”的概念导致数字账户服务提供商和账户用户之间存在歧义。模糊的数字环境使这个概念成为问题，这是不公平和无益的。到目前为止，美国已有五个州颁布了与数字资产和遗产规划相关的法律。俄克拉荷马州法律的出台是一个重要的里程碑，涵盖了更广泛的数字资产概念，但还不足以解决和规范数字世界的问题。因此，颁布“联邦网络法法案”迫在眉睫，以规范“数字资产”和其他网络在美国的问题。网络世界足够动态，可以创建自己的规则；然而，这些分散的规则需要监管，以便更好地服务于国家和全球网络社区。“全球统一的网络法”不仅会更好地规范“数字资产”，而且网络问题应该在全球公认的网络宣言中找到答案。联合国可能在向“全球网络公民”分发、管理和执行“全球网络法”方面发挥重要作用。

Kyle C. POST、Marsha L. Bayless、J. Kaoton Grubbs（2014）探讨了与数字资产的继承和访问相关的一些法律和实践方面的问题。当个人死亡时，其电子邮件账户和其他数字资产状态的不确定性可能会给服务提供商、账户持有人及其财产、法院和企业带来严重的问题。服务提供商不确定现有用户协议的效力，关闭和删除账户的潜在责任以及是否应遵守不同的州法律。法院判决往往不能确定数字资产的所有权问题，而是提供对账户的访问权限。在大多数情况下，当他们可以让法院命令服务提供商披露账户内容时，继承人可能并没有兴趣诉诸所有权问题。在出现正确的事实之前，大多数法律纠纷可能都是围绕访问内容，而不是拥有内容。在立法或法院做出裁决之前，这些问题最终可能由各种用户协议的条款来决定。

Sabera Begum、Mohd. Ghouse（2017）的论文认为，在云计算应用程序中，用户的数据和应用程序由云提供商托管。随着互联网和云可用性的增加，越来越多的人将内容存储在云端。随着社交网络的出现，存储在云上的内容也被共享，这对内容的安全性提出了更高的要求。而传统的安全解决方案只解决云端数据的加密、解密及其访问控制，但随着共享这一新的趋势，安全范围变得更广。论文提出了一种云端共享内容的集成访问控制和有效撤销方案，提出的协同访问控制策略允许用户创建、修改和共享内容。在论文的解决方案中，实现的访问控制是集成的，因为它解决了对所有操作的访问控制，如读、写、修改和撤销权限。通过在真实的云 Microsoft Azure 上的实现，论文测量了解决方案在获取对内容和撤销的控制的延迟时间方面的性能，结果表明，论文的解决方案的性能优于 CPABE。

Kevin V. Tu、Michael W. Meredith（2015）认为对比特币的监管是有道理的，因为比特币有可能引发类似监管方面的担忧。对于虚拟货币的监管，应该鼓励采取更全面的办法，而不是狭隘地关注一项现有法律是否和如何适用于虚拟货币的技术问题。具体来说，要建立有效的监管制度，就必须加强机构间的沟通。从而为虚拟货币建立可行、全面和一致的监管机制。

二、产业数字化与数字资产

（一）基于区块链的资产数字化

实体资产往往难以分割，不便于流通，而且实体资产的流通难以监控，存在洗黑钱等风险。资产数字化是将现实存在的各种实物或非实物资产进行数字化标识，使资产在网络空间也具备各种线下属性，如权属、流通等。资产数字化后，易于分割、流通方便，交易成本也随着降低。区块链技术的出现和发展对资产的数字化进程有着积极的作用，用区块链技术实现资产数字化后，所有资产交易记录公开、透明、永久存储、可追溯，也符合监管需求。腾讯的微黄金就是区块链技术对资产数字化的一个很好的应用，在资产数字化之后，流通更为方便，不再依赖于发行机构，并且使购买0.001g黄金成为可能，降低了参与门槛。

区块链的数据权属特性使电子化的数据不再可以无限复制，从而实现数据的唯一性和不可篡改。同时，区块链去中介化的价值传递特性又使数字资产的流通交换具有了现金流通交换一样的自由度。以区块链通证的方式实现资产上链将大大简化和降低资产数字化的门槛，扩大数字资产的使用范围，打破了边界，简化了确权和流通环节，使应用场景丰富。但是，目前实现有形资产数字化的成熟方法和工具尚未形成。对于房产、土地、汽车之类大宗资产，先由政府确权，再将确权信息数字化可能是现阶段比较可行的方案。对于普通商品类有形资产，实现单一商品唯一性数字标记将会是一个漫长且复杂的过程，各品类商品的数字化方式是一系列有待解决的技术难题。因此，这也是未来区块链技术需要解决的问题。

（二）基于区块链的物流业数字化

丹麦航运巨头马士基（Maersk）已经着手调查如何更有效和更透明地对工作系统流程进行数字化及管理公司货物的方式。与此同时，马士基与IBM联手协作，正在进一步探寻其独特的区块链技术，依靠的是超级账本Fabric框架。如果研究成功，每年就可以实现跟踪数百万个集装箱运输，并且更好地与海关机构联合协作。美国最大的零售公司沃尔玛（Wal-Mart）也在采用IBM的Fabric框架，并且已经进行了分布式账本试点项目，主要用于跟踪中国猪肉的来源，同时也负责追踪其在美国的运输和仓储过程。另外，沃尔玛近期已取得一项基于区块链技术的应用程序，即无人机的送货。

章月婷（2018）认为，在现代物流业的传统模式下，不同实体各自保存各自的供应链信息，有无法突破的信息壁垒，严重缺乏透明度，造成了较高的时间成本和金钱成本，资源浪费严重。然而，经由区块链技术，各方都可以获得一个透明可靠的统一信息系统平台，可以及时查看状态，降低物流成本，追踪物品的出产和运送的整个过程。这样还能使信息安全不用面临被篡改的风险，从而提高供应链管理的效率。当产生问题纠纷的时候，事后的举证和追查也将变得更加简单和清晰。她建议，对于区块链技术可能面临的挑战，在核心关键技术攻关和平台建设方面必须加快脚步，要组织区块链应用示范，同时还需要填补行业规范标准的空白。

付豪（2018）以紫云股份基于区块链构建医药物流共信共配体系的解决方案为例，具体分析了区块链技术在医药物流领域的应用。紫云“货安宝”构建了一个跨企业物流业务协同服务平台，可以将医药企业需求信息、货物信息、车辆信息发布在该平台上，通过“货安宝”进行集货、智能调度、规划路线，可跨区域、全产业链整合资源，提供智能车货配载服务及回程货源服务，实现集约化运输，还能提供药品流向、在途温湿度及货运轨迹监控等服务，以及在线交接、在线结算、验证两票制等服务，为用户提供“管理 + 交易 + 数据 + 金融 + 增值服务”等标准的全面物流解决方案。紫云股份的董事长罗建辉（2018）认为，应该利用区块链技术构建物流共信共配服务体系。基于区块链构建的解决方案包括三个方面：第一，基于区块链构建可信服务体系；第二，基于“货安宝”构建跨区业务协同平台；第三，基于区块链构建供应链金融体系。闻笛（2018）以长春长生公司的疫苗事件为出发点，呼吁疫苗物流引入区块链技术。他认为，区块链技术可以从追溯温度数据、物流轨迹和防止疫苗数据造假这几个方面来介入疫苗行业。他还指出，重塑国产疫苗的形象就是要选择区块链服务平台，展示疫苗的全过程质量控制数据，向国人展示疫苗的质量。作为加快解决疫苗安全这一重要的民生问题的新思路，选择区块链技术恰逢其时。

肖瑞、张劲枫、林珮希（2018）从区块链技术应用于农业物流的角度探索了区块链对于物流的作用。他们认为，物流企业应该借助区块链技术运用的契机，对业务服务水平进行再次提升。区块链技术的运用有助于控制监督农产品质量，提高农业物流效率。能源、物联网、智能制造、供应链管理等多个领域已经运用了区块链技术。农业经济方面应借鉴其他领域的宝贵经验，使区块链为农业发展提供重要的后勤保障。利用区块链技术的透明化解决农产品运输问题能够帮助农民解决销路难的困境，利用区块链技术的可追溯性能够为人民群众使用更新鲜、更安全的农产品提供技术支持。农业领域发展潜力巨大，如果物流信息技术能够与农业产生“化学反应”，相信物流可以为提高人民群众的生活质量发挥行业作用。

（三）图书数字化和基于区块链的出版业数字化

中国台湾“中央图书馆”开展了两个数字策划项目。第一个项目旨在通过与其他图书馆合作，将中国珍本书数字化，合作的图书馆包括美国国会图书馆、华盛顿大学图书馆、加州大学伯克利分校图书馆、加拿大多伦多大学图书馆和法国国家图书馆。第二个项目旨在数字化中国台湾地区行政当局的出版物和1911—1949年期间在中国台湾和中国大陆出版的中文书籍，约有90个政府机构和图书馆参与了该项目。这两个项目分别数字化了近3500个和9000个标题，共有300万个数字图像。在未来，中国台湾“中央图书馆”将继续与更多的文化机构建立合作关系。数字化只是数字策划的一个步骤。其中，“稀有书籍国际数字化项目”开发了一个信息系统，允许用户在线搜索、浏览和阅读数字化的稀有书籍。此外，还举办了突出项目成果的实体和虚拟展览，创建了电子学习教学大纲和材料。中国台湾“中央图书馆”正在以纸张形式重印和重新出版几本珍贵的中国珍本书籍，并设计文化创意产品。

Hao - Ren Ke、Shu - Hsien Tseng（2016）认为，实施“稀有书籍国际数字化项目”的经验为中国现代汉语书籍数字化项目奠定了良好的基础。数字保存是数字策展的关键部分。数字保存涉及使用托管活动来确保数字资源的长期使用，包括保存计划和行动，如刷新、迁移和模拟（Digital Preservation Coalition，2016）。上文提到的这两个项目已开始考虑数字保存问题，并计划参考OAIS参考模型（空间数据系统咨询委员会，2012）来解决这些问题。

2016年8月，Onchain、微软（中国）、法大大等多个机构在北京成立了电子存证区块链联盟“法链”。2017年12月，微众银行、仲裁委（广州仲裁委）、杭州亦笔科技有限公司共同推出的仲裁联盟链可用于司法场景下的存证。2018年3月，广州首个“仲裁链”判决书出炉。传统鉴证证明的痛点主要是流程复杂和公信力不足两个方面。以版权保护为例，现有鉴证证明方式登记时间长且费用高。以法务存证为例，个人或中心化的机构存在篡改数据的可能，公信力难以得到保证。如果将区块链应用到鉴证证明中，无论是登记还是查询都将非常方便，无须再奔走于各个部门之间。区块链的去中心化存储可以保证没有一家机构可以任意篡改数据。区块链在鉴权证明领域的应用有版权保护、法务存证等，下面以版权保护为例，简单阐述区块链如何实现版权登记和查询。

①电子身份证：将“申请人 + 发布时间 + 发布内容”等版权信息加密后上传，版权信息用于唯一区块链ID，相当拥有了一张电子身份证。

②时间戳保护：在版权信息存储时，要加上时间戳信息。如有雷同，可用于证明先后。

③可靠性保证：区块链的去中心化存储、私钥签名、不可篡改的特性提升了鉴权信息的可靠性。

孙婧（2018）认为，区块链基于去中心化、不可篡改及不可撤销、公开透明、可靠性强、扩展性强的特点，以及管理成本低、便于追踪、具有法律效力、安全性高、申请便捷、费用低廉的优势，为数字版权保护提供了新的解决方案，在科技期刊数字版权保护方面具有潜在的巨大价值。聂静（2017）认为，区块链技术设计构建数字版权管理服务平台，旨在利用账户区块链、版权区块链、交易区块链完善数字版权保护措施，推动我国数字出版产业长远健康地发展。

丁晓蔚（2018）认为，区块链能解决版权保险中的如下问题：如何评估版权的价值；如何确认版权的所有者；如何确定损失赔付金额等问题。

冉景刚（2018）认为，全媒体时代的数字出版产业已经渐渐具备开放、信任、透明和自治的趋势，但由于横向信息传递失真，导致产业难以按照产业呈现的趋势向前发展，但区块链解决了横向信息传输和信息失真的问题，从而极大地改变了产业链的合约、身份认证、支付结算隐私策略、版权保护和供应链现状，为产业未来的发展途径打下了坚实的技术和资源组织基础，成为未来产业链的确定性发展道路，这必将造就一个更高效、更透明、诚信及强大的数字出版产业。

刘一鸣、蒋欣羽（2018）指出，区块链是一种新兴的互联网技术，它的兴起将会为许多领域带来积极性影响，学术出版业也不例外。通过基于区块链技术的学术版权屏障的研究，从版权获取、开发、保护三个维度进行剖析，巩固学术版权屏障，避免版权利益的流失，实现作者与学术出版商的双赢。在“互联网+”这一时代背景下，学术出版商要意识到区块链技术改变时代的巨大作用并充分加以利用，以实现自身的可持续发展。

（四）基于区块链的金融业数字化

随着社会的进步和时代的发展，基于区块链技术本身所具有的优势，其已经逐渐成为金融产业领域广泛关注的焦点。区块链技术在金融产业的应用主要是在合规领域、证券交易市场和代理投票领域。区块链技术在合规领域的应用主要是凭借区块链技术所具有时间戳这一业态优势。这一优势能够实现对每一次交易的记录都进行追溯。

区块链技术在证券交易市场中也有着广阔的应用前景。传统证券交易过程的运行模式效率低且成本较高，无法保障金融消费者自身的权利，而基于区块链所具有共享的业态优势，能够及时、直接地将买卖双方进行匹配，以及区块链技术所具有的时间戳的业态优势能够大大减少对所有权确认产生的分歧。同时，区块链技术所呈现出分布式的结构还能够实现结算和清算工作的自动完成，这也大幅度降低了成本。区块链技术在代理投票领域也有着较为广阔的发展空间。传统代理投票的过程较为复杂且没有标准的统一，信息流动程序的复杂和速度的缓慢也十分容易造成信息被篡改或者丢失。区块链技术本身就具有透明性和安全性的优势，这一优势能够有效地改善传统代理投票领域中存在的不足，实现代理投票的高效性，同时还能够确保投票记录的准确性、安全性，并对其进行保存。

Otilia（2017）认为，在早期，比特币的价格经历了极端波动。然而，总体而言，比特币对早期投资者来说回报非常高。如何从事前的角度评估比特币？用于评估潜在新投资的一阶市场指标包括：价值基础、稳定性、流动性、信息效率和可访问性。价值的未来是数字化的。数字资产的好处包括减少交易摩擦，增强跨境交易的能力，消除交易对手风险评估，监管和货币政策自由，以及为“无银行账户”、用户匿名和分类账透明度获取资金。供需的力量决定了比特币的价格。它的价格不是由其内在价值驱动的，而是由买卖双方的意见以及他们认为比特币应有的价值所驱动。

区块链技术的发展给金融产业带来了许多积极影响，降低了信任风险，使金融机构业务也变得流程化，驱动了新型商业模式的创新发展，促进了共享金融和共享经济发展。但是，区块链仍然存在诸如安全问题、监管问题、容量和时效性问题等不足。张晗（2018）通过对区块链本身的介绍，以及对区块链在金融业中应用时所带来的积极影响及其不足的分析，得出结论认为不论是区块链技术在金融产业中所具有的价值，还是区块链技术对金融产业带来的不良影响，金融产业都要报以开放的态度，积极应对区块链技术带来的变化，同时对区块链技术本身具有的风险加以防范。陈欣（2018）通过阐述区块链的特点和目前区块链应用的状况，以及分析区块链技术对传统金融的影响，认为目前区块链还在完善当中，区块链的商业化还需要进一步发展；中国作为一个大国，应该积极面对区块链带来的变化，加大研究投入，尽快掌握区块链技术，在未来区块链市场抢得先机。涂红、刘程（2018）在分析了区块链技术在国际金融和贸易领域的应用之后得出结论：区块链技术的诞生是全球生产与服务的又一次重大革命，有着广泛的前景，中国政府及各个行业内的领先企业应积极跟进国际区块链技术强国的标准化工作，尽早进行产业布局，积极探索区块链应用的试验田。

Ian Pollari（2016）认为，未来的金融服务业将与今天的情况截然不同，将更具竞争力、更高效，并能提供更多的客户选择。新的产品和服务、分销方法和商业模式将出现，金融机构将面临越来越大的竞争压力。

Alexey Chernov、Victoria Chernova（2018）根据研究指出，在金融领域，主要的区块链技术市场驱动力是不断增长的业务需求。高水平的在线支付安全性可以通过分布式分类账技术（DLT）实现。今天，大约80%的银行正在投资开发基于区块链技术的项目。此外，使用区块链可以显著降低交易的成本和时间，这在金融不稳定的情况下，可以成为关键的成功因素。还应该指出的是，加密货币，特别是比特币的日益普及，对区块链技术的普及产生了积极影响，从而导致大型金融机构投资开发基于分布式账本技术的项目。然而，分析使用区块链技术的潜力应注意以下市场障碍和风险：对技术的认识不足；高水平的初始投资；安全和保密；缺乏管理区块链技术在各经济部门使用的监管框架；组织障碍业务流程的再造。

Melanie Swan（2017）分析了四个特定的区块链应用方向，这些可能具有积极的经济效益。第一，考虑数字资产登记，特别是提高土地所有权和出生登记的效率。第二，区块链被认为是全球金融包容性的重要跨越技术，包括电子钱包银行服务、身份登记和土地所有权。第三，分布式分类账可能允许创建个性化的经济服务，如非标准抵押贷款，以满足数字市场中的个人需求，诸如“eBay for money”。第四，被称为支付渠道的投机技术最终可能发展为数字化支付资源消耗系统，基于净支付而不是总转移支付，并实现对等银行服务。从这一分析中得出的首要主题是，许多涉及资金、资产和文件的日常运营可能开始在具有加密安全性的数字网络上进行。鉴于转移商品和服务需要较少的摩擦和人为参与，要有较少的物理基础设施才能实现。并不是说制度的影响和作用会减弱，而是它们的物质足迹以及开展业务的方式可能会在区块链经济中发生重大变化。

第二节　数字经济中资产理论演进分析

要理解资产体系在新的数字化产业生态系统条件下发生了何种新的变化，

对其数字资产变化的认知和构建有两条分析思路：一是作为产业核心知识产权的资产产权在新的数字化产业系统下发生了何种变化，以及与传统产业模式下的情况相比，资产和产权本身的内涵和外延形式产生了何种差异；二是数字产业与传统产业相比，其资产产权系统在产业模式变化的驱动下，数字资产本身存在何种拓展和创新，有哪些新兴的数字资产概念和形式需要纳入讨论。本书将通过对具有典型性的数字内容产业资产体系的变迁分析来解释这一演进过程。

一、数字内容产业资产体系演进——版权重构

版权又称著作权，我国《版权法》第五十七条明确规定："本法所称的著作权即版权。"它是指文学、艺术、科学和工程技术作品的作者就其创作的作品在法定期限内依法享有的专有权利。版权语境中的作品一般具有以下特点：其一，独创性。这是作为作品能够被《版权法》保护而应具备的首要条件，即作品应当是由作者独立完成的，而不是抄袭复制别人的作品，否则会构成对他人版权的侵犯。其二，可感知性。版权不保护思想本身，而保护作品表达方式，人们通过听觉、视觉等能够感受并欣赏。这也是通常所说的"思想/表达二分法"。《与贸易有关的知识产权协定》（TRIPS 协定）第九条第二款将此作为世界贸易组织（WTO）成员应当遵循的国际义务，即"版权保护应延及表达，而不延及思想、程序、操作方法或数字概念"。思想本身在技术发明领域由专利保护。其三，可复制性。作品要通过一定的形式表现出来并能够加以复制。我国《版权法》第五条规定了不适用于《版权法》保护的三种情况，原因在于其不具有独创性，或因其表达的形式已具有唯一性。这三种情况包括：法律、法规，国家机关的决议、决定、命令和其他具有立法、行政、司法性质的文件及其官方正式译文，时事新闻、历法、通用数表、通用表格和公式。

数字内容产业是传统文化产业在新兴信息技术条件下的延伸和发展，而传统文化产业的核心等同于版权产业，包括出版发行业、新闻业、广播影视业、网络服务业、广告业、计算机软件业、信息及数据服务业等。世界知识产权组织（WIPO）的《版权产业的经济贡献调研指南》认为，版权产业包括四个层面的内容：首先是"核心版权产业"，主要指对于具备版权的作品进行再创作、复制、发行、生产和传播为核心的文化产业。这也是版权产业的主流，包括新闻

业、出版业、音乐业、影视业、摄影业、软件业、实用艺术业、广告服务业和版权集体管理服务等九类行业。其次是“相互依赖的版权业”，主要是指文化用品、设备及相关文化产品的生产和销售两个行业大类，如电视机、收音机、CD或DVD播放机、电子游戏机、计算机及其设备、乐器、照相机和摄影机、胶卷、纸张生产、批发及销售业等。最后是“部分版权产业”，主要是指其部分产业与版权保护的作品等相关，如纺织品、鞋类、珠宝、家具、家庭用品、瓷器及玻璃、墙布及地毯、玩具、建筑、内部装饰、博物馆等行业。最后是“非特定相关产业”，指其部分活动有助于广播、通信、受版权保护产品的批发销售等行业，如一般批发及销售、一般交通、电话及网络等，这是十分宽泛的版权或版权相关产业概念。

因此，数字内容产业与版权产业的关系不可分割。但是，数字内容产业中的版权与传统文化产业的版权相比，开始出现差异化发展：由于数字内容产业发展的技术基础信息网络本身具有开放性、平等性、去中心化和全球化等特点，在内容生产和内容传播上对传统文化产业的内容生产和传播方形成了巨大的挑战和颠覆，导致数字内容产业的版权界定和利用方式发生了深刻的变化。

第一，在内容生产上，传统版权对应的更多的是个体或单个组织的创作机制和产物，使得传统版权具有相对清晰的对人属性。而数字内容产业内容生产的中心化协作机制的使得人人都可以成为一定创作规则下的内容生产者，因此其版权更多地体现为协作体系的产物，进而导致与其相关的权利存在一定的争议空间。

第二，数字内容产业的内容生产模式与传统文化产业的点对点的单向内容传播和消费不同，数字内容产业的内容生产更多地依赖以算法和信息反馈机制的闭环系统。因此，使数字内容产业的版权对应的不仅是作品本身的表达性内容，而是掺杂和渗透了因信息采集和利用的其他数据资产权利。在数字内容产业背景下，传统版权的权利纯化被信息产业新兴版权的权利复杂化代替。

第三，泛娱乐产业成为数字内容产业的主流模式以及数字内容产业中心的平台化，使版权面对基于多重消费场景和关联消费客户的所有权、收益权的权利集合呈现出一定的动态性和模糊性。产权作为一组权利集合，在发展过程中基于不同的产业生态和经营模式，演化出诸如两权分离这样的经典权利安排方式。版权在传统内容产业生态下，其核心的所有权和收益权在主流上是比较统一的，收益权的分割也主要因授权行为产生。但在数字内容产业的条件下，版权的经典产权分割方式受到了挑战：首先，对于依赖算法的数字内容而言，内容生产是一个不断反馈和延续的过程，内容版权不再是简单的由初始创作方独享，而是可能由初始创作方、提供内容画像和用户画像的平台方以及提供反馈的客户三方共享。其次，传统内容版权的保护标的是以表达为主体，但就数字内容的产生和消费过程而言，版权的产生和保护究竟是基于表达还是基于数据或数据的利用方式，使版权对应的产权对象变得更为复杂。最后，由于目前的泛娱乐产业对于内容的利用具有多次和交叉的特点，使传统版权的授权管理模式无法有效应对数字内容版权多次跨市场利用条件下的有效产权分割，导致版权各利益相关方无法形成较为公平的利益共享长效机制，进而损害数字内容产业发展。

因此，基于产业生态发展变化的知识产权系统的迁移和数字内容产业的发展，使得版权在授权模式和管理方面产生了巨大的挑战与变化。理解授权模式是追踪版权变化的关键，比较传统授权模式和新兴授权模式，可以更好地理解版权随着数字内容产业的发展是如何变化和重构的。

（一）数字内容产业版权传统授权模式

第一，直接授权模式。直接授权模式是指数字内容的版权授权通过交易双方一对一的谈判和契约获得。以数字图书版权为例，大多数提供数字图书消费的电商网站，其电子书内容版权的获得都是通过作者或出版社直接授权的版权协议获得。

第二，授权代理模式。由于直接授权存在交易成本较高的问题，版权方无法与分散的具体使用者签署授权契约，因此将作品的相关使用权通过授权方式交给版权代理机构统一代理，授权由使用者和代理机构签订契约获得。专业版权代理公司是典型的版权代理机构。

第三，集体管理模式。版权集体管理制度是指分散的众多版权方委托版权集体管理团体共同行使其版权权利，版权集体管理团体通过自身系统行使版权，作品的著作权使用费可以向使用该作品的表演者、音像制品的商业使用者收取，所得收入应当按照一定的方式、一定的比例分配给著作权人。世界版权集体管理制度的类型分为两种：一种是英美模式，即在无任何正式的法律制度前提下，版权集体管理小组以自律、独立的方式建立和管理，不受政府干预；另外一种则为德日模式，即通过制定专门法律，严格控制著作权管理机构的设立和经营。我国的集体版权管理制度与日本类似。

（二）数字内容产业版权新兴授权模式

第一，交叉许可模式。交叉许可模式是应对数字图书馆的出现而产生的，是在数字内容组织或平台针对大规模版权方的契约约定下，版权人在一个统一的平台或规则内，通过利益置换、使用权置换或经济补偿等方式，以其作品的版权换取其他作品的使用权或其他条件的模式。超星图书馆是交叉使用模式的开创者，数字内容产业中知识产权的混合许可建立了交易成本更低的数字内容版权授权模式，有利于数字内容共享机制的建立。

第二，授权要约模式。这一模式是指在作品中已有权利人版权声明通过合同要约方式规定了不确定使用对象能在何种规定条件和方式下拥有作品的授权，要约方一旦符合规定条款和方式就可以自行和版权方形成合同关系，可按照约定的方式合法利用作品版权。协议的内容主要包括作品的使用、著作权费用的计算和支付方式、著作权人的联系方式等授权范围。

第三，平台代收代付模式。在内容或技术平台代收平台使用者的费用之后，以某种方式交付版权权利方。推广模式和收益模式是典型平台代收代付模式。推广模式即版权人将作品部分权利让渡给平台，以换取通过平台获得渠道推广和流量的模式。收入模式包括销售模式、广告模式和基金份额。销售模式是指通过平台付费阅读著作权人的作品。广告模式通过作品的广告收入分成，结算收入给著作权人。基金的激励模式是吸引用户有效的日常使用，实现收益分成结算。

第四，开放式授权模式，指软件权利人放弃经济利益，将代码进行公开，允许自己的作品在遵循同样规则的条件下自由演绎的方式进行授权。该模式的授权需要通过许可证实施，如百度公司提供的 Open AI 开源代码许可证。

第五，自助许可模式。可选授权条件由版权方通过在作品上直接显示，使用者若同意授权条件则直接在线签订格式授权协议并支付相关费用，尤其是通过平台达成协议和版权授权交易，可以降低授权和交易成本，改善知识产权流转效率。

通过数字内容产业版权授权模式，尤其是传统授权模式和新兴授权模式的对比分析，可知数字内容产业版权授权模式变革的本质是应对数字内容的消费和交易方式的变化。版权的授权过程即为版权的交易过程和传播过程，数字内容产业的版权与传统版权相比，其变革和重构需对版权相关的内容生产的共创共享性、内容加数据的复合性和内容利用的衍生性做出应对。

二、数字内容产业新兴数字资产分析

在数字内容产业的数字资产当中，除了核心的版权发生变化需要重构之外，在产业中伴随着内容生产和内容传播方式的变化，与传统内容产业相比出现了需要从创新角度予以认知和界定的新兴知识产权。

（一）数字内容产业的数据财产权和算法

数字内容产业与传统内容产业相比，最大差异是依赖信息技术条件，对内容生产和内容传播方式进行了基础变革，该变革是通过信息转化为数据，数据转化为内容的流程实现的。因此，数据的采集、储存和利用是构建数字内容产业知识资产系统的核心环节，由此衍生出两个重要的知识资产和产权系统需要识别和界定：一是与数据的采集和储存相关的数据财产权；二是与数据利用方式相关的算法产权。

1. 数字内容产业的数据财产权。数据财产权最早进入实务和理论讨论视野是基于数据库财产权的分析，由企业或组织单独开发的数据库今天被视为具有较为清晰的财产边界和权属，而互联网企业，尤其是平台企业一般都形成了由海量信息构成的数据存储，数字内容产业的主流内容平台同样基于其用户信息构建了海量的后台数据。对于内容平台积累的用户数据能否成为企业知识产权目前还处于争议阶段，需要厘清。本书认为，内容平台的用户数据基于以下理由，可以被界定为企业知识产权：一是内容平台的用户数据是通过特定的方式，由企业支付成本取得和管理，本质上与其他商业组织的客户信息或网络等无形资产并无区别。二是在取得用户信息时，平台一般都与用户通过签订平台服务使用契约的方式获得了用户对其信息权利的某种让渡。三是用户数据作为内容平台的核心资源，由企业可以实际控制并对平台创造经济利益具有关键作用，符合资产的核心定义。

2. 数字内容产业的算法。算法一词来源于数学研究领域，原意是指数学问题求解中机械的、统一的方法，由有限多个步骤组成，对于问题类中的每个给定的具体问题，机械地执行这些步骤就可以得到问题的解答。算法是数字内容产业数据利用的核心知识，涉及内容企业竞争力构建的关键，平台的用户信息和内容信息正是通过算法予以搜集、归类，转化为可利用数据，并由算法传播、分发进，而导致内容消费交易的达成。数字内容产业的算法本质上是将内容产品中本应由作者内化的内容、用户分析和模糊决策等知识的，由平台以大数据为基础，对内容画像和用户画像的知识外化。分析算法的知识产权属性，有以下几点需要关注：第一，算法是部分内容企业的核心知识，缺乏该核心知识会导致企业收益能力的丧失；第二，算法是由企业控制的，掌握在企业关键部门或关键人物手中；第三，算法存在客观的物质载体，表现为特定数据和程序的结合物。

由算法驱动的内容企业，如字节跳动、抖音等，显然将其核心算法视为企业最重要的商业机密。我国《反不正当竞争法》第十条规定："商业秘密是指不为公众知悉、能为权利人带来经济利益、具有实用性并经权利人采取保密措施的技术信息和经营信息。"与其他知识产权不同，商业秘密无须申请或者登记手续，也没有时间、地域的限制。但其一旦遭遇泄漏而进入公共领域，便丧失了其秘密性，特别是在商业竞争中，有些企业为了获得竞争优势，便想办法窃取其他企业的商业秘密。我国目前对商业秘密的保护的规定过于分散，相互之间的协调机制也没有确立。在计算机网络迅速发展的情况下，商业秘密的保护面临着前所未有的挑战。为此，不仅是经营内容产业的企业，只要是掌握商业秘密的企业都应当注意商业秘密的内部管理。我国法律所保护的商业秘密包括技术信息和经营信息，而算法是综合了技术信息和经营信息的内容企业核心商业机密。

（二）数字内容产业的软件专利权

在数字内容产业发展中，数字电影、动漫、网络游戏、手机增值业务等涉及其中增长最快的几个领域的软件技术无处不在。软件知识产权是计算机行业发展较为成熟的知识产权类型，但软件技术发明的"可专利性"一直是专利法领域争论不休的热点。TRIPS 协定第二十七条第一款规定："在所有技术领域的任何发明，不论产品或方法，只要是新颖的，含有发明步骤和具有工业性上适用性，应当获得专利。"数字内容产业最重要的软件形式是应用软件（APP）。一般认为应用软件涉及的知识产权是版权，但如在应用软件代码中涉及特殊的流程和方法，则可以针对特殊流程和方法申请发明专利。

（三）数字内容产业的商标权

我国《商标法》第八条规定："任何能够将自然人、法人或者其他组织的商品与他人的商品区别开的标志，包括文字、图形、字母、数字、三维标志、颜色组合和声音等，一起上述要素的组合，均可以作为商标申请注册。"第九条第一款规定："申请注册的商标，应当有显著特征，便于识别，并不得与他人在先取得的合法权利相冲突。"根据上述法律规定，只要数字内容产业提供的商品或者服务具有显著的标志，并与其他相同或者相似的商品和服务能够区别时，这种标志就能作为注册商标或驰名的未注册商标受到法律保护。

商标是数字内容企业在内容衍生品领域占领市场、扩大影响、吸引顾客、开展市场竞争和寻求产品利润的强有力法律工具。在数字内容企业内容产业化过程中，商标权是数字内容产品产生市场衍生效应的法律保障。数字内容产品主要通过版权寻求知识产权保护，但如将数字内容产品中符合商标申请条件的部分注册为商标，则可以充分利用内容对应的用户效应开发衍生品并予以适当的知识产权保护。因此，对于无法受版权保护的内容衍生产品，商标保护策略十分重要。我国数字动漫产业中对卡通角色"商品化权"的保护尚无明文规定。因此，将于内容产品相关的创意名称、形象等注册成商标，可以保护通过商标许可，开拓潜在的衍生产品市场，促进内容衍生产品在商业上的广泛使用。内容产业商标注册申请人可以通过一份申请就多个类别的商品申请注册同一商标。比如，"喜羊羊"这一类卡通角色可以在玩具、文具用品、教育、食物服装、家庭日用品等类目中，申请同一商标保护。

（四）数字内容产业的外观设计权

以创意设计为核心的产业包括数字内容产业，这些产业以创意设计为依托。它们代表着科学技术的进步和文化的繁荣，可以说是创意与技术的结合，引领着外观设计制度，为其前进与发展提供了无限机遇。一方面，近年来，外观设计专利的申请、授权、有效数量日益攀升，潜力巨大；另一方面，内容创意产业的繁荣也促使外观设计在质量上有所提高、精益求精。

根据我国《专利法》，外观设计的文字定义看似简单，但在实践中，外观设计专利审批或保护一直较为复杂。基于外观设计的特性，选择保护权力内容的法律部门不同。例如，考虑到内容的创造性，作为一种发明，它可以受到《专利法》保护；同时，外观设计往往还可以作为某种美学思想的表述，那么又可以受到《版权法》的保护。根据我国《专利法》，外观设计的特征定义是其三大要素：形状、图案、色彩，三者均可以是产品的要素。同时，外观设计必须与产品结合，且可以通过工业手段应用。

综合对数字内容产业版权重构和新兴知识产权认知和界定的分析，本书认为数字内容产业知识产权系统的重构体现为两个方面：一是对核心知识产权版权概念体系的重构。首先，数字内容产业版权对应的内容生产和内容传播变革导致版权呈现所有利益方的多方共创共享性；其次，数字内容产业的版权对象演变为内容加数据的复合性资产；最后，数字内容产业版权因内容（IP）泛娱乐产业利用出现的版权衍生性概念。二是对数字内容产业知识产权体系的重构。我们重点分析了数字内容产业的新兴知识产权，包括数据资产、算法、软件专利和商标权。上述新兴知识产权在数字内容产业的发展和演化中被认为具有独立的资产属性，并成为驱动产业和企业发展的关键要素。

三、数字内容产业资产价值影响因素及价值演变规律分析

数字内容产业传统知识产权价值的核心是知识产权的复制、传播和授权收益，是静态法定权利和侵权行为背景下的价值认定，但以经营和交易为目的的知识产权价值更应聚焦于在企业生态价值链中由于知识产权的使用而产生的利益契约及其价值回报机制。从初创内容版权出发，数字内容产业沿着产业价值链延伸出不同价值环节上的利益和契约关系，进而演化出不同的知识产权影响因素。本书研究数字内容产业知识产权价值影响因素，以及此过程中的价值演变规律，为价值评估模型的构建提供理论支持。

（一）数字内容产业知识产权价值影响因素分析

基于数字内容产业知识产权的重构分析，其价值影响因素分析的重点在于分析数字内容产业链布局的知识产权利用和运营，分析的切入点主要是知识产权所带来的经济收益实现过程。数字内容产业知识产权经济价值的实现依赖于对核心内容产品的直接消费和对内容产品知识产权的跨产业开发，因此对其知识产权价值影响因素的分析也基于此逻辑展开。

首先，数字内容产品的直接消费来源于产品的用户吸引能力，产品用户的消费满意度和忠诚度决定着内容产业以版权为核心的知识产权产品发展运营的基础受众和直接经济收益。本书将该部分价值界定为原生用户价值。原生用户价值影响因素分析是数字内容产业知识产权价值影响因素分析的第一个层面。

其次，数字内容产品知识产权基于不同产业场景的多次开发现状，使数字内容产品知识产权在进行内容形态转化和跨产业运作中能够吸引不同消费市场的用户，实现价值的扩张性创造。本书将该部分价值界定为衍生用户价值。衍生用户价值影响因素分析是数字内容产业知识产权价值影响因素分析的第二个

层面。

1. 原生用户价值影响因素分析。原生用户价值的影响因素可以从三个方面进行分析：一是影响原生用户的内容产品本身的吸引力因素；二是影响原生用户的平台因素；三是影响原生用户的监管因素。这三个方面是决定原生用户价值实现的关键所在，对其影响因素的分析也需要分门别类进行详尽阐述。

（1）内容产品吸引力因素。数字内容产品对用户的吸引力是内容知识产权，尤其是内容版权能否实现价值的核心因素。如果没有因产品吸引力推动形成的用户及其消费，内容产品知识产权价值变现的市场基础就无法存在。内容产品对原生用户的吸引力因素分为以下几个方面。

第一，内容产品类型。数字内容产品对原生用户的吸引力首先来自其产品类型对特定消费群体的吸引能力。网络文学、游戏、动漫和影视作品都有其原生的庞大用户市场。例如，动漫产品吸引的是广大年轻的二次元用户；网络文学则主要以“类型化小说”为主，类型小说将网络文学进行文化背景和题材的分类，通过不同的风格和题材的设定，吸引细分消费市场的用户。

第二，内容产品设计。能对核心价值用户形成足够的吸引力并带来用户的消费满意度和忠诚度的内容产品最终要立足于内容设计，即通过产品内容的构建，内容消费体验需要满足原生用户对产品的消费期望。不同类型的内容产品的内容设计针对的原生用户消费期望存在差异。例如，网络文学内容产品设计成功与否取决于产品本身情节设定的独特性和文学表达的细节构建，成功的网络文学作品不可能是内容空洞、情节重复的。目前，主流的网络文学作品形态以小说、散文（诗）、传记三种为主。网络小说作为最为重要的网络文学类型，其内容设计重点在人物形象构建和情节安排上，比较形象立体的角色且具有足够情节波动的内容更易吸引用户。成功的网络小说一般都通过鲜明的人物角色设计和故事情节发展来满足原生用户消费期望。最为成功的网络小说之一《庆余年》的角色设计与情节发展为了满足了其原生用户“小人物逆袭”的心理消费期望，起到了吸引用户持续付费阅读的作用。

第三，内容创作者影响力。内容产品创作者如因其以往的内容创作而具有了一定的知名度并获得消费者认可，则有机会构建对用户的影响力，进而影响用户后续的消费行为。当内容创作者对用户内容消费行为的影响力足够大时，数字内容产品本身基于作品的版权价值就可能演化为创作者的品牌价值。首先，创作者可以是知名的个体，如知名网络作家流浪的蛤蟆、猫腻、唐七等，被网络文学平台冠以白金作者或大神称号，其个体名称就对内容产品的原生用户具有巨大的吸引力和影响力，能够迅速地实现内容版权的直接消费价值变现。其次，创作者也可以是企业或组织，如暴雪公司在游戏开发和运营领域就对其原生用户具有巨大的吸引力和影响力，在用户中形成了“暴雪出品，必属精品”的口碑和认同感，因此暴雪开发的系列游戏和新游戏都有迅速获得用户的能力。最后，创作者也可以体现为组织和个体的结合，如动漫产业中著名的宫崎骏及其所在的吉卜力工作室对日系动漫产业的原生用户二次元人群具有巨大影响力。

（2）平台因素。除了内容产品本身对原生用户的吸引力之外，内容平台是影响原生用户消费行为的另外一个重要因素。基于内容平台在数字内容产业中的垄断地位，数字内容产品能否选择适合的平台发布，并获得足够的平台资源支持是当前内容产品能否获得实现价值的关键。内容平台对内容产品原生用户的影响体现在以下几点：

第一，内容平台引流能力。数字内容产品所处的内容平台是否拥有足够的吸引流量的能力是内容产品能否覆盖足够大的原生用户数量的关键。平台引流能力越强，内容产品所能覆盖的原生用户数量基数和规模越大，原生用户消费支付实现的价值上限越高。例如，在网络文学领域，内容产品是发布在阅文集团旗下的起点中文网还是百度旗下的百度小说将直接导致内容产品的原生用户数量差异。阅文集团利用腾讯的赋能战略，可以将 QQ、微信等社交软件与起点中文网进行绑定，通过注册账号的拓展性使用和阅读场景的扩张，可以覆盖海量的原生用户，而发布在其平台上的网络文学产品则容易获得消费关注。此外，起点中文网的海量文学数据库和用户覆盖量构建了经典的双边市场，形成了数据库作品越多，吸引用户越多，用户越多越能吸引更多的内容产品选择在起点中文网发布的双边市场网络效应，将内容平台的引流能力转化为用户价值。

第二，内容平台核心算法。内容算法是数字内容产业重要的新兴知识产权，是在数字内容产品版权之外影响原生用户消费选择的重要因素。由于内容平台的核心算法是基于原生用户信息和内容产品信息生成的数据及数据利用规则，内容平台生产、选择和推送内容的核心算法直接决定了原生用户是谁，如何产生原生用户消费内容以及原生用户如何获得内容消费的机会。因此，如果内容产品无法匹配平台核心算法构建的用户画像和产品画像，则无法在平台算法针对的目标消费市场上获得平台原生用户的支持。例如，抖音的核心算法针对的原生用户画像显然是都市年轻用户，如果通过抖音平台传播的短视频内容产品不符合其算法针对的用户画像，便无法获得平台原生用户消费支持。

第三，内容平台规则和资源分配。数字内容产品进入基于算法筛选的内容平台之后，是否在平台内部的产品竞争中获得优势依赖于在内容平台规则设定之下的资源分配情况。内容平台设计的规则主要通过对内容产品的评价结果决定针对产品的资源分配，进而放大内容产品对原生用户的吸引力。以网络文学网站为例，文学网站通过排行榜的设置，形成对平台内容产品的评价规则。各大文学网站的排行榜设置规则大体趋同，一般都分为读者榜单和作品榜单。读者榜单通过对读者行为的判断和统计进行排行，一般有点击榜、推荐票榜、收藏榜、鲜花榜、评价榜等。作品榜单依据针对产品内容的类型和质量排名，一般分为完本榜、新书榜、作家榜、原创推荐榜等。读者榜单通过对平台内所有作品的竞争性排名反映原生用户的消费倾向，作品榜单则依据内容平台设置的评价标准对产品进行筛选、分类和推荐。通过网站榜单设置背后的评价规则，以平台内部的产品竞争机制结果决定平台产品获得的资源分配排序，使排在榜单前列的内容产品在获得资源倾斜后脱颖而出，进一步夯实和放大其版权开发价值。

（3）监管因素。监管因素主要是指在内容产品生产和传播的过程中，由于国家政策法规的政策倾向和引导趋势的发展和变化，内容创作方和内容平台出现其无法控制的外部风险，导致其内容产品的价值实现出现中断或显著降低。当前，数字内容产业面对的监管因素影响主要体现在两个方面：

一方面，在内容产品创作过程中，尤其是对能起到延续文化历史作用的且开发周期较长的内容产品类型，如影视产品、文学产品等，在创作类型和题材上存在明显的政策限制，如影视产品创作中涉及现代重大政治题材的，需要经过严格的立项和审批。此外，内容产品创作所涉及的监管领域越多、监管部门越多，则政策因素导致的产品开发不确定性越大、风险越高。例如，内容产品开发中涉及民族或宗教题材的，除了受常规的文化广电部门的监管外，还会涉及民族或宗教管理部门的监管和审批问题。因此，在内容产品创作时要分析政策因素，以规避内容产品开发的风险。

另一方面，对新兴的数字内容平台上出现的新兴数字内容产品及形式，如抖音上的短视频、虎牙上的直播等，在平台发展和产品传播早期，由于监管当局对新行业、新产品形式的认知需要过程，因而可能存在一定的政策监管空白期，但伴随着行业发展，平台影响力的扩大和内容产品广泛传播导致的社会影响力增加，针对内容和平台的监管政策一定会出现并成为平台和内容产品关键性的风险因素。例如，在短视频行业，字节跳动旗下的内涵段子就因政策监管因素而被取缔；动漫产业中的暴漫事件、直播行业中的著名主播陈一发儿事件都是因为受政策监管因素的影响，内容创作者或内容平台不得不面对突发性的风险而导致的原生用户流失、发展空间受限和知识产权价值贬值的情况。

2. 衍生用户价值影响因素分析。衍生用户价值是指将内容产品知识产权，主要是版权，进行跨文本转化和跨产业开发后形成不同类型的衍生内容产品，通过衍生内容产品放大和扩张已有的原生用户基数和规模后获得的经济收益。其本质上是由内容产品的转化而获得的，包括：第一，原有原生用户在不同内容领域的消费增加，第二，在不同内容领域获得更为广泛的与原有原生用户不同的新用户带来的消费价值。衍生用户价值依赖于泛娱乐产业实现，而泛娱乐产业由文学、影视、游戏、动漫、音乐、直播、衍生品等多元内容产业和平台共同组成。数字内容产品知识产权作为泛娱乐生态链的驱动要素，促进各参与产业和内容平台的融合共生，通过内容转化和开发产生基于原生用户消费扩张和新用户获取的持续性价值。

当前，数字内容产品知识产权衍生性开发在泛娱乐产业产生持续性价值主要是通过以下几条产业链条实现：文学、影视和动漫产业在泛娱乐产业上游提供基于原生用户价值的原创性内容和知识产权；影视、动漫和游戏产业在中游通过内容产品的转化性开发放大其知识产权影响力，吸引新用户并强化对原生用户的影响；游戏、主题公园、玩具、图书、其他衍生品产业则在下游提供内容产品价值的多渠道变现。在泛娱乐产业的数字内容产品联动模式中，衍生用户价值实现的影响因素可以归结为衍生转化因素、衍生权利因素和衍生用户因素。

（1）衍生转化因素。衍生转化因素是指在数字内容产品的泛娱乐产业衍生开发过程中影响其价值实现的因素，主要包括数字内容产品知识产权在不同内容产业交易或授权开发后的衍生产品类型、变现模式、产品能力。

①衍生产品类型。在泛娱乐产业的产品联动开发模式中，衍生产品类型即从原创内容产品知识产权开始进行跨产业开发所涉及和指向的内容产品类型及开发次序。产品类型的选择和开发次序直接影响对用户影响力的放大方式，进而影响内容产品跨产业开发实现的衍生用户价值。

首先，根据艾瑞咨询的分析，在开发类型和开发次序的选择上，如将中国网络文学内容产品进行泛娱乐的跨产业开发，一般选择先开发为影视或动画产品类型，以放大对用户的影响力，然后再进行游戏等其他类型的内容产品开发。如果将文学内容产品直接开发为游戏类产品，则有可能因用户影响力积累不足，导致跨产业用户获取难度增加。而在将动漫产品进行泛娱乐开发时，影视产品应是优先选择的产品类型。通过影视产品放大用户影响力，将动漫产品的用户基础由二次元用户扩张为泛影视用户。在将游戏产品进行泛娱乐开发时，一般建议在游戏行业内部进行手游、端游的开发转换。游戏产品转化为影视作品或文学作品需要游戏本身具有巨大的影响力，如暴雪将魔兽世界游戏开发为电影作品就在中国市场获得巨大成功。

其次，不同的衍生产品类型会对产品开发能够实现的价值量产生直接影响。不同产品类型背后的用户消费潜力和经济价值具有巨大差别。如在网络文学内容产品的衍生性产品价值实现中，一般认为短周期内影视产品的收益能力高于游戏，而在长周期内创造持续收益能力方面，游戏产品大于影视产品。

②变现模式。数字内容产品泛娱乐知识产权开发基于不同的衍生产品类型中存在不同的变现模式，通过跨产业开发产生对原生用户和新用户的影响力扩展，但如何利用影响力转化为产品的现实收益还依赖于产品变现模式的设计。产品变现模式差异直接反映和影响内容产品各利益相关方在开发过程中的博弈关系和利益分配机制。

在泛娱乐产业链上，各利益博弈方在变现模式上的主导权差异源于基于产品开发的核心资源，主要是知识产权差异。对于依赖原创性文本的文学产品而言，拥有产品版权的作者或文学网站在后续的衍生产品开发链条中有较大的话语权。如在文学作品的影视化开发中，播放平台会基于网络文学作品本身所影响和带动的原生用户数量，花费足够资金垄断影视化作品的播映权，版权拥有方在产品衍生性开发中因为贡献了核心资源而拥有一定的优势地位。究其原因，基于知名网络文学作品改编的影视化作品通过“IP 为主、明星为辅”带来的流量，为其产品变现提供了用户基础和收益保障。

如果是抖音类的短视频平台产生的内容，在对通过抖音平台走红的音乐、网红等内容要素进行衍生产品开发如游戏开发时，对用户产生影响力的核心资源是抖音通过核心算法聚拢的流量和营销资源。通过流量的先期导入，通过抖音平台积累的原生用户可以直接成为游戏的初始用户。平台影响的忠诚用户可以对游戏进行免费主动的宣传营销，扩大游戏的影响和挖掘潜在用户群体。在此产品衍生开发链条中，抖音通过其平台资源和核心算法，在变现模式中处于支配地位，因此在相关利益方博弈中相较版权方具有优势地位。由于我国的《版权法》并没有对短视频的版权进行明文规定，只能通过相关定义进行判断，短视频内容创造者应该拥有信息网络传播权、对短视频的复制权、发行权、短视频刻录后的出租权等。短视频版权人许可使用人进行复制、传播，被许可人应当支付相应的报酬。但由于平台的优势地位，使得现在平台即便注明内容版权归创造者所有，但实际相关权益收入并没有流入创造者手中。

③产品能力。数字内容产品的衍生用户价值实现除了受到产品衍生性开发过程中的产品类型和变现模式影响外，还受到具体的衍生产品开发方产品开发能力的影响。优秀的原创版权或强大的平台内容资源如果所托非人，也极有可能导致内容产品知识产权价值的损耗。产品开发方产品能力的构建和评估包含以下两个方面：

一是内容转化能力。产品开发方能否根据目标产品类型的不同，对原创内容产品进行合适的内容调整和二次开发。如网络文学作品的文本无法作为影视、动漫和游戏的开发内容直接使用，需要根据影视、动漫和游戏的创作规律和用户习惯进行必要的修改和调整。内容调整是否合适和到位，是否能达到既符合原创产品原生用户消费期望，又满足新的内容产品类型面对的用户需求，是开发方能否有效进行内容产品跨行业开发的首要考验。

二是资源聚集能力。数字内容产品衍生性开发虽然存在原生用户基础，但优秀的内容产品转化依然需要产品开发方能够提供各个方面的资源注入和支持。从内容出发，产品制作团队、资金和资源支持、平台和渠道的能力以及社会公共关系的处理等方面都要求产品开发方具备优秀的资源聚集能力，进而推动内容产品知识产权顺利转化。

（2）衍生权利因素。权利束是产权经济学中的概念，即产权是由许多权利构成。完备产权是一种理想状态，现实中产权往往是不完整的，因此现实中的产权也是一个“结构”概念，即不同权利束的排列与组合决定产权的性质和结构。数字内容产品的知识产权可被视为权利束集合，伴随着内容产品的跨行业开发，其知识产权也呈现衍生出权利束的不同排列组合状态。对数字内容产品知识产权权利束的影响因素分析主要从两个方面着手：一是权利总量，即数字内容产品知识产权究竟包含多少种权利束组合，如版权中包含的复制权、传播权等多种权利在知识产权交易和开发中是否存在遗漏。比如，进行全产业链开发的版权收购方需要对版权的所有权利束打包购买，支付的整体权利束价值大于单个版权价值。二是权利结构，即根据不同的内容产业，需要对内容知识产权权利束进行何种组合，以适应产业开发要求。例如，在进行游戏产品开发时，游戏相关的角色权、邻接权就是基于特定产业范畴产生的权利。

（3）衍生用户因素。在数字内容产品衍生产业链条的开发中，内容产品的用户已经由原生用户向衍生用户转化。衍生用户规模一般大于原生用户规模，比如将网络文学产品转化到影视剧、游戏、动漫等衍生行业，其目标市场受众远大于网络文学产品市场的受众。从小规模受众的内容市场转向大规模受众的内容市场，影响衍生用户数量的影响因素包括转化渠道和转化率。

在转化渠道方面，数字内容产品的衍生用户数量受到渠道导入的影响，即通过何种渠道吸引用户关注和消费。原创内容产品通过渠道散发其网络影响力，带动衍生用户规模扩张。影响产品网络影响力的渠道主要以微信、微博等社交媒体，百度贴吧等互动平台，以及影视、游戏专业网站或平台为主。影响力扩散程度可以通过在相关渠道上的点击、阅读、浏览、发帖、评分等数据进行计算。

在用户转化率方面，有针对性地提高转化率需要进行用户画像和产品画像的精确匹配。对目标受众市场用户的认知越准确，基于该认知针对性开发的内容产品越符合用户需求，越会带来更高的衍生用户转化率。如根据网络文学用户数据，其目标用户中男性较多，读者年龄结构中 30 岁以下的读者占 60% 以上，在其目标受众中 61：7% 的用户经常进行影视消费，46. 6% 的读者消费游戏，31. 7% 的用户消费动漫，因此，为网络文学作品开发有针对性的影视内容产品带动的衍生用户转化率显著高于其他衍生产品类型。

（二）数字内容产业数字资产价值演变规律分析

基于上文对数字内容产业知识产权内涵的重新讨论和对其价值影响因素的分析，对数字内容产业知识产权价值演变的分析应从两个维度展开：一是价值演变是基于时间连续变化的产物，应该如何分析知识产权依时间连续变化的规律；二是价值演变又是不同时点的特定知识产权组合和状态的产物，应该如何认识特定组合和状态下的知识产权对价值变化的影响。本书认为，数字内容产业知识产权价值演变规律可以从以下三个方面进行分析：

1. 用户价值变化是数字内容知识产权价值演变的主轴。数字内容产业知识产权虽然在多种交易和授权方式下呈现出不同的交易价格，但究其根本，决定其核心价值的还是基于知识产权开发的不同类型内容产品在不同消费行业下的持续收益能力。而内容产品本身的收益实现并不来源于对其产品质量优秀与否的判断或开发产品所支付的成本高低，其收益实现基本上完全依赖于内容用户的消费价值。显然，基于对数字内容产业知识产权价值影响因素的分析，内容产品的原生用户和衍生用户价值的变化是影响其知识产权价值的主要因素。

针对数字内容产品的原生用户和衍生用户的价值变化，在考虑其各种价值影响因素之外，还需要形成整体的思维分析框架以对其变化进行反映，但这一思维分析框架的提出面临挑战：一是数字内容产业知识产权对应的行业领域广泛，内容产品类型多样，其用户价值变化因行业和产品类型不同而具有数量和速度方面的明显差异，应如何透过差异性反映其变化的本质性；二是内容产品的原生用户和衍生用户价值两者之间的变化如何关联和区分，如何找到对这两种用户价值变化具有统一性的分析和解释基础；三是无论是原生用户还是衍生用户价值，其变化并非是孤立的，而是基于对应内容产品而产生。因此，需要分析和描述内容产品的变化进程，并构建用户价值变化与内容产品变化进程的关系。

根据上述分析，本书认为，通过借鉴市场营销中经典的产品周期理论，可以构建分析数字内容知识产权用户价值变化的逻辑框架，以下将对此进行阐述。

2. 产品生命周期是判断用户价值变化的基准。

（1）产品生命周期理论。产品生命周期最早由 DEAN（1950）提出，最初是用于阐释典型产品从开始设计到最终淡出市场的预期生命周期，一般包括导入期、成长期、成熟期和衰退期四个阶段。

第一阶段为产品导入期。导入期是定义产品并开始将其推向市场的时期。一款新产品在导入期的目标是以可实现的最低成本提供优质产品，满足消费者需求，从而实现利润最大化。具体而言，导入期可细分为确认概念、方案设计、标准化设计、制模和测试以及提升产能五个时期。在这个阶段，由于企业着力于在该产品的潜在客户群体中构建产品认知度，广告的投放量会很大，但销售额的增长速度可能会比较慢。随着产品市场占有率的提高，相关营销活动的预算一般会逐渐降低，因为用户对该产品已经非常熟悉。在导入期，企业会识别和评估潜在客户，并利用外部资料确认这些客户中高价值的部分，引导他们形成对产品和企业的认知。

第二阶段为产品成长期。当产品顺利度过导入期并开始在市场中占据一席之地后，便来到成长期。在这个阶段，需要企业对产品是否能获得更大的市场份额或更高的收益做出正确预期。毫无疑问，这个时期对于任何产品而言都是黄金期：产量提升，从而使得单位成本下降，大量营销活动的开展引起销售额迅猛增长，反馈信息或新市场的开辟使产品不断进行优化。一般情况下，厂商希望其产品维持在成长期，通过扩大用户群和维持用户，企业将竭力建立起用户对这款产品的忠诚度。在成长期，买卖双方的交易行为会增加，与前一个时期相比，用户对企业的信任程度达到高水平并趋于稳定，由此，用户的交易意愿大大提升，产品忠诚度也可能在交易过程中形成。

第三阶段为产品成熟期。成熟期的产品到达了一个转折点：销售额的增长速度开始放缓，销量不可避免地开始下降。在这个阶段，竞争者厂商会推出同质产品与该产品竞争，其中一些产品可能价格更低、品质更优，从而引发价格战，激烈的价格战将使一些企业连同其产品被淘汰出局。通常来说，对于产品而言，成熟期在产品生命周期的四个阶段中的持续时间是最长的，某些产品的成熟期甚至可以持续数十年。成熟期为买卖双方的联系最为紧密和融洽的阶段，也是卖方希冀保持的状态，处于这种状态中的买卖双方会进行大范围的持续交易行为。

第四阶段为产品衰退期。当销售额达到峰值并开始持续下滑时，产品进入衰退期。最终，产品销售额将会下降至继续生产不经济的临界点，投资额将会降至最低值。在这个阶段，买卖双方的交易关系会发生逆转，他们之间的买卖行为会不断减少，买卖双方中的一方或双方会开始考虑终结交易关系或者寻找替代的交易伙伴，也可能会做出意欲结束交易关系的表示。

（2）数字内容产品生命周期特征。本书将数字内容产品的生命周期定义为内容产品从产品开发到产品完全失去收益的周期。数字内容产业在过去 10 年间迅速发展，但与传统文化产业相较，数字内容产业的产品生命周期变化更为迅速。数字内容产品也许会在短时间内爆发性地吸引大量用户，但也可能出现在短时间内产品用户留存率不断下降的情况。由此可见，大多数数字内容产品生命周期表现为用户活跃度和收益额经历从零上升至顶峰，再下降到谷底的过程。数字内容产品一般都是典型的具有生命周期特征的产品，可以用用户数量和收益额为标准对产品所处生命周期阶段进行划分。

①数字内容产品导入期。本书将内容产品从产品内部开发到开发结束正式上线前的这段时期作为其导入期。在数字内容产品正式上线前，产品开发方一

般首先会通过基于产品操作的数据分析，发现产品前期的缺陷。然后，导入少量用户，由用户测试产品并反馈使用情况和存在的问题，以促进产品的进一步完善。在此阶段，产品开发方也可以初步地对用户进行分类。在产品导入期，产品用户数量几乎为零，用户关系尚不存在，同时产品不具备收益能力，难以对其未来收益情况进行判断。

②数字内容产品成长期。本书将数字内容产品从开始上线到其产品收益达到稳定峰值的时期认定为其成长期。在成长期阶段，内容产品运营方开始通过产品聚集用户，同时也开始构建收益模式，产品用户开始使用产品并有可能产生消费行为。随着内容产品的正式上线，产品用户数量开始迅速增长，运营方会力图吸引更多的潜在用户。在此过程中，部分产品用户会消失，而另一部分用户会逐渐形成对产品的使用习惯，成为活跃用户，并有可能产生消费行为。同时，随着用户基数的不断扩大和交易行为的不断增加，内容具备了获取收益的能力，运管方拥有更为详细的产品运营数据，以不断优化产品。由于产品和用户的关系在此阶段形成和发展，因此将此时期确定为成长期。

需要关注的是，数字内容产品在上线初期面对的不确定性较强，因此内容产品很有可能在成长期就出现产品失败、用户和收益极速下滑的情况下，直接进入衰退期。

③数字内容产品成熟期。本书将数字内容产品从收益达到稳定峰值的时点到收益开始持续下滑的时点之间的时段定义为成熟期。在数字内容产品的收益达到稳定峰值后，活跃用户与产品开发运营方之间已经构建了共生关系。活跃用户会在运营方的收益模式下创造持续的用户价值，从而使得内容产品收益保持在较高水平。

④数字内容产品衰退期。本书认为，从内容产品收益开始持续下滑的时点直至收益下降至零的时期为内容产品的衰退期。在衰退阶段，由于产品吸引力下降、监管问题、竞争加剧等多种原因，活跃用户主体对内容产品的消费兴趣发生变化，活跃用户数量快速下降，内容产品收益也随之迅速萎缩。

3. 知识产权组合状态是内容产品价值分成的依据。根据对数字内容产业知识产权的重构分析，数字内容产品的知识产权包含拓展的版权和算法等新兴知识产权。不同类型的数字内容产品是一种复合型智力成果，其知识产权也体现为复合型的组合形态。例如，数字游戏产品就包含软件、游戏情节、场景设定与角色形象和配乐配音等复合智力成果，而这些智力成果分别属于不同的知识产权类型。数字游戏产品版权的本质是多种版权的集合，包含计算机软件版权、美术作品版权和音乐作品版权三种类别的版权，这三者共同构成游戏版权组合。在游戏产品传播中，还产生了电信运营商的邻接权。我国的《版权法》对作品传播者赋予邻接权，保护作品在传播过程的版权和传播者的权利。在网络游戏的网络远程传输过程中，电信运营商通过版权人的许可，提供无线信号，作为游戏作品的传播载体，运营商属于游戏作品的传播者，因而具有邻接权。此外，数字游戏产品运营方积累的运营数据和用户数据也同具有数据财产权。据此，数字游戏产品的知识产权就是多种版权、邻接权和数据财产权等知识产权的组合。要对数字内容产品的价值进行判断，就需要首先对产品特定的知识产权组合进行了解。

数字内容知识产权组合认知需要明确产品知识产权组合的类型、结构和价值状态。首先，要认知和分析内容产品知识产权组合的类型，既要分析以经典版权为核心的版权组合和版权拓展，也要分析算法、数据财产权等新兴内容产品知识产权。其次，要对组合中不同知识产权在产品运营中体现出的结构特征和功能界定进行分析。最后，认知和分析内容产品知识产权组合的价值状态。价值状态直接与内容产品生命周期相关，在内容产品周期的不同生命阶段，组合中不同知识产权的表现形态、运行规律和价值贡献都不一样。

第三节　典型数字资产——核心数据库研究

一、核心数据库概念及类型分析

数据库是以一定方式储存在一起、能为多个用户共享、具有尽可能小的冗余度、与应用程序彼此独立的数据集合，按照数据之间相应的联系或组织形式来存储和组织数据。从数据库的作用及价值角度，众多学者认为数据库具备高度的商业价值和非商业价值。也有学者尝试从资产的角度对数据库进行界定。赵鹰（2013）认为，数据库是企业的组织类无形资产，是企业的智慧资本，是企业价值的重要来源。柴金勇（2019）认为数据库是一个企业的无形资产，存放了很多敏感或有价值的信息，是大数据分析的基础。

（一）数据库的演变

随着技术的不断进步和经济的持续发展，数据库的内涵也在不断发生着变化。数据库技术是在人们对于数据管理与应用的大量需求下而产生的产物。不论是处于什么发展阶段，数据库技术的应用都主要在于对数据的分类、组织、储存、检索和维护。

人工管理阶段的数据库系统的主要功能是科学计算。受技术条件的限制，数据库不具备储存数据和关系数据的能力，只能够进行批量化的数据处理。

文件系统阶段的数据库系统加入了数据管理功能。因为储存器和操作系统的诞生，使得数据库系统增加了数据存储和数据管理的功能。人们开始通过文件管理系统来储存和检索数据。

数据库系统阶段的数据库中的数据不再是面向某个应用或某个程序，而是面向整个企业（组织）或整个应用。此时的数据库系统采用复杂的结构化的数据模型。数据库系统不仅要描述数据本身，还要描述数据之间的联系。此时的数据库数据间独立性较高，重复度降低，安全性显著升高，而且具有数据恢复功能。

（二）数据库资产性质分析

从会计学的角度，资产是企业过去的交易或者事项形成的、由企业拥有或者控制的，预期会给企业带来经济利益的资源。它是企业从事生产经营活动的物质基础。按照中国的企业会计准则，符合上述资产定义的资源还要同时满足以下条件，才能被确认为资产：首先，该资源有关的经济利益很可能流入企业；其次，该资源的成本或者价值能够可靠地计量。

对照资产的定义来，数据库是企业过去投入成本创造的、现实拥有的资源，被企业实际控制，能够通过支撑企业业务需求等途径为企业带来经济利益流入，其价值也能够通过一定的评估方法可靠计量，符合资产的确认标准。也就是说，数据库显然是一项资产。

那么，数据库到底属于资产中的哪一类呢？

我国2001年颁布的《资产评估准则——无形资产》指出，无形资产是特定主体所控制的、不具有实物形态、对生产经营长期发挥作用并且能带来经济利益的资源。从这一角度来看，数据库满足无形资产的定义，可以被确认为一项无形资产，并具有以下特点：

第一，数据库的经济价值和成本巨大。在信息爆炸的社会，信息是一种重要的无形资产，作为信息集合体的电子数据库和非电子数据库可以使人们充分利用信息，解决信息冗余带来的种种问题。因此，数据库，特别是电子数据库，由于其具有存储量大、检索快捷、使用方便、实用性强等优势，成为信息时代极为重要的工具，其中包含着巨大的社会经济价值。

第二，数据库的开发、制作和维护投资巨大。由于数据库系统的集合性、复杂性，制作一个数据库往往需要投入相当巨大的人力、物力、时间等成本。

第三，数据库的复制非常简便，侵权行为极易发生。数据库的开发制作虽然非常艰难，但其复制却极为容易，而且成本低廉。这个特点使得数据库随时随地面临着被他人擅自复制和传播的危险。

近年来，在数字经济的时代背景下，企业数字化进程不断加速，企业的数据库因为融合了新兴的数字技术也发生了改变，演化成新型的核心数据库。核心数据库在充分数据化的基础上，结合企业的数据挖掘能力、数据的加工能力、先进的模型算法、先进的信息系统、大数据技术和移动互联网技术等先进数字技术，优化企业的传统业务流程，提升企业经营效率，降低企业交易成本，为企业价值增长做出重大贡献。核心数据库以数字代码形式存在于企业控制的物理载体和虚拟环境中，是信息、知识资源的数字化形式，也是具有经济价值和法律归属权的资产。

（三）数据库类型

早期比较流行的数据库模型有三种，分别为层次式数据库、网络式数据库和关系型数据库。网络数据库和层次数据库很好地解决了数据的集中和共享问题，但是在数据独立性和抽象级别上仍有很大欠缺。而在当今的互联网中，最常用的数据库模型主要是两种，即关系型数据库和非关系型数据库。

1. 关系型数据库。关系型数据库模型是把复杂的数据结构归结为简单的二元关系，即二维表格形式。关系数据库可以较好地解决这些问题。常用的关系型数据库类型有以下四种：

（1）Oracle 数据库。Oracle 数据库支持最广泛的操作系统平台，是近年来最被广泛应用的数据库，主要应用范围包括传统大企业、大公司、政府、金融、证券等。

（2）MySQL 数据库。由于其具有体积小、速度快、总体拥有成本低、开放源代码等特征，MySQL 数据库被广泛应用在 Internet 上的大中小型网站中。

（3）SQL Server 数据库。SQL Server 是微软公司开发的大型关系数据库系统，它的功能比较全面，效率高，可以作为中型企业或单位的数据库平台。但它只能在 Windows 系统下运行，这是 SQL Server 系统的缺点。

（4）Access 数据库。Access 是入门级小型桌面数据库，性能安全性都很一般，可供个人管理或小型企业使用。

2. 非关系型数据库。

（1）非关系型数据库的产生及特点。非关系型数据库也被称为 NoSQL 数据库，它的出现并不是要完全颠覆非关系型数据库，而是作为传统关系型数据库的一个有效补充。NoSQL 数据库在特定的场景下可以发挥出难以想象的高效率和高性能。随着互联网 Web2. 0 网站的兴起，传统的关系型数据库面对规模日益扩大的海量数据、超大规模和高并发的微博、微信、SNS 类型的 web2. 0 纯动态网站时已经显得力不从心，暴露了很多难以克服的问题。NoSQL（非关系型）类的数据库就是在这样的情景下诞生的，并得到了非常迅速的发展。

非关系型数据库具有高性能、高并发、对数据一致性要求不高的特点。开源的 NoSQL 体系，如脸书（Facebook）的 Cassandra，Apache 的 HBase，也得到了广泛认同，Redis、mongb 也逐渐越来越受到各类大中小型公司的欢迎和追捧。

（2）非关系型数据库种类。

①键值数据库。类似于传统语言中使用的哈希表，可以通过 key 来添加、查询或删除数据，有很高的性能及扩展性。典型产品包括 Memcached、Redis、MemcacheDB、BerkeleyDB。

②列存储数据库。列存储数据库是将数据库存储在列族中，一个列族存储是经常被一起查询的相关数据。这部分数据库通常用来分布式存储的海量数据，键仍然存在，但是他们的特点是指向了多个列。典型产品包括 Cassandra、HBase。

③面向文档数据库。面向文档数据库以文档的形式存储，每个文档都是自包含的数据单元，是一系列数据项的集合。数据存储的最小单位是文档，同一个表中存储的文档属性可以不同。典型产品包括 MorgoDB、CouchDB。

④图形数据库。图形数据库主要使用一种高效的方式来存储各个实体之间的关系。当数据之间是紧密联系的，如资本资产定价模型、科学论文的引文等，使用图形数据库是最好的选择。如果给予足够的关系和实体类型，图形会变得非常的复杂。

二、核心数据库特性分析

（一）核心数据库特性分析

1. 主题性。核心数据库中的数据是针对特定的客观分析领域组织的，这些特定的客观分析领域称之为主题，如质量、销售和成本等。主题是进行数据归类的标准，一个主题通常与多个操作型信息系统相关。传统的操作型数据库的数据组织面向事务处理任务，各个业务系统之间各自分离，而数据库不是泛泛的、无序的数据集合，而是为了高效的、按主题进行的分析而组织起来的特定的数据集合。

2. 集成性。核心数据库中的数据是从原始的数据库中按一定的主题和规则抽取出来的。在数据进入数据库之前，必须经过清洗集成和转换。这主要是因为：第一，数据库的每一个主题所对应的数据来源于分散的各个数据库，它们之间可能存在许多重复和不一致；第二，数据库中的综合数据需要在源数据的基础上作进一步的加工，从而保证数据库内的信息是关于整个企业的一致的全局信息。

3. 快速迭代性。传统数据库中的数据主要是相当一段时间内的历史数据，用作企业的决策分析。最终用户所涉及的数据操作主要是数据查询，不能进行更新。一旦某个数据进入数据库以后，在一般情况下将被长期保留，也就是说，传统数据库中一般有大量的查询操作，但修改和删除操作很少，通常只需要定期的加载、刷新。而核心数据库则不同，借助新兴的数字技术，其数据的迭代非常快速，而且大部分能够实现自动化，更新速度远远超过传统数据库。

4. 反映历史变化。核心数据库的数据内容随时间不断变化，表现以下几个方面：一是数据库随时间的推移，不断增加新的数据内容；二是数据库随时间的推移，需要存储旧的数据内容；三是数据库中包含大量的综合数据，它们大都与时间有关，随着时间的推移，需要不断进行新的综合。

（二）核心数据库作用分析

市场的激烈竞争和管理过程的复杂性决定了一个企业为了生存与发展，就需要对客户关系、市场营销、产品工程、投资分析等数据进行提取与分析，从中找到对企业进步发展有价值的潜在信息。核心数据库在企业中发挥着不可替代的作用。

第一，数据库能够把企业的内部数据和外部数据进行有效集成，为企业的各层决策提供数据依据。

第二，数据库通过构造一种体系化的数据存贮环境，将分析决策所需的大量数据从传统的操作环境中分离出来，使分散的、不一致的操作数据转换成集成的、统一的信息。

第三，数据库可以为市场营销和客户分析提供基本的信息源和辅助工具。

第四，数据库可以实现对产品、部门、机构的利润与成本分析。

第五，可以规范管理流程、优化业务处理、提高资本利用率。

（三）核心数据库体系结构

1. 数据源。数据源是数据库系统的基础，是整个系统的数据源泉，通常包括企业内部信息和外部信息。内部信息包括各种业务处理数据和各类文档数据等，而外部信息包括各类法律法规、市场信息和竞争对手的信息等。

2. 数据的存储与管理。数据库的关键是数据的存储和管理。数据库的组织管理方式决定了它有别于传统数据库，同时也决定了其对外部数据的表现形式。要决定采用什么产品和技术来建立数据库的核心，就需要从数据库的技术特点着手分析，针对现有各业务系统的数据进行抽取和清理，并有效集成，按照主题进行组织。

3. 服务器。服务器对分析需要的数据进行有效集成，按多维模型予以组织，以便进行多角度、多层次的分析，并得出结论。

4. 前端工具。前端工具主要包括各种报表工具、查询工具、数据分析工具、数据挖掘工具以及各种基于数据库的应用开发工具。

三、典型核心数据库——寿险企业数据库

（一）寿险企业数据库界定

伴随着信息化和大数据技术在保险行业的发展，如何更为准确、智能、高效地为寿险用户提供服务成为寿险企业构建业务竞争力的关键。寿险企业核心数据库成为寿险企业在数字化背景下变革业务流程、优化用户服务系统的关键支撑资源。寿险企业核心数据库是在对接和整合外部医疗大数据基础上，针对目标用户形成基于大数据迭代的精准画像，并与寿险企业业务核心算法结合，为基于人工智能的新型业务流程提供数据调用、更新迭代、算法演化的企业数

据和信息管理系统。

（二）寿险企业数据库特性

1. 数据集中，保存时间长。数据量大和对数据安全要求高是寿险业的特点。寿险是需要长期保存数据的业务，每时每刻都会有新的数据生成，并且许多数据都需要长期保存。对于客户而言，必须能够随时查询到多年前的保单情况，包括当时的投保和理赔的情况等。同时，寿险产品种类繁多，随着互联网投保产品的研发和推广以及近年来各地的人员流动频率增加，数据的流动性和分散性进一步提升，传统的分机构的数据库管理已经不能满足寿险行业的数据管理需求，于是，寿险业对数据进行了集中化管理，统一进行数据的收集、清洗和存储。

2. 存储量大。近年来，随着数据的爆发式增长，寿险行业数据库的存储结构优化升级，存储量进一步突破。

3. 迭代自动化。传统寿险行业数据库的数据维护和更新往往依靠每隔一段时间人工汇总各个分支机构的数据，手动录入、人工核检，既占用了较多的人工成本，给寿险企业带来了不小的负担，又难以摆脱数据更新速度慢、手工录入错误率高的缺点。而寿险企业的新型数据库则借助新兴的数字技术，几乎能够实现数据收集、清洗、更新、维护的自动化，效率更高、规模更大、数据可靠性和可用性更高。

4. 用途多样化。传统的数据库大多通过存储数据和对历史数据进行分析来辅助决策，用途狭窄且因为历史数据对未来决策贡献不大的固有局限而价值不高。现行的数据库能够辅以算法和模型，替代某些人工操作的业务流程，降低企业成本，提高业务处理效率，也能够通过大数据的模拟，在一定程度上预测未来情景、提高决策的精准性，还能够促进对寿险产品的精准定价，用途更为广泛，应用前景更为可观。

（三）寿险企业数据库作用机制

1. 拓宽业务范围。满足客户需求是金融企业生存和发展的前提，寿险企业数据库结合数据挖掘技术，使寿险业突破现有可保风险与不可保风险的界限，使原来不能承保的风险变为可保风险，扩大了寿险业务经营范围。

2. 提高营销转化率。数据库和大数据技术在营销领域的应用能更有效地发现客户和客户的潜在需求，进行精准营销，促进寿险产品，尤其是标准化产品营销转化率的提升。同时，还有利于改善寿险消费者的用户体验，提高消费者满意度，改善行业形象，提高客户忠诚度。

3. 提高风险管理能力。寿险企业数据库结合大数据技术应用于风险管理领域，支持寿险业更精准地定价，提高了承保风险识别能力和理赔反欺诈能力，提升了寿险业的风险管理能力和水平。以精算为例，大数据有利于扩大用于估算风险概率的数据样本，从而提升精算的准确度；有利于收集更加多维全面的数据，从而形成更加科学的精算模型；有利于把整体数据样本进一步细分为子样本，从而为精准定价提供精算基础。

4. 提升差异化竞争能力。寿险企业数据库结合大数据技术对客户消费行为模式进行分析，提高了客户转化率，开发出不同的产品能满足不同客户的市场需求，实现差异化竞争。

5. 提升资金运用水平。寿险企业数据库结合大数据技术，基于精确量化的承保损失分布，可以提高寿险机构资产负债管理水平，可以在资本市场实施更精准的风险投资组合策略，提高寿险业在资本市场的投资回报水平。

四、典型核心数据库——医疗行业数据库

（一）医疗行业数据库的界定及数据的来源

1. 医疗数据库的界定。医疗行业发展到今天，建立数据库的需要越来越强烈。以往那种人工管理病人病历的方式已经严重制约了现代医疗行业的发展。在病人数据方面，现代医疗行业十分关注病人的就诊记录、家族遗传病史；在疾病研究方面，必须比对多代病毒的类型和特点；在公共医疗资源管理方面，由于我国医疗资源稀缺，必须全局性地掌握所有地区的发病情况和医疗资源情况，才能妥善分配好医疗资源。这些需求使得现代医疗的数据存在数据量大、数据类型多、数据调取频繁等特点。要妥善储存和管理这些海量医疗数据，必须建设强大的医疗数据库。本研究根据前文对数据库资产的界定，结合对医疗数据库的认识和资产评估规则的理解，认为目前医疗行业建立的数据库是新型的数字资产。

2. 医疗数据的分类及来源。健康医疗大数据主要分为医疗大数据、健康大数据、生物大数据和经营运营大数据。

（二）医疗行业数据库类型的选择

1. 按数据类型选择。关系型数据库主要存储结构化数据。医疗行业中的结

构化数据主要是指实验室检查，包括血常规、尿常规、凝血功能、肝肾功能、病毒检查、肿瘤标志物联合检测等，通常采用“ETL 工具”处理，将数据进行清洗、整合并建模，然后缓存到数据仓库中。

关系型数据库的扩展性很差，在对数据库系统进行升级和扩展时，往往需要停机维护和进行数据迁移。由于结构化数据有固定的数据搜集框架，不会轻易发生数据类型和数据内容的变化，因此就不需要让数据库经常进行扩展，比较适合使用关系型数据库。

非关系型数据库主要存储半结构化和非结构化数据。医疗数据库中非结构化数据是大量存在于电子病历及检查报告，通常以文本形式存在，包括影像科检查报告、病理报告、出入院记录、护理记录单、手术相关记录等。一般采用“自然语言处理 + 正则表达式（具有规则的）”技术处理。在现阶段，海量数据和大数据一般都使用非关系型数据库。原因如下：第一，大数据的特征就是数据量大、数据类型多、数据变化快，因此关系型数据库在进行存储的时候很不方便；第二，在大量数据面前，关系型数据库查询数据的一些操作性能很低，查询速度较慢；第三，在数据量很大的时候，数据库有时需要不断拓展集群，添加服务器，非关系型数据库所具备的这种高并发性能很好的支持这种伸缩性。

2. 按应用场景选择。医疗行业在建立数据库时，还可以分应用场景选取数据库。如果该医院前期的数据搜集过程非常严格，数据彼此之间关系紧密，那么可以采用关系型数据库。如果医院前期的数据搜集工作比较简单，且后期数据的类型和内容会出现很多变化，那么这种情况就属于异构数据。其中，结构化的数据使用关系型数据库，非结构化或半结构化的数据采用非关系型数据库。

（三）医疗行业数据库的成本构成

医疗数据库的建立所产生的成本主要分为三类：初期建设时产生的成本、日常维护系统产生的成本和扩展、升级系统产生的成本。

1. 在建设成本方面，关系型数据库在初期产生的成本较低，因为关系型数据库是比较成熟的技术，建设成本比较低。而非关系型数据库属于较为新型的数据库技术，因此基于大数据背景的非关系型数据库技术的成本还是比较高的。

2. 在维护成本方面，关系型数据库的数据之间有着较为紧密的联系，日常采集和添加数据的成本比较低。以医疗数据库为例，医院病人的数据在采集时需要依据表格填写病历表，因此每天搜集的数据的类型和内容都是相似的，维护成本低。而非关系型数据库（如 key - value 型）需要建立一个内数据库Redis，使用算法给数据添加索引项，查询的时候通过 key 来查询 value。这样的搜索方式对比关系型数据库的使用而言速度更快，支持的数据类型也更多，但是产生的成本也更高。

3. 在扩展、升级系统的成本方面，非关系型数据库占据绝对的优势。关系型数据库的扩展性很差，在需要对数据库系统进行升级和扩展时，往往要停机维护和进行数据迁移，这样一次升级的成本很高。例如，医院这样的机构无法承担停机产生巨大的机会成本，而且数据迁移也使医疗数据库的保密性受到了冲击。而非关系型数据库具有高性能、高并发、对数据一致性要求不高的特点，在面对海量数据且不停变化数据类型的应用场景时，应该采用非关系型数据库。

（四）医疗行业数据库的应用

医疗数据库在现阶段主要被用于四个方面：

1. 临床医疗。医疗数据库可以作用于基于病案语义理解分析的辅助诊断系统，基于检验数据的疾病早期筛查系统，基于深度学习的自动分析医学影像等。在进一步的临床医疗诊断过程中，医疗数据库还可以为医生的临床医疗决策提供参考，显著提高医生的工作效率。

2. 管理决策。政府能够根据全国病人的就诊记录，合理分配医疗资源，节约看病成本。卫生监管部门通过建立各个城市的传染病医疗数据库，实时监控传染病的情况，提醒民众进行有效预防。医疗数据库还可以应用于医疗保险领域，实现索赔请求的智能化快速审核，防范医保欺诈。同时，医疗数据库还可以根据个人的不同情况，对医保费用进行精准定价。

3. 健康管理。针对慢病患者，通过建立慢性病数据库，能够为慢病患者制定个性化的疾病防治与干预计划，降低疾病风险。拥有医疗数据资源的公司可以建立疾病诊疗的数据库，帮助患者进行初步的疾病诊断。

4. 药品研发。医疗数据库所储存的病人服药记录及不良反应的数据能够缩短药品的研发周期。

第三章　数字经济中典型企业价值评估研究

根据艾瑞咨询统计的数据显示，2017 年数字阅读移动端月度平均有效使用时长累计大于 21 亿小时。一方面，随着数字阅读行业知识产权保护力度的加大，读者用户付费意愿的增强，2018 年中国移动阅读市场规模高达 169.3 亿元人民币，同比增长 20.8%，增速在往年基础上持续加快。另一方面，网络文学阅读平台通过全版权运营，打造多元产业生态圈，包括影视剧、动漫改编、网络游戏的蓬勃发展，基于用户经济产生的内容行业形成了巨大的价值网络。数字阅读行业作为文化产业的核心 IP 源泉，实现了可观的用户数量积累。

然而，众多平台已经认识到用户人口收入已呈现日渐消退的趋势，开始将精力从外部引流迁移到对内的深耕细作，对内容、用户活动等多方面的精心运作及福利的增加有效提高了用户的阅读时长。我们不难发现，阅读平台在吸引用户和引入流量中发挥着不容小觑的作用。阿里文学依托强大的 IP 泛娱乐下游产业链优势，扶持、鼓励上游 IP 内容开拓，达成 IP 全生命周期孵化，通过整合大娱乐内外部资源，达成网文 IP 的多触点宣发，并且联立 UC 发力漫画、二次元等文化产品，以实现多种类型用户的差异化需要。阅文集团借助庞大用户群体和全渠道具备的大数据有利资源，准确抓住用户需求。掌阅坚持精品内容生产战略，着力培育头部作家和优质作品，积极增加有品质的内容供给量，用内容生产撬动产业发展。那么，如何将阅读平台这种价值创造的能力及其在产业链中带来的收益进行量化，体现出阅读平台的价值呢？另外，阅读平台具有轻资产特性，其中版权作为其无形资产中较为核心的一类资产，在涉及阅读平台版权的交易、侵权赔偿以及融资定价时，由于各方对其知识产权的合理价值无法判断，导致交易定价空间模糊、赔偿数额量化困难以及融资模式难以落地等现象的出现。面对这种困局，我们该如何对移动阅读平台版权的价值进行评估计算呢？

基于此背景，本书将网络文学阅读平台作为数字经济中具有代表性的企业，对其价值评估问题进行理论分析和案例研究。一是对网络文学阅读平台的整体企业价值评估进行分析和案例研究，二是对网络文学阅读平台的版权价值评估进行分析和案例研究。

第一节　网络文学阅读平台企业价值评估逻辑

一、网络文学企业的特点

企业价值的定义是企业所能创造的预计未来现金流的现值。本节将沿着网络企业的一般收入类型（即收益特点）到能为企业带来收益的有效资产类型（即资产特点）的逻辑进行分析。

（一）收益特点

网络文学企业具有互联网企业和文化企业的双重属性，所以兼具互联网企业和文化企业的收益特点。互联网行业典型的经营模式是：首先通过提供免费服务、渠道推广、用户导入等方式获取大量优质的用户流量，然后通过挖掘用户流量所形成的媒体价值和消费价值，以广告、游戏及各类增值服务等方式实现流量变现，形成盈利模式。

网络文学企业盈利方式基本类似，主要为用户的消费价值和流量价值。不同的是，网络文学企业的消费价值分为付费价值和衍生价值。付费价值是用户为阅读作品所支付给平台的各种费用。衍生价值是具有商业化价值的文学作品在积累了一定量粉丝后，由文学作品向动漫、影视剧、游戏等改编形式衍生，消费者再付费的价值。

例如，2014 年，“网红小说”南派三叔的《盗墓笔记》的版权以 553.57 万元的价格卖给了欢瑞世纪。后者在 2015 年将其改编成 12 集网络剧，单集收入达到 900 万元，而当年购买版权的价格仅占制作费用的 8.4%。2016 年，欢瑞世纪将其改编成电影，票房达到了 10.04 亿元。之后，又在此基础上改编成游戏，一开服就获得 iOS 畅销榜的第 7 名的成绩。随着《盗墓笔记》陆续被改编成网络剧、电影和游戏而大获成功后，其版权价值被放大了数倍。而《盗墓笔记》的成功并不是个例，有越来越多的网络文学作品进行改编的尝试，各投资方纷纷试水，究其原因，仍是看重作品背后所隐藏的巨大的“粉丝价值”。

通过以上分析，我们可以将网络文学企业的全部收益分成两类：一类是静态收益，一类是不确定收益，而不确定收益是建立在静态收益基础之上的。静态收益是指在企业稳定经营的条件下所带来的收益，主要是用户的直接付费和第三方广告付费。不确定收益是在考虑不确定性对于企业经营的影响下，通过额外的投资，获得超额回报的收益，主要是指版权的衍生价值。

不确定收益有两个特点：一是企业可以根据市场环境自主选择是否追加投资；二是扩大投资可能带来巨大收益，而放弃投资损失的只是版权获取费。

（二）资产特点

网络文学企业属于典型的轻资产企业，而轻资产企业运营的特点是有形资产较少，无形资产较多。资产构成相对简单，基于对于网络文学企业的收益分析，网络文学企业除一些经营必备的厂产、电脑、办公用品和软件以外，最重要的资产就是网络文学作品的版权以及创造作品的签约作者。对于网络文学企业价值的评估回归到了对于版权的评估。

版权，又称著作权，是一个属于版权所有者的权利集合。本书所讨论的版权仅指《著作权法》所保护的著作经济权利，即作者本人或者授予他人采取一定的方式使用作品获得物质报酬的权利。著作经济权包括复制、发行、网络传播、改编等十多种权利。笔者根据其定义，筛选出对于网络文学作品而言，最具有经济价值的三种权利：复制权、出版权、改编权，同时也对应网络文学企业的主要收入形式。

复制权，即作者将作品上传的网络平台后，平台获得用户的付费阅读收入、用户浏览时的广告收入以及其他阅读平台转载该作品的转载收入。出版权，即平台将已完结的作品出版成纸质书进行售卖，企业销售图书的收入。改编权，即平台将文学作品一次性售卖给下游企业改编成不同的传播形式而获得版权买卖收入，或者版权入股共同开发获得分成收入。网络文学作品版权的评估回归到了对于相关各项收入价值的评估。

二、评估方法

（一）传统评估方法适应性

传统的三大方法以不同的时间视角对企业进行评估：

资产基础法（过去）→市场法（现在）→收益法（将来）

1. 资产基础法（又称成本法）的核心思想是重置，即将企业资产按照现行市价重新购置所付出的价格。资产基础法的基本模型如下：

资产价值 = 重置成本 – 实体性贬值 – 经济性贬值 – 功能性贬值　　（3 – 1）

资产基础法以资产负债表为基础，以各单项资产为起点，将所有资产加总求和，得到企业整体价值。这种方法忽视了各种资产组合在一起的协同效应，企业价值并不完全等于个单项资产的简单加总。但是，本着“二鸟在林不如一鸟在手”的原则，资产基础法的可信度高、评估风险小、易操作，被广泛应用于机械、重工、房地产等重资产行业的评估中。网络文学企业属于轻资产企业，资产附加值高，运用资产基础法无法准确评估出企业的真实价值，所以本书在评估时不涉及此方法。

2. 市场法（又称相对估价法）的核心思想是替代原则，即一个理性的投资者在获得一项资产时所愿意支付的价格不会高于市场上具有相同功能资产的价格。市场法的基本模型如下：

$$\nu_0 = \left(\frac{x_0}{x_1}\right) \cdot \nu_1 \tag{3-2}$$

式中：ν_0是标的企业价值，ν_1是可比企业价值，x 是可比指标。

可比指标可以是某单一指标，最常运用的是市盈率和市净率指标，也可以是一系列指标集合。市场法的运用条件是：标的资产存在可比资产，并且可比资产的价格从市场可以获得。这就要求市场必须是成熟有效的，其次强调企业的可比性。

对于网络文学企业而言，属于互联网垂直应用类，发展时间较短，形成完整成熟稳定的商业模式的企业几乎没有，且相关企业无论从规模、业务类型还是竞争优势上都有较大差异，所以单纯地运用相对估价法并不能准确评估网络文学企业的价值。但是，对一个企业的评价离不开行业的背景，也离不开与行业内其他企业的横向比较，所以本书在评估模型的输入值设置时应用市场法。

3. 收益法的核心思想就是现金流折现。一般而言，任何一项资产的价值都是它的期望现金流现值。收益法最常用的三种模型包括股利折现模型、股权现金流量折现模型以及自由现金流量折现模型。

收益法运用的关键是处理好三大参数，包括收益额、折现率以及收益率和折现率口径一致的问题。要预测收益额，首先要对收益进行界定。不同的收益对应不同的价值类型：股利和股权现金流量折现对应股权价值，自由现金流量折现对应企业整体价值。其次，因为折现率是以指数的形式出现在模型中，所以收益法的模型对于折现率非常敏感，折现率的细微调整都会使模型的输出值产生巨大的差异。因此，折现率要充分考虑各种因素，是用资本资产定价模型（capital asset price modal，CAPM ）对应股权投资者的必要报酬率，还是加权平均资本模型（weighted average capital cost，WACC），对应股权投资者和债券投资者的必要报酬率。

落实到网络文学企业，鉴于其轻资产属性且处于高速发展期，基本的盈利模式已经形成。收益法非常适合其中主要的几类收益对应的企业价值的评估，但是如何做好收益的预测和折现率的选择，对于此类新兴行业和企业的评估将是一大难点。

（二）期权法评估适应性

期权是金融领域的概念，是一种合约，属于衍生金融工具。期权的定义是：持有人付出一定对价后，为持有人提供了某种权利，即在期权到期或到期之前，可根据某种固定价格（又称“实施价格或执行价格”）买入或卖出特定数量的标的资产，分别对应看涨期权和看跌期权。期权根据行权的时间的差别，又可分为美式期权和欧式期权。美式期权在期权到期日或者到期日之前的任意时间都可以行权，而欧式期权只有在到期日才可以行权。相比较而言，美式期权的风险更小，获得收益更大，因此价值更大。

期权类资产具有两个特征：第一，资产的价值派生于其他资产的价值；第二，资产的现金流取决于某些特定事件的发生。

期权的价值由期权的内在价值和期权的时间风险溢价构成。期权的内在价值是指期权被立即执行产生的经济价值，取决于标的资产现在的价格和执行价格的差额。时间的风险溢价对于期权的价值来说就是一种等待一段时间后选择的权利。影响期权价值的因素主要有标的资产的现值、执行价格、期权到期时间、标的资产价格的波动率、无风险利率、折现率等。

期权的作为金融领域的概念，标的资产主要为债券、股票、期货等金融资产。随着研究的深入，人们发现实物资产的投资决策和金融期权有许多的共性，可以选择推迟、扩张或放弃，这种选择权也是有价值的。实物期权（Real Options）的概念最早由 Stewart. Myers 提出，他认为一个投资项目是否有价值取决于当前资产使用产生的现金流或利润加上对未来投资的选择权。这个权利可以使企业在未来以一定的价格取得或出售一项实物资产或投资项目。这种性质符合期权的特点，并且其标的非债券、股票、期货等金融资产，而是投资项目对应的为实物资产，如无形资产、设备、厂房等，所以被称为实物期权。实物期权实质是金融期权对于实物资产的衍生。实物期权大部分都可以自主决定行权时间，因而可以归为美式期权。

根据期权的特征，可以将期权分为扩张型、收缩型、转换型和延迟型。扩张型是实物期权中最为常见的一种，即在分时间段投资的情况下，市场情况较好，在现有投资的基础上可以选择增加投资。收缩期权就是在现有投资基础上，市场情况不如预期，从而选择放弃投资。转换期权是指在现有投资的基础上，可根据市场情况，选择不同的投资方案，而不同的投资方案之间相互联系，这就体现了投资柔性的价值。延迟期权是指在现有投资基础上，由于市场情况不明朗或者目前掌握的信息不完备，需要推迟投资决策，以等待最佳的时机出现。延迟期权能在不错过投资机会的同时，最大限度控制投资的损失。

以上是期权的一些基本理论。那么，期权理论又如何应用于实际的价值测算呢？下面介绍两种被广泛运用的实物期权的估值模型：时间离散型和时间连续型。

1. 时间离散型。二叉树模型是离散型的代表。二叉树模型就是将概率统计中微分的思想运用到期权定价。该模型假定标定资产的价值随离散的时间波动，从而将期权的有效时间划分成无限等份，在每一等份的时间内都具有选择权，即可以行权，并且在每一等份的时间中，标的资产的价格只有变高或者变低两种方向。其本质就是将一段时间内资产价值的运动分解成无数小段时间的价值变动。二叉树模型最初的目的是推倒定价模型。但随着研究的深入，发现二叉树模型本身可以用于美式等期权的定价。

二叉树模型的基本思路是：令标的资产的现值为 S，假设向上变为 S_u 的概率为 P，向下变为 S_d 的概率为 $1-P$，经过第一小段的时间，看涨期权的价值为 C_u 和 C_d，$C_u = Max(S_u - X, 0)$，$C_d = Max(S_d - X, 0)$。然后，通过无数小段时间的重复推演，最后通过树形图的倒推得到每个时间点的价值，从而得到期权的价值。

运用二叉树模型有很多的前提假设，对于交易成本、资金成本、投资者等都有诸多的要求，在此不做赘述。结合风险中性假设①，可以推导出期权的当前价值如下：

$$C = e^{-r \cdot \Delta t}[p \cdot C_u + (1-p) \cdot C_d] \tag{3-3}$$

$$p = \frac{e^{rt} - d}{u - d} \tag{3-4}$$

$$u = e^{\sigma\sqrt{\Delta t}} \tag{3-5}$$

$$d = e^{-\sigma\sqrt{\Delta t}} \tag{3-6}$$

式中：C 是当前期权的价格；u 是上行乘数，是 S 与 S_u 的比值；d 是下行乘数，是 S 与 S_d 的比值。

二叉树的树状图基本模型如图 3-1 所示：

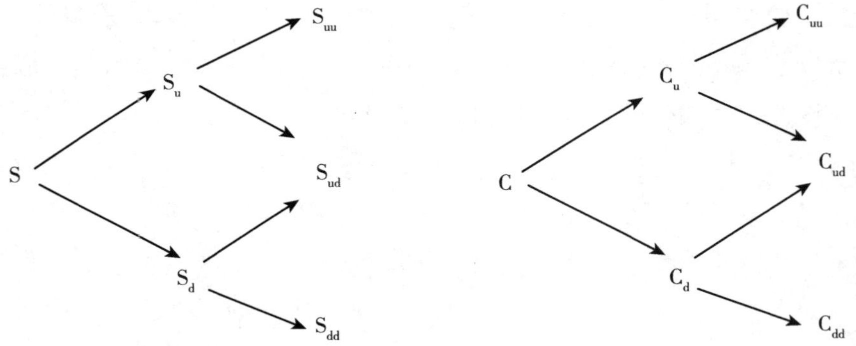

图 3-1　二期二叉树模型图

2. 时间连续型。布莱克—斯科尔模型，简称 B-S 模型，是连续型的代表。布莱克和斯科尔斯在 1973 年发表了名为《期权定价与公司负债》的论文，首次提出针对具有股息保障的欧式期权定价的具体理论公式。

该模型遵循的基本原理是通过连续地调节标的资产和期权之间比例来设定一个无风险组合。具体的推导过程，在此不做赘述。

类似二叉树模型，B-S 模型也有诸多运用前提，包括期权期间无分红，没有交易成本，资金成本为无风险利率且期权期内不变，行权日只能是到期日。

① 核心公式：无风险资产的预期收益 = 不同风险资产的预期收益，构造一个风险中性的环境，以风险中性偏好和无风险利率为假设前提进行定价。

B－S 基本模型如下：

$$C = SN(d_1) - Xe^{-rt}N(d_2) \quad (3-7)$$

$$d_1 = \frac{l_n\left(\frac{s}{x}\right) + \left(r + \frac{\sigma^2}{2}\right)T}{\sigma\sqrt{T}} \quad (3-8)$$

$$d_2 = d_1 - \sigma\sqrt{T} \quad (3-9)$$

式中：C 是看涨期权的当前价值，S 是标的股票的当前价格，X 是期权的执行价格，r 是与期权时间相对应的无风险利率，T 是期权到期的时间，σ^2 是股票连续复利年化收益率的标准差（波动率），如表 3－1 所示。

表 3－1　　金融期权和实物期权参数

参数	金融期权理论	实务期权理论
S	股票现在的价格	标的资产预期现金流量的折现值
X	期权合约约定的行权价格	期初标的资产的投资额
r	剩余期限与期权到期时间相同或相近的国债到期收益率	剩余期限与期权到期时间相同或相近的国债到期收益率
T	期权合约约定的到期时间	评估基准日到期权合约到期日之间的时间
σ^2	标的股票连续复利年化收益率的标准差	标的资产的收益率的标准差

两个模型的比较：二叉树模型简单，易于理解且运用的限制条件不多，既适用于欧式期权，也适用于美式期权，可以直观地展示资产价值的变动和期权定价的原理，但这也决定了二叉树模型需要更多的参数信息来支持模型的运行，每个节点都需要大量的运算。B－S 模型则不然，它可以看成是二叉树模型的特例。它的前提条件十分的苛刻，但是相比较而言需要的信息较少，更适合不是特别复杂的实际问题的应用。鉴于网络文学企业的特点，本书选取 B－S 模型进行评估。

（三）基本评估逻辑构建

通过以上对于网络文学收益特点、资产特点、基本评估方法和期权法适用性的分析，可以构建基本的评估逻辑。根据企业价值的评估理论，企业的价值在于其获得未来现金流量的能力。网络文学企业的收益分为静态收益和不确定收益。

静态收益是基于现有资产的获利能力，是可以体现在报表上的收入，并且网络文学企业的盈利模式清晰，现金流稳定。基于传统评估方法的假设前提是企业稳定的经营，所以传统评估方法适用于该类收益的评估。

不确定收益即企业的潜在获利能力，并不直接体现在财务报表上。它是指目前尚未形成盈利，但是以后有机会带来巨大利润的机会价值。这部分收益考虑的是不确定性对于企业价值的影响，与传统评估方法的假设前提相悖，因此传统的评估方法并不适用于这部分收益的评估。这部分潜在获利能力主要指版权的衍生改编权，是在企业常规运营状态下无法变现的资源，需要额外的投资。这部分收益的不确定性极强、潜在价值大，一旦变现，将带来巨大收益，但如果变现失败，亏损十分有限，只是版权的获取成本。期权的特点是，支付一定的期权费，便可在未来获得更大收益的机会，即使亏损，损失的也只是期权费。从期权的定义和特点的描述上可以看出，网络文学企业的不确定收益和期权的特点十分的吻合，所以对于这部分价值，选择 B－S 模型进行评估。

两类收益基于不同企业运营环境假设，所以不存在重叠的问题。企业价值的等式如下：

$$V = V_1 + V_2 \tag{3-10}$$

式中：V 是网络文学企业价值；V_1 是静态收益，企业现有资产基础上的未来现金流量的现值 ；V_2 是不确定收益，企业潜在获利能力的实物期权价值。

第二节　网络文学阅读平台产业分析

一、行业发展状况

（一）相关概念界定

网络文学是文学的一种其发展经历了启蒙—网页阅读付费—移动端 APP—移动 PC 端互联这几个阶段。网络文学一开始是指将传统纸质文学进行电子化，通过网络的媒介进行传播的文学作品，与传统文学之间的差别仅是传播形式不同。随身互联网和人们阅读习惯以及对于文化产品的偏好的不断发展和变化，网络文学也从一种小众文化发展成为原创内容的中坚力量。如今，网络文学的概念大不相同。现在的网络文学更强调具有商业化价值的写作方式和行文特征，更加符合现今人们快餐化的阅读习惯和阅读偏好（见表3－2）。

表3－2　　网络文学内容提供商分类表

	类型	特点	典型代表
第一类	三大通信运营商旗下	以终端的全覆盖为优势，预装阅读软件	沃阅读（中国联通）、天翼阅读（中国电信）、咪咕阅读（中国移动）
第二类	BAT＋网文网站	通过收购网络文学网站获取内容，借助自己的渠道流量优势进行分发和变现	阿里＋书旗小说、腾讯＋盛大文学、百度＋纵横中文网
第三类	电商企业转型	由图书销售转向数字阅读行业	京东阅读（京东＋当当网）
第四类	独立运营的数字阅读企业	独自开发平台和终端，购买或自主培育内容，获取流量和用户	掌阅科技（iReader阅读器、APP）

根据以上分类，第一类内容提供商的主要优势是移动端软件强制预装，平台并没有原创能力，主要的内容来源为外购或者作为其他有原创能力平台的通道，平台本身并没有用户粘性。第三类内容提供商类似，主要的发力点是数字阅读，并不是真正意义上的原创网络文学。所以，本书讨论的网络文学企业主要指的是第二类和第四类内容提供商，他们有一定的原创能力和渠道分发能力，能够实现自身平台的价值。

（二）相关数据统计

1. 从用户规模（包括PC端和移动端）上来看，根据中国互联网络信息中心（CNNIC）发布的第40次《中国互联网络发展状况统计报告》，2017年6月的截面数据如图3－2所示；我国网民数量稳步增加，达到7.5亿人，互联网对于总人口的覆盖比率达到54%，手机网民的规模也同步增长，达到7.3亿人，网民中使用手机终端的人数比例达到96.4%，比2016年年底时增加了1.2个百分点，基本实现了手机网民对于网民总量的全覆盖，如图3－3所示。由此可见，移动端的使用频率有超过PC端的趋势，将成为人们移动上网的主要方式。

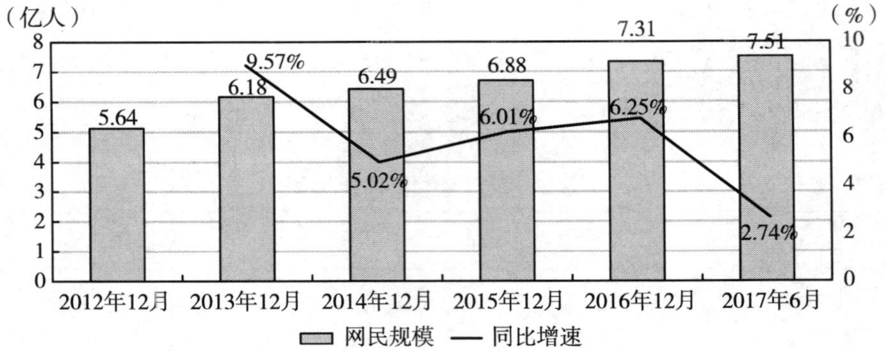

图 3－2　2012—2017 年中国网民数量

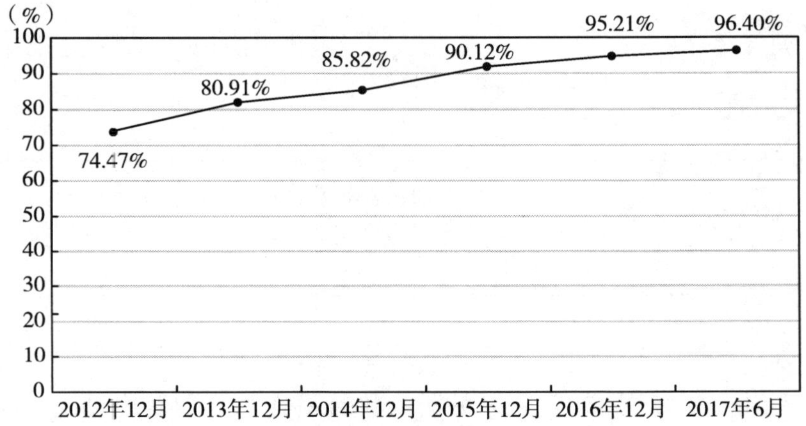

图 3－3　2012—2017 年网民移动端数量占比（手机网民/整体网民）

自 2015 年以来，政府一方面出台相关政策鼓励发展网络文学，另一方面开展“净网”“剑网”等多项整治措施，大力打击盗版。随着政策红利的落地，网络文学的用户规模呈明显的上升状态，根据 CNNIC 的 2017 年 6 月截面数据，网络文学类应用的用户人数规模达到了 3. 53 亿人，占网民总数的比例达到 47%，如图 3－4 所示。其中，从移动端来看，移动端的网络文学用户人数达到 3. 3 亿人，占移动端网民数量的 45%（见图 3－5）。与其他互联网应用进行横向比较可知：从 2017 年 1 月至 2017 年 12 月的数据来看，网络文学类应用在互联网应用的使用率中排名第十。

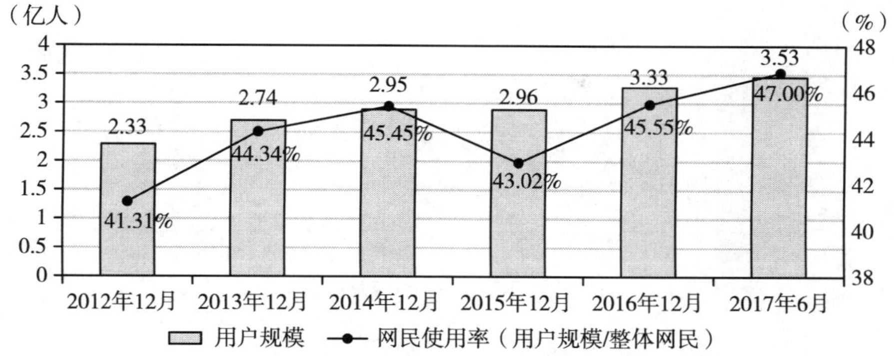

图 3－4　2012—2017 年网络文学用户规模

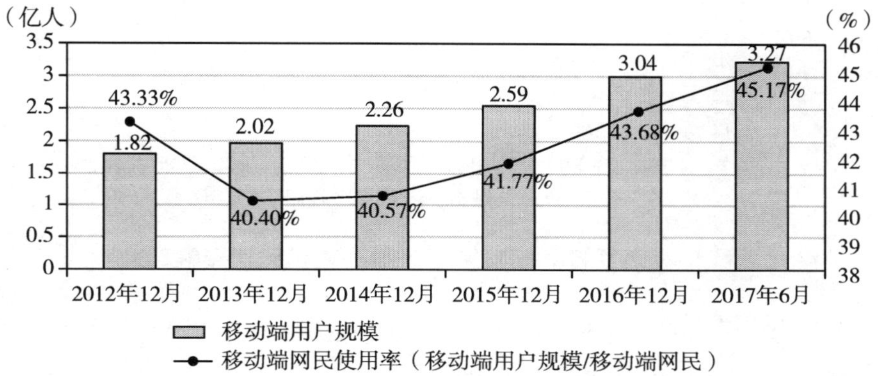

图 3－5　2012—2017 年网络文学移动端用户规模

2. 从阅读率来看，根据 2017 年 4 月发布的《第十四次全国国民阅读调查》（数据抽样时间：2016 年 8 月至 2016 年 12 月），成年公民在 2016 年的各媒介（包括报纸、图书、数字化阅读、期刊）综合阅读率达到 80%，其中图书阅读率达到 58%，数字化阅读（包括 PC 端、移动端、电子阅读器）的接触率达到 68%，阅读率逐年提升说明需求端在逐年提升，见图 3－6。

各细分媒介的阅读率和去年同期相比，图书阅读率和数字化的接触率都稳步上升，而报纸和期刊的阅读率同比下降了 6—8 个百分点。

同时，从数字化接触率来看，PC 端和手机端阅读率都有所上升，其他方式的数字化阅读率有所下降，并且手机端的接触率连续三年超过 PC 端的接触率，并且差距呈扩大趋势，见图 3－7。可以预见，手机阅读将成为人们阅读的主要方式。

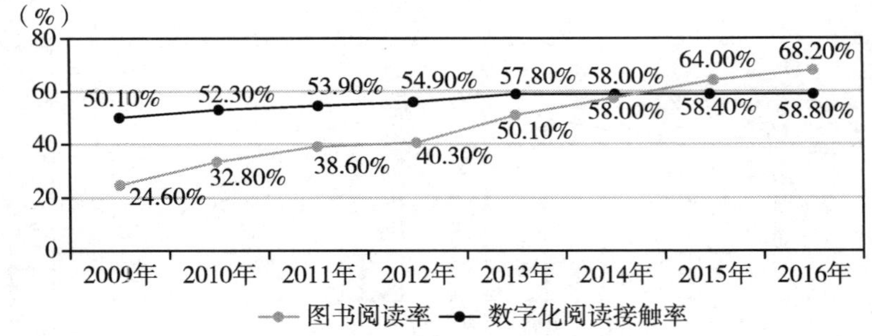

图 3－6　图书阅读率、数字化阅读接触率

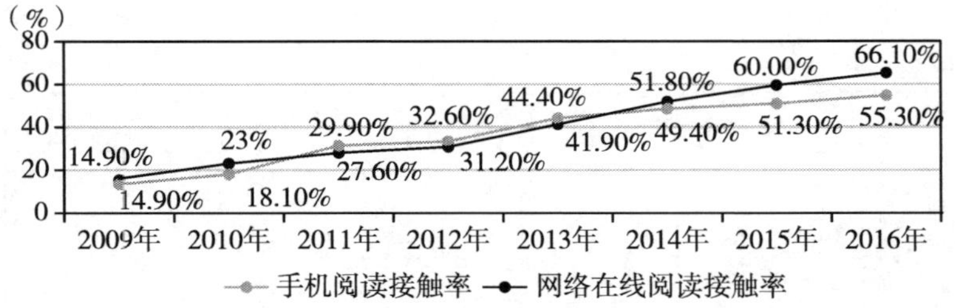

图 3－7　手机阅读接触率、网络在线阅读接触率

3. 从市场规模来看，根据 Frost&Sullivan 的数据显示，2016 年我国文学市场规模为 45.71 亿元，同比增长 60.72%，2013—2016 年的年复合增长率为 44.9%，见图 3－8。

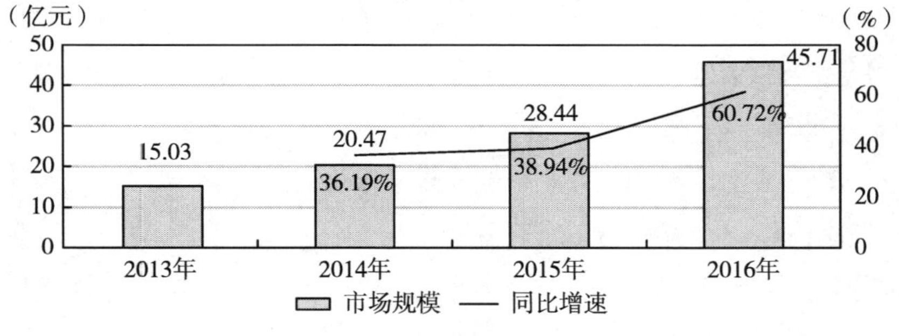

图 3－8　2013—2016 年网络文学行业市场规模

同时，笔者在之前的数据基础上，结合相关付费率的数据，对未来五年网络文学行业的市场规模进行了预测。《2016 年度中国数字阅读白皮书》提供了数字阅读行业的收入结构数据，见图 3－9。虽然 2016 年阅读付费收入占总体收入的比重相比 2015 年有所下降，但目前数字阅读行业的收入仍以付费阅读收入为主。因此，在进行市场规模推算时，出于简化和谨慎的考虑，只推算网络付费阅读收入的市场规模，测算基准日为2016年12月31日，预测期为五年。

推算逻辑如下：以预测网民规模为起点，根据网络文学用户占网民规模比例，得到网络文学用户比例。然后，根据两组付费率数据得到平均付费率，结合单个用户的加权年付费额调查数据，得到网络文学市场规模。

基本公式为：市场规模 = 整体用户规模 × 付费率 × 单个用户年付费额，其中整体用户规模 = 网民数量 × 网络文学用户的占比。

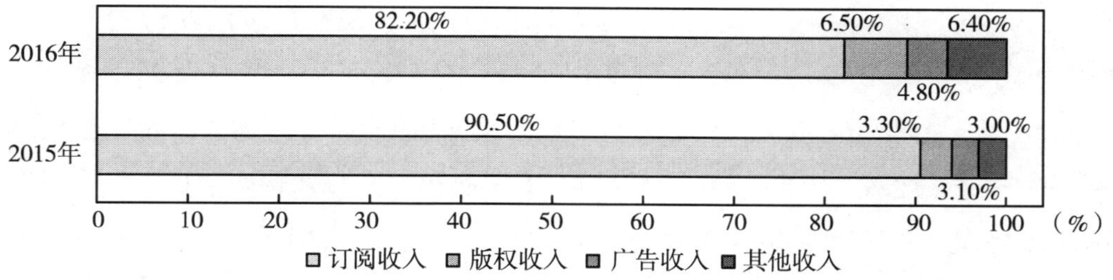

图3－9　2015—2016年数字阅读行业收入结构对比

（1）整体用户规模：网民规模近年以5%—6%的低速缓慢增长，网络文学用户规模占网民数量的比例也以每年2%左右的速度缓慢增长。鉴于网络覆盖率的上升空间基本已经达到天花板，因此假定每年网民规模前三年按6%的速度增长，后两年的增速为5%。同时，参考目前比较稳定的音乐及视频类用户规模占网民总数的比例，预计网络文学用户的占比大约增长至46%左右，2021年用户规模将达到4.42亿人。

（2）付费率：参考两大主要的网络文学企业掌阅科技和阅文集团披露的财报和招股说明书，近几年网络文学用户的付费意愿已显著提升。

付费率的基本公式为：阅读付费比例 = 一段时间内网络文学付费用户数 ÷ 网络文学平台日活跃用户数，其中网络文学的付费用户数的统计包括PC端和移动端。

阅文招股说明书显示，阅文PC端的付费率由2013年的1.3%上升到2016年2%，预计2020年将达到4.8%；移动端的付费率由2013年的2.0%上升到2016年的7%，预计2020年将达到14.5%。

由于数据统计口径的问题（阅文的基数为用户数，掌阅的基数为活跃用户数），掌阅的真实付费率实际偏低，见表3－3。同时，参考其他娱乐类应用的付费率：视频类应用为14%，直播类应用为21%，游戏类应用为68%，预计到2021年，网络文学用户的总体付费率可以达到14%。

表 3 –3　　掌阅科技付费率测算表

	2014 年	2015 年	2016 年
月活跃用户数（万人）	4205.33	7088.43	9363.04
付费用户数（万人）	1312.83	1389.49	2428.91
付费率	31.2%	19.6%	25.9%

来源：掌悦科技招股说明书。

（3）单个用户付费金额：根据阅文招股书披露，来自每名活跃付费用户平均收入由 2016H1 的 90.6 元增加到 2017 年 H1 的 122.8 元，增幅为 35.5%。其中，2015 年为 205.6 元，2016 年 208.5 元，预计 2017 年将达到 250 元。根据掌阅招股说明书披露，掌阅 APP 单个付费用户付费金额由 2014 年的 32.2 元上升到 2016 年的 50.27 元，2017 年第一季度付费金额就达 24.61 元。预计 2017 年单个付费用户的年付费金额至少为 100 元，增幅达到 50%。通过对两组数据进行平均，得出年复合增长率为 17.14%，见表 3 –4。本书将以此为预测基准。

表 3 –4　　单个用户付费金额测算表

	2014 年	2015 年	2016 年	2017 年 E	2017 年 H1
阅文集团（元）	—	205.6	208.5	245.6	122.8
掌阅科技（元）	32.22	45.13	50.27	98.44	49.22
平均值（元）	—	125.365	129.385	172.02	86.01
年复合增长率（%）	17.14%				

注：E 表示预测值，H 表示半年值。

通过数据的测算（见表 3 –5），我们预计网络文学的付费阅读市场规模将由 2016 年的 45.71 亿元增长到 2021 年 187.54 亿元。

表 3 –5　　网络文学付费市场空间测算表

	2013 年	2014 年	2015 年	2016 年	2017E	2018E	2019E	2020E	2021E
网民规模（亿人）	6.18	6.49	6.88	7.31	7.75	8.21	8.71	9.14	9.60
增长率	9.57%	5.02%	6.01%	6.25%	6%	6%	6.00%	5%	5%
网民使用率	44.34%	45.45%	43.02%	45.55%	46%	46%	46%	46%	46%
网络文学的用户规模（亿人）	2.74	2.95	2.96	3.33	3.56	3.78	4.00	4.21	4.42

续表

	2013 年	2014 年	2015 年	2016 年	2017E	2018E	2019E	2020E	2021E
付费率	—	—	13%	9%	12%	12%	13%	13%	14%
单用户加权付费金额（元）	—	—	125.37	129.39	172.02	201.26	233.47	268.49	303.39
增长率	—	—	—	—	—	17.00%	16.00%	15.00%	13.00%
市场规模（亿元）	15.03	20.47	28.44	45.71	73.58	91.25	121.55	146.77	187.54

注：E 表示预测值，H 表示半年值。

通过对网络文学行业用户规模、阅读率、市场规模三个角度的分析，可以发现行业需求端在不断扩大，网络文学市场和用户高速增长。从阅读的设备来看，移动端阅读已成为主流的数字阅读方式，并且用户付费率和单个用户付费金额近年来都有较大的提升，整个行业处于高速发展期。

二、网络文学阅读平台产业链及商业模式分析

（一）网络文学产业链

从网络文学企业产业链来看，主要有三大类。

单一类：指只从其他原创平台获取内容，通过平台提供给用户，没有涉及产业链的前向和后向，主要通过流量点击费用盈利。大部分小型网络文学网站和电信运营商 APP 多是在这种模式下运营。

复合类：相比单一类，复合类涉及产业链的前向一体化，平台有自己的编辑和作家，主要通过流量点击、广告和 VIP 阅读等形式盈利。例如，“纵横中文网”不涉及产业链的后向，即后续版权衍生部分。

全产业链模式：相比前两种类型，全产业链模式是产业链前向和后向的一体化的延伸，上游是网络文学作品的提供者，为网络文学网站或 APP 提供内容。内容是网络文学企业的核心竞争力，可以说作品的质和量决定着网络文学平台的用户数量和付费率，以及后续的变现潜力。然后，平台再将内容推广给下游用户。用户是内容直接变现的途径和方式，通过订阅费、打赏等形式来实现。同时，还有一些第三方支持类厂商提供包括技术、推广等服务，能在为网络文学平台获取高质量用户的同时，节省大量的成本。至此，基本的产业链条已经

完整，见图3－10。

目前，通过作品的改编权，平台将积累了一定数量粉丝和人气的作品的版权进行深度开发。其中，影视剧、游戏和动漫等多种形式的衍生是最被看好的作品变现方式。

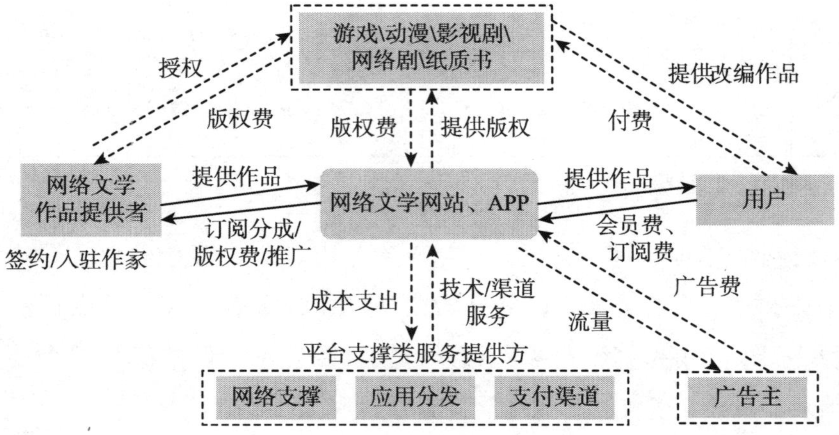

图3－10　网络文学行业全产业链模式图

（二）商业模式

简而言之，商业模式就是企业通过什么方式和途径赚钱。在前文阐述收益特点时已简略说明。网络文学平台的收入主要有三大块：付费阅读收入（包括在线付费和实体书付费）、版权衍生收入、广告收入。目前，从数额来看，付费阅读是平台的主要收入来源，占到八至九成，版权收入次之。通常平台会提供一些全文免费或者部分章节免费阅读的作品，以获取用户，当作品的浏览量达到一定的数量之后，该作品会被移至会员专区，只有充值会员或者付费，才能继续阅读后面的相关章节。读者可以选择的付费形式包括付费阅读、打赏付费或实体书消费。根据艾瑞咨询的研究报告，2015年用户订阅消费比例达到45.7%，打赏消费比例达到37.5%，实体书消费达到40.3%。下面对几种收入形式进行简要的说明。

1. 付费阅读。用户的订阅价格会随用户的等级不同而不同。例如，起点中文网将用户分为五个等级：免费、普通、高级、初级VIP、高级VIP，订阅费用将会随着用户等级的提高而降低，前三个等级为5分/千字，初级VIP为4分/千字，高级VIP为3分/千字。此外，不同的网络文学平台有各自的流通货币，比如起点网的“起点币”（1元人民币可以兑换100个起点币）；17K小说网的“K币”（兑换比同起点网）。起点网付费订阅的计价规则为：用户等级所对应的千字价格×每章字数÷1000，不足千字部分，不计算费用。

2. 打赏付费。用户可以通过打赏的形式来表达对作品的喜欢。打赏的形式多种多样，但其实质都是一样的，即用户付费，平台和作者进行分成。例如，起点网用户可以通过购买月票或者起点币直接打赏，17K 小说网则有红包或者购买虚拟道具等选择。

3. 实体书付费。作者通过版税的形式取得收入。当一部作品在网上大受欢迎而拥有大批粉丝的时候，网络文学平台会通过线下出版商出版纸质书在网上书店或实体店进行销售。例如，2011 年出版的《盗墓笔记》一套共九本，销量逾千万册，作者南派三叔以 1580 万元的版税荣登作家收入榜第二位。

4. 版权改编收入。版权收入和付费收入相辅相成，好的作品会被相继改变成游戏、影视等形式，扩大分销，获得额外的收益。同时，这些改编形式也会使不怎么出名的原作品一炮而红。优秀的 IP 可以通过开发衍生产品而带动一整条产业链，最典型的就是美国迪士尼的大 IP，带动了游乐园、影视、游戏等一系列周边产品的发展。

5. 广告收入。网络文学拥有庞大的用户群，流量可观，同时通过分析用户浏览习惯等数据，可以针对性的投放广告。在不影响用户阅读体验的前提下，广告商投放一些和数字阅读用户偏好相匹配的文娱影视相关文化类产品的广告。2017 年下半年，阅文集团和掌阅科技为了提升用户体验和用户数的稳定性，相继暂缓了广告业务，为上市做准备。相信广告收入未来在网络文学企业的收入中所占份额将会逐渐减少。

（三）行业竞争要素及竞争格局分析

行业主要的竞争要素体现在三个方面：内容生产能力（内容资源）、内容分发能力（渠道资源）、内容的整合能力。内容的生产能力可以体现在内容量和质方面。内容分发能力表现为与产业链下游内容分发渠道的关系。渠道分为自建渠道与合作渠道，两者相辅相成、相互博弈，如何协调好两者的关系。分别将它们的潜力挖掘出来，实现利益最大化，是内容分发能力的体现。内容的整合能力是指平台方与上下游的合作方式，以及将优质 IP 衍生的能力。

本书将以上三个方面归结为核心资源与核心能力，分别以相应的指标进行描述，同时赋予一定的权重，使用专家打分制进行量化。

1. 核心资源指标构建。

①作品的数量：指内容商目前拥有的网文数量，包括共享版权和自创版权，

是内容生产能力的存量指标。根据平台提供的网络文学数量占全部网文数量的比例计算，内容是平台的核心，所以给予较高的指标权重，为30%。

②活跃作者的数量：指在一个月内在平台上有过作品更新记录的作者数量，包括签约和非签约作者。该指标是内容生产能力的增量指标。内容是平台的核心，那么生产内容的作者自然也是平台的核心竞争力。通过作者数量和月更新作品数联合反映，该指标的权重为20%。

③热门网文的覆盖率：选取热度前50网文以及百度搜索指数靠前的小说归属平台作为观测对象，该指标是内容质量指标，权重为15%。

④自建渠道效率：渠道的运营效率主要体现在带来的用户数量及质量上。评估的指标包括新注册用户的数量、日活跃用户数量、日PV（页面点击量）、日UV（独立IP地址访问次数）、付费率等。出于数据的可获得性以及指标的相互关联性，本书选取付费率以及用户活跃度作为观测对象，指标权重为20%。

⑤合作渠道规模：主要体现在合作渠道的数量和质量上，观测指标为渠道成本占总成本的比重，指标权重为15%，见表3-6。

表3-6　核心资源指标量化表

量化指标	指标权重	指标说明
作品的数量	30%	平台提供的网络文学数量占全部网文数量比例
活跃作者数量	20%	作者数量和月更新作品数联合反映
热门网文的覆盖率	15%	热度前50以及百度搜索排名靠前的网文来归属的平台
自有渠道效率	20%	付费率，用户活跃度
合作渠道规模	15%	渠道成本占比

2. 核心能力指标构建。

①产业协同能力：协同能力强调合作，即网络文学平台与产业链的上下游的合作协同能力，他们之间能否建立密切的合作，产生1+1>2的效果。如何处理好包括合作与竞争的关系、资源如何配置，以及商业模式的搭建是其产业协同能力的核心体现。该指标权重为30%。

②作者的培养和奖励：作者是整个平台内容的生产者，对于作者的激励有助于平台持续不断地进行高质量的输出。对写手的培育能力可以体现为对于中

部作者能否给予一定的推广倾斜，同时给予作者相应的选拔和培训，为其进一步的发展提供空间。主要观测指标是收入中端作者对平台的贡献度。对于写手的奖励主要体现在薪酬方面。该指标权重为30%。

③商业化能力：网络文学产业目前的盈利模式已基本形成，并且产业内企业大体相同。所以，其商业化的能力主要体现在与产业链下游的合作深度，跨产业的整合能力，形成文学+影视、游戏等的创新能力上。该指标权重40%，见表3-7。

表3-7　　核心能力指标量化表

量化指标	指标权重	指标说明
产业协作能力	30%	上下游的合作关系
作者的培养和奖励	30%	中端作者的贡献度和作者薪酬
商业化能力	40%	跨产业创新能力

3. 代表企业分析。目前，市场上主要存在五家竞争企业，分别是阅文集团（独立上市）、掌阅科技（独立上市）、中文在线（独立上市）、百度文学和阿里文学，见表3-8。

表3-8　　主要企业旗下网站一览表

平台	旗下主要文学网站
阅文集团	起点中文网、创世中文网、红袖添香、潇湘书院、榕树下、言情小说吧、小说阅读网
中文在线	17K小说网、四月天、汤圆创作、微书房
掌阅科技	掌阅小说网、趣阅中文网、红薯网
百度文学	纵横中文网、百度书城、多酷网
阿里文学	书旗小说、UC读书

以下将从六个角度对五大竞争企业的竞争地位进行描述。

第一，作品数量。根据阅文招股说明书披露的2016年12月的截面数据，阅文集团的作品数量达到800多万部。网络文学作品数量的占比情况为：阅文集团占七成，中文在线次之，掌阅、百度和阿里较为落后，见图3-11。

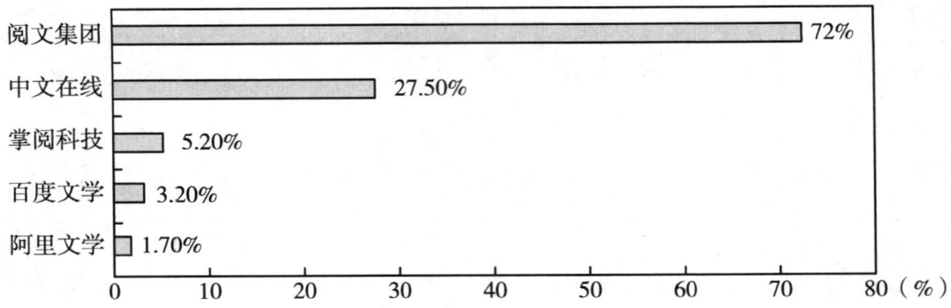

图 3－11　网络文学作品数量的占比情况

第二，作者数量和更新情况。在当前的作家市场中，阅文集团的优势较为明显（见图 3 － 12）。阅文集团旗下的作家数量覆盖了市场上作家数量的 88. 3%，充分体现了其在内容资源方面的强大竞争力。中文在线和掌阅次之，其作家数量的占比分别达到 41. 6% 和 33. 3%。百度和阿里虽有强大的渠道资源，但是在内容方面还是落后于其他三家，作家数量的占比分别为 8. 3% 和 5%。从更新作品数量来看，阅文也占有极大的优势，见表 3－9。

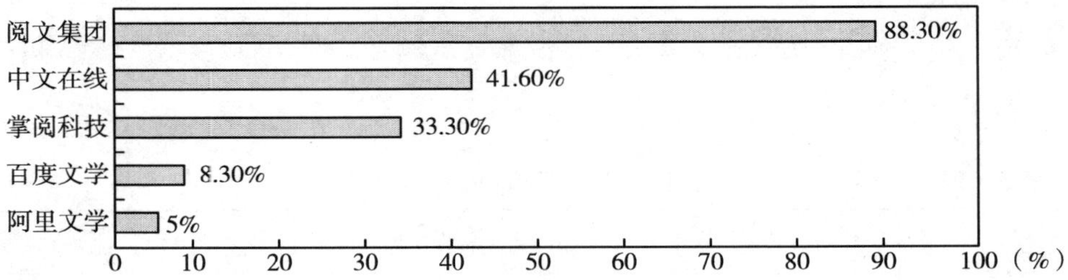

图 3－12　网络文学作者数量的占比情况

表 3－9　网络文学平台日更新文学作品数量排名

排名	阅读网站	归属平台
1	起点中文网	阅文集团
2	云起书院/创世中文网	阅文集团
3	起点女生网	阅文集团
4	晋江文学城	阅文集团
5	潇湘书院	阅文集团
6	纵横中文网	百度文学
7	红薯中文网	掌阅科技
8	17K 小说网	中文在线
9	花语女生网	百度文学

第三，热门网文的覆盖情况。通过图3－13可以发现，阅文集团在内容质量上占据绝对优势，且与排在其后的企业拉开了较大距离，其次是百度文学，然后是中文在线。同时，2016年百度搜索排名靠前的网文作品也大都来自阅文，见表3－10。

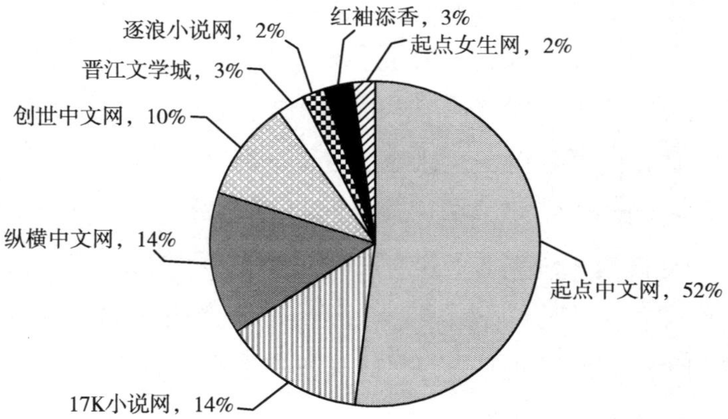

图3－13 2015年第4季度中国网络人气小说TOP50的覆盖率

表3－10 2016年网络文学作品百度搜索排名

排名	作品	公司
1	《大主宰》	阅文集团
2	《完美世界》	阅文集团
3	《雪鹰领主》	阅文集团
4	《龙王传说》	阅文集团
5	《武炼巅峰》	阅文集团
6	《择天记》	阅文集团
7	《一念永恒》	阅文集团
8	《玄界之门》	阅文集团
9	《超品相师》	阅文集团
10	《永夜君王》	纵横中文网

第四，渠道资源。渠道分发能力对于平台来说非常重要。渠道推广的一般计价模式包括收入分成模式（CPS计费）和按用户计价模式（CPA、CPD计费）。①

① CPS：每销售成本；CPA：每行动（安装、下载等）成本；CPD：每下载成本。

①收入分成模式：主要通过硬件终端的预装，手机应用 APP 的排名以及软件厂商的推广来获得用户。当用户进行付费时，平台与第三方之间按照用户付费的情况进行一定比例的分成，计价指标为用户的消费额。

②用户计价模式：获取用户的方式类似于收入分成模式，但是计价的考核指标为用户的行为，包括用户的装机量、激活量、下载量、浏览量等指标。

在这五家企业中，有三家背靠互联网巨头，拥有强大的渠道分发能力，而另外两家（掌阅科技和中文在线）需要借助第三方渠道，因而渠道成本较高，劣势明显。由于数据的可获得性，此处仅对比三家独立上市企业。

①阅文集团：因阅文集团是腾讯旗下的企业，分拆独立上市。腾讯通过旗下其他的应用（如微信、浏览器、QQ 等）为阅文集团的文学作品提供独家的发行渠道，因此阅文主要的分销成本是支付给母公司腾讯的收入分成，包括使用腾讯支付渠道的手续费和腾讯平台提供链接推广的平台费用。

②中文在线：中文在线的渠道主要是硬件终端设备的预装和其他软件平台的推广。因其不处于扩张期，所以在渠道上的投入并不多。

③掌阅科技：掌阅科技是独立运营的数字阅读企业，主要依靠第三方平台进行用户的获取和用户的付费。由于处于扩张期，所以其渠道成本相对其他两家高出不少，见图 3 – 14。

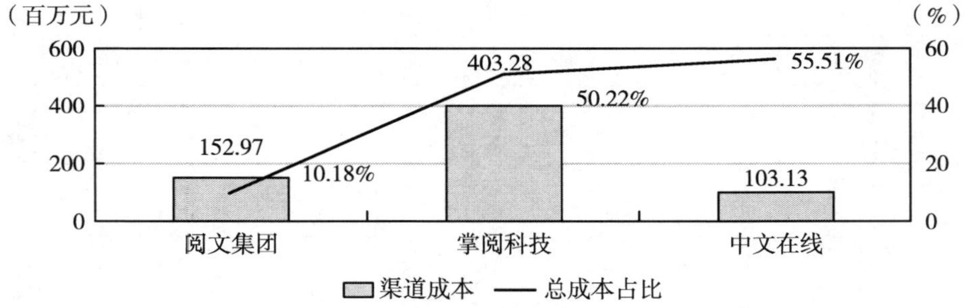

图 3 – 14　阅文集团、掌阅科技和中文在线的渠道成本对比情况

第五，自有渠道运营效率。网络文学的接入终端分为 PC 端和移动端。从 PC 端数据来看，阅文集团几乎垄断市场。但是，移动互联是当前的趋势所在，移动端口的接入成为主流。按 2016 年日均用户数统计，在 PC 端，起点中文网、晋江文学城（阅文占股 50%）的优势明显；在移动端，阅文和掌阅遥遥领先，见图 3 – 15。

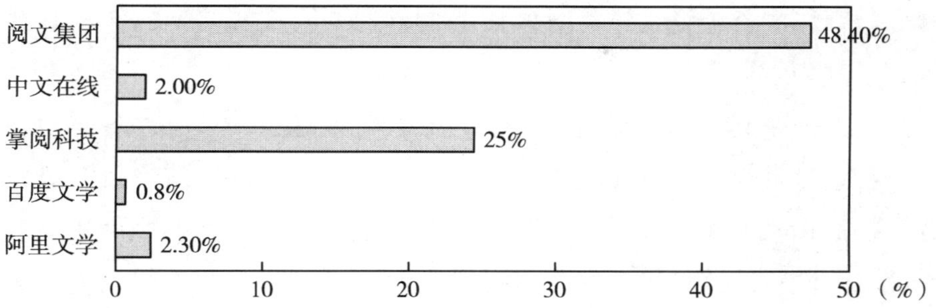

图 3－15 移动 DAC 占比情况

注：DAC 占比＝移动日活跃用户/网络文学市场移动日活跃用户总数。

第六，作者薪酬（即作者的奖励模式）。网络作家的收入来源主要有稿酬、打赏和平台奖励。2016 年，收入排名前十的作家平均年收入达到三千多万元，而线下作家的年收入不到两千万元，前者接近后者的两倍。其中，排名前十的作家中有八位来自阅文旗下的网络平台，见表 3－11。

表 3－11　2016 年作家收入排行榜 TOP10

作家	收入（万元）	平台
唐家三少	11000	起点中文网（阅文旗下）
天蚕土豆	4600	起点中文网（阅文旗下）
辰东	3800	起点中文网（阅文旗下）
骷髅精灵	2800	起点中文网（阅文旗下）
高楼大厦	2100	起点中文网（阅文旗下）
烟雨江南	2000	纵横中文网（百度文学旗下）
跳舞	16000	起点中文网（阅文旗下）
月关	1500	起点中文网（阅文旗下）
烽火戏诸侯	1450	纵横中文网（百度文学旗下）
流浪的蛤蟆	1420	起点中文网（阅文旗下）

①稿酬。稿酬有分成模式和买断模式两种。买断版权指平台在一次性支付固定的费用后，作品的版权归属于平台，后期不再额外支付费用。一般以千字多少钱来确定一本书的最终价格，平台买断版权的收益年限大多为 1—10 年。签约版权指作品的收入在扣除渠道成本之后，在网站和作者之间按照一定的比例进行分成。在这种情况下，版权依然归作者所有。各家平台的收入分成比各不

相同，为争夺作家资源经常进行时间性的调整。一般收费上架的作者都会选择分成模式，因为后期收益大幅提升的机会大。

②打赏。网络文学区别于传统文学的最大特点是互动性强。各平台打赏方式大同小异，打赏收入按一定比例在平台和作家之间分成。从平台激励角度来看，为了提高作家的积极性，网络平台有各种奖励制度，包括坚持更新奖、内容优秀奖、节假日的奖励等。从作者激励角度来说，各家的薪酬制度比较合理完善，差异不大。

根据以上数据进行专家十分制打分，可以得出五家企业在市场中的竞争地位，见表3－12；同时，可以绘制出五家企业在核心资源和核心能力二维度下的竞争模式图（见图3－16）。

表3－12　　竞争地位专家打分表

平台	核心资源指标（60%）					核心能力指标（40%）			总分
	作品的数量（30%）	活跃作者数量（20%）	热门网文的覆盖率（15%）	自有渠道规模（20%）	合作渠道规模（15%）	产业协同能力（30%）	作者的培养和奖励（30%）	商业化能力（40%）	
阅文集团	8	8	7	6	6	8	7	7	7.21
中文在线	7	6	4	5	4	5	4	4	5.02
掌阅科技	7	4	4	8	8	5	4	4	5.5
百度文学	7	6	5	5	5	3	4	4	4.96
阿里文学	3	3	3	3	4	3	3	3	3.09

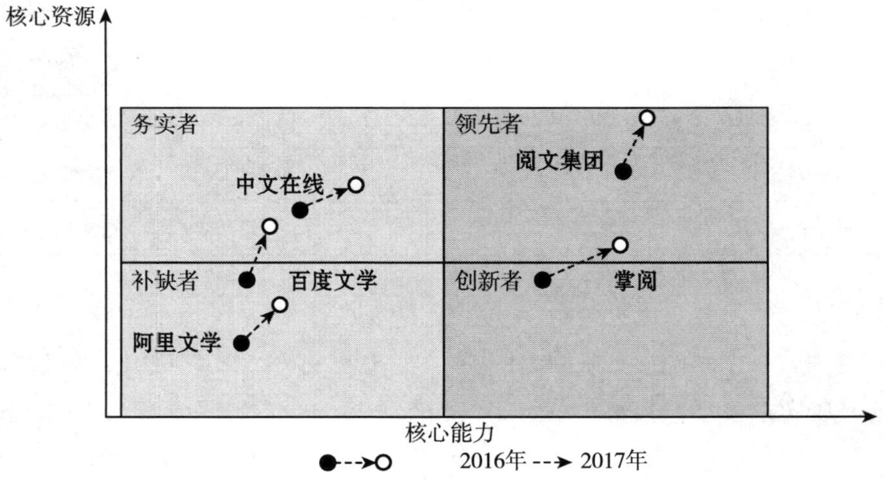

图3－16　核心资源和核心能力二维竞争图

（四）行业发展因素及未来趋势

1. 行业发展风险点分析。

（1）盗版问题突出，每年蚕食数亿元。在政策层面，相继颁布了多项政策，如《关于规范网络转载版权秩序的通知》（2015）、《关于加强网络文学作品版权管理的通知》（2016），以及2016年7月国家版权局、国家互联网信息办公室、公安部等部门联合开展的“剑网2016”专项行动（该行动将网络文学版权保护作为工作重点）等配套措施，使国内网络文学版权环境得到了很大改善，但盗版入口众多，难以有效遏制。

根据艾瑞咨询连续两年的用户调研数据，盗版网站是用户获取网络文学的重要渠道，但是经过一系列的整治，情况已经有所好转。然而，贴吧、网盘等在各方打击下仍是目前盗版传播的重灾区。

根据2017年4月披露的《中国网络文学版权保护白皮书》，在高强度的盗版打击的情况下，2014—2016年因盗版问题造成PC端+移动端的阅读付费损失基本稳定在80亿元/年。以2014年为例，盗版问题造成的阅读付费损失约为77亿元，造成的衍生品损失约为20亿元，合计给整个行业带来近100亿元的损失，数额惊人。但是，我们相信随着人们版权意识的不断加强和法制的不断规范，因盗版带来的损失有望进一步降低。

（2）竞争加剧。一方面，大量资本涌入网络文学产业，包括三大互联网巨头都纷纷进场，对于优质内容和优质用户的争夺将更加激烈。另一方面，随着整个行业体系的不断完善，版权价值被不断放大，中头部作家也更加注重保护自身版权的价值。网络文学大神作家自成版权运营平台，专门从事相关IP的开发，比如由叶方仓、叶在飞、陈戴阁和南派三叔共同成立的南派泛娱，其主要服务于南派三叔系列作品《盗墓笔记》《老九门》《沙海》等的全版权开发，以及唐家三少成立的炫唐文化、天蚕土豆成立的未天文化等。

2. 行业发展机会分析。

（1）付费率提升。对于互联网企业来说，ARPU值（Average Revenue Per User，单个用户平均收入）的提升是行业增长的核心动力，与用户付费潜力最相关的指标则是用户的粘性，即对于用户在软件上的停留时间。数字阅读的用户使用时长比其他类型的APP更具优势，反映了阅读类用户的付费潜力。Questmobile的数据显示，阅读类APP人均月使用时间均超过500分钟，同比其他娱乐应用：视频类APP人均每月470分钟，音乐类APP人均每月234

分钟。

同时，根据艾瑞咨询的数据显示，网络文学用户的年龄逐渐年轻化，年轻群体逐渐成为网络文学 APP 的主要用户，并且相较于其他年龄层，年轻用户的付费意愿更加高。随着这批用户年纪的增长、付费能力的提升，未来网络文学的市场规模将进一步扩大。

（2）全版权运营。娱乐产业加速发展。近年来，中国多个娱乐细分行业都经历了快速扩张。游戏、影视、动漫等市场规模不断扩张，增加了对原创 IP 的需求。自 2015 年网络文学试水影视之后就一路高歌猛进。2016 年，收视率最高的 50 部电视剧中，由文学作品改编的占 28%；播放量最高的 50 部网络剧中，该比例为 52%；票房最高的 50 部国产电影中，该比例为 36%；下载量最高的 50 个网游中，该比例为 20%。阅文、阿里都相继提出“IP 合伙人”“IP 联合开发”等战略，是一种全新的商业模式的探索。未来网络文学将继续进一步深耕于泛娱乐领域，提高全产业链的附加值和商业化价值。

综上所述，通过对于行业内主要企业竞争地位的分析，可以发现阅文集团在行业处于绝对的竞争优势地位，掌阅科技次之。在后文企业收益的预测中，阅文集团将作为行业的标杆，包括收益等的预测可以完全对标行业的发展。同时，通过对产业链和行业发展趋势的分析，可以发现常规产业分析针对文学产业本身，而全版权则涉及整个以版权为中心的内容产业链，尤其是通过版权运营而扩张到其他娱乐板块所带来的收益的扩张，所以在后文的评估中将考虑其他娱乐版块的发展对网络文学产业的影响。

第三节　案例研究——阅文集团股权价值评估

阅文集团（0772. HK）成立于 2015 年，目前是中国网络文学市场的先锋、运营领先的网络文学平台。公司现在有三大主营业务，包括提供在线阅读服务、版权运营、纸质图书业务。公司拥有众多 PC 端网络文学网站，包括起点中文网、潇湘书院等，以及众多移动端，包括起点读书、QQ 阅读等 APP 应用。阅文集团于 2017 年 7 月向港交所递交上市材料，11 月 8 日正式开始在联交所交易。表 3－13 给出了阅文集团的发展历史。目前，市场还未对其形成准确统一的价值判断。作为网络文学的龙头企业，它到底价值几何？

表 3－13　　阅文集团发展历史沿革表

年份	代表事件
2002	吴文辉（原盛大文学 CEO）创立“起点中文网“，开启了网络文学的先河
2004	推出读书频道，即 QQ 阅读的前身
2009	盛大文学（后更名为 Cloudary）相继收购众多文学网站，包括起点、晋江、红袖添香等，在网络文学市场一家独大
2013	离开盛大文学的吴文辉与腾讯联手成立了腾讯文学
2014	腾讯集团以 7.3 亿美元收购盛大文学，后将盛大文学与旗下文学分发平台合并组建阅文集团，全部文学类应用和平台由阅文集团统一进行管理
2015	公司发布“全民阅读”战略，网络文学进入全版权运营探索时期

本次的评估对象是阅文集团的全部股权价值，评估的范围为阅文集团的全部资产及负债。考虑到评估目的、市场条件及评估对象自身条件等因素，选用的价值类型为市场价值。考虑到信息的可获得性，本次评估基准日定为 2016 年 12 月 31 日。

一、阅文集团现有资产价值评估

评估时的基本假设：①考虑到评估的价值类型，选择自由现金流量作为折现现金流；②假定企业持续经营，采用两阶段模型，即前五年持续增长，五年后稳定年金；③距离评估基准日 2016 年 12 月 31 日剩余期限为 10 年的国债收益率作为无风险收益率。

基本公式：

企业自由现金流量 = 税后净利润 + 折旧与摊销 + 利息费用 − 资本性支出 − 净营运资金增加额

（一）企业营业收入的预测

根据阅文招股说明书的披露，公司目前有三大主营业务，包括提供在线阅读服务、版权运营、纸质图书业务。表 3－14 给出了阅文集团营业收入的历史数据。

表 3－14　　阅文集团营业收入历史数据　　单位：千元

	2014 年（Cloudary）		2015 年		2016 年		2017 年（1—6 月）
在线阅读	金额	百分比	金额	百分比	金额	百分比	金额
自有平台	316642	68%	590834	36. 90%	1057641	41. 20%	871510
腾讯渠道	125395	26. 80%	197955	12. 30%	666438	26. 10%	545805
第三方渠道	10959	2. 40%	182139	11. 30%	249984	9. 80%	216463
在线阅读总计	452996	97. 20%	970928	60. 50%	1974063	77. 10%	1633778
增长率			114. 33%		103. 32%		
版权运营	12148	2. 60%	162760	10. 10%	247408	9. 70%	155660
增长率			1239. 81%		52. 01%		
纸质图书	—	—	228524	14. 20%	224033	8. 80%	93896
增长率					－1. 97%		
其他	1064	0. 20%	244428	15. 20%	111362	4. 40%	40864
增长率					－54. 44%		
总收入	466208	100%	1606640	100%	2556866	100%	1924198
增长率			244. 62%		59. 14%		

注：其他为在线游戏以及在线广告收入。2014 年，阅文收购 cloudary（原盛大文学），2014 年的财务数据仅供参考。

截至 2017 年 6 月，阅文的月活跃用户规模占整个市场活跃用户规模的 48%，达到 191. 8 百万人。2017 年上半年，付费比率达到 6%，在收入口径下，阅文的市场份额仍有 55% 左右，见表 3－15。

表 3－15　　阅文运营数据表

	2015 年	2016 年	2016H1	2017H1
平均月活跃用户（百万人）	117. 1	169. 9	157	191. 8
平均月付费用户（百万人）	3. 8	8. 3	6. 8	11. 5
付费比例	3. 30%	4. 90%	4. 40%	6%
每名付费用户在线收入（元）	205. 6	208. 5	90. 6	122. 8

注：H 表示半年值。

笔者出于谨慎考虑，按两个口径对阅文的在线阅读收入进行测算。

口径一：通过市场规模占比测算，见表 3－16。

表 3－16　　　　　　　　阅文在线阅读收入预测（1）

	2017E	2018E	2019E	2020E	2021E
付费阅读市场规模（亿元）	73.58	91.25	121.55	146.77	187.54
阅文占比	48%	48%	48%	48%	48%
阅文在线阅读收入（亿元）	35.32	43.80	58.34	70.45	90.02

注：E 表示预测值。

口径二：通过阅文付费率和付费金额测算，见表 3－17。

表 3－17　　　　　　　　阅文在线阅读收入预测（2）

	2017E	2018E	2019E	2020E	2021E
网络文学的用户规模（亿人）	3.56	3.78	4.00	4.21	4.42
占比	62%	62%	62%	62%	62%
平均月活跃用户（亿人）	2.21	2.34	2.48	2.61	2.74
付费比例	6.5%	7.0%	7.5%	8.0%	8.5%
每名付费用户在线收入（元）	250	250	250	300	300
阅文在线阅读收入（亿元）	35.91	40.99	46.56	62.57	69.81

注：E 表示预测值。

这两个口径下的收入预测差距不大。选择两者的平均数作为最终收入。

版权运营收入 2016 年增长了 50%，在全版权的运营的趋势下还会进一步增长。纸质图书收入在阅读电子化的大环境里将稳中有降，截止到 2017 年上半年，公司纸质图书相关收入同比下降了 13.6%，较去年下半年环比下降了 18.6%。2016 年，其他收入的减少是由于阅文游戏业务由计算机游戏向移动游戏转型以及为了提升用户体验限制网络广告业务造成的，笔者预计这部分收入还将会继续减少。有关阅文集团的营业收入预测，见表 3－18。

表 3－18　　　　　　　　阅文营业收入预测　　　　　　　　单位：亿元

	2017E	2018E	2019E	2020E	2021E
在线阅读收入	35.61	42.40	52.45	66.51	79.91
版权运营收入	3.65	5.74	8.61	11.19	14.56
纸质图书收入	2.13	2.02	1.92	1.8	1.69
其他收入	0.83	0.79	0.75	0.71	0.67
总收入	42.22	50.95	63.73	80.21	96.83

注：E 表示预测值。

（二）企业营业成本预测

阅文集团的营业成本主要包括：①内容成本，即获取版权支付的费用；②分销成本；③无形资产的摊销成本，主要为买断版权的文学作品的摊销，摊销期为5—10年；④编辑人员薪酬；⑤确认为开支的存货成本，主要是与纸质图书有关的版税和生产成本等；⑥其他，包括宽带服务器等费以及动漫制作费用，见表3－19。

表3－19　阅文集团营业成本的历史数据　单位：千元

	2014年		2015年		2016年		2016H1		2017H1	
	金额	百分比	金额	百分比	金额	百分比	金额	百分比	金额	百分比
内容成本	190242	40.80%	391432	24.40%	838975	32.80%	297412	29.80%	585052	30.40%
在线阅读平台分销成本	15454	3.30%	37449	2.30%	152971	6.00%	49182	4.90%	123999	6.40%
无形资产摊销成本	17790	3.80%	151064	9.40%	128071	5.00%	69849	7.00%	57705	3.00%
雇员福利开支	28074	6.00%	85265	5.30%	80032	3.10%	39511	4.00%	37133	1.90%
确认为开支的存货成本	—	—	141454	8.80%	151003	5.90%	71489	7.20%	67063	3.50%
其他	12405	2.70%	219442	13.70%	150967	5.90%	63973	6.30%	91052	4.80%
收入成本总计	263965	56.60%	1026106	63.90%	1502019	58.70%	591416	59.20%	962004	50.00%
毛利		43.40%		36.10%		41.30%		48.80%		50.00%

注：H表示半年值。

通过数据我们发现，在所有成本中内容成本的占比最大，达到30%—32%。结合上文的分析可知，阅文的内容资源强大，对于版权而言其议价能力强，但是优质内容的价格水涨船高，笔者预计内容成本的占比将逐步上涨到33%—35%。对于渠道成本，阅文通过腾讯有强大的分销能力，相比掌阅和中文在线，阅文有能力将分销成本维持在一个较低的水平，大约为6%—9%。无形资产的摊销主要和买断版权有关，随着作者版权意识的不断提高，大都会采用分成模式，所以这部分成本会逐渐下降到2.5%—3.5%。而毛利将基本维持在40%—50%，见表3－20。

表 3－20　　阅文集团的营业成本预测表　　单位：亿元

	2017E	2018E	2019E	2020E	2021E
内容成本	13.93	16.81	21.03	28.07	33.89
在线阅读平台分销成本	2.96	3.57	4.46	6.02	7.26
无形资产摊销成本	1.69	2.04	2.55	2.41	2.91
雇员福利开支	1.06	1.27	1.59	1.6	1.94
确认为开支的存货成本	1.06	1.27	1.59	1.6	1.94
其他	1.69	2.04	2.55	4.01	4.84
收入成本总计	22.38	27	33.78	43.72	52.77
毛利率	47.00%	47.00%	47.00%	45.50%	45.50%

注：E 表示预测值。

（三）费用预测

各项费用对于收入的比例基本保持稳定。通过 2015 年以及 2016 年的营销铺垫，预计销售费用将小幅下降，管理费用将保持稳定，财务费用通过上市融资将进一步降低，见表 3－21 和表 3－22。

表 3－21　　费用占比的历史数据　　单位：%

	2015 年	2016 年	2016H1	2017H1
销售费用占比	33.60	28.70	35.20	24.30
一般及行政支出占比	22.10	16.50	19.20	16.80
其中：无形资产摊销占比	2.40	1.50	2.00	1.00
财务费用占比	1	0.90	1	0.50

注：E 表示预测值，H 表示半年值。

表 3－22　　费用预测表　　单位：%

	2014 年	2015 年	2016 年	2016H1	2017H1
销售费用占比	27.30	33.60	28.70	35.20	24.30
一般及行政支出占比	15.00	22.10	16.50	19.20	16.80
其中：无形资产摊销	0.20	2.40	1.50	2.00	1.00
财务费用占比	—	1.00	0.90	1.00	0.50

注：H 表示半年值。

（四）资本性支出

基于历史数据，购买物业、设备器材和无形资产的投入将会维持现有水平，由于阅文积极布局产业链的上下游，投资入股相关企业，预计长期投资将小幅上涨（见表3－23和表3－24）。

表3－23　资本支出及长期投资的历史数据　单位：千元

	2014年	2015年	2016年	2016H1	2017H1
购买物业、设备及器材	3538	22464	19861	3196	10031
购买无形资产	52171	133164	113231	62981	58040
长期投资	—	10472	63300	57500	103400
总计	55709	166100	196392	123677	171471

表3－24　资本支出及长期投资预测　单位：亿元

	2017E	2018E	2019E	2020E	2021E
购买物业、设备及器材	0.21	0.21	0.21	0.21	0.21
购买无形资产	1.23	1.23	1.23	1.23	1.23
长期投资	1.55	2.17	2.82	3.39	3.72
总计	2.99	3.61	4.26	4.83	5.17

注：E表示预测值。

（五）净营运资本增加额

净营运资本增加额＝本期营运资本－上期营运资本

营运资本＝流动资产－流动负债

出于行业的特殊性，对于主营业务来说，几乎没有应收账款（见表3－25），用户基本是预付式消费。2016年及2017年营运资金的增加与阅文的扩张投资有关，预计对营运资金的需求仍会小幅上涨，预测数据见表3－26。

表3－25　营运资本的历史数据　单位：千元

	2014年	2015年	2016年	2017H1
流动资产	1360433	1355375	2115212	2684059
流动负债	1387821	1560300	1658466	1539292
营运资本	－27388	－204925	456746	1144767

注：H表示半年值。

表 3-26　　营运资金预测　　单位：亿元

	2017E	2018E	2019E	2020E	2021E
营运资本	6.8	6.8	6.8	6.8	6.8

注：E 表示预测值。

（六）企业自由现金流量预测

对阅文集团自由现金流量是预测，见表 3-27。

表 3-27　　阅文自由现金流量预测表　　单位：亿元

	2017E	2018E	2019E	2020E	2021E
营业收入	42.22	50.95	63.73	80.21	96.83
减：营业成本	21.11	27.00	33.78	43.72	52.77
费用总计	19.42	20.89	24.86	28.88	33.89
利润总额	1.69	3.06	5.10	7.62	10.17
所得税率	0.125	0.125	0.25	0.25	0.25
减：所得税	0.05	0.38	1.27	1.91	2.54
税后净利润	0.37	2.67	3.82	5.72	7.63
加：折旧与摊销	5.07	6.11	7.65	8.82	10.65
利息费用	1.48	1.78	1.91	1.80	2.18
减：资本性支出	2.99	3.61	4.26	4.83	5.17
净营运资金增加额	6.8	6.8	6.8	6.8	6.8
自由现金流量	-1.77	0.16	2.32	4.72	8.49

注：阅文符合相关税收优惠政策，在开始盈利的五年内，所得税减半征收，该政策有效期至 2018 年 12 月 31 日。E 表示预测值。

（七）折现率的选择

本次评估采用的折现金额为自由现金流量，对应的是股权权益和债权权益，因此采用 WACC（加权平均资本成本）模型进行折现率的测算。

$$WACC = K_e \cdot \frac{E}{D+E} + K_d \cdot \frac{D}{D+E} \cdot (1-T) \qquad (3-11)$$

$$K_e = r_f + \beta(r_m - r_f) + \alpha \qquad (3-12)$$

式中：r_f 是无风险利率；r_m 是股票市场的平均收益率；β 是企业的风险系数；α 是企业特定风险调整系数；K_e 是股权资本成本；K_d 是债券资本成本；E 是股权资本额；D 是债券资本额；T 是企业所得税率。

参数的选择：

（1）无风险利率：以距离评估基准日 2016 年 12 月 31 日剩余期限为 10 年的

二十年期国债到期收益率作为无风险利率，见表3－28。

表3－28　无风险收益率测算表

债券名称	剩余年限	到期收益率
06国债09	9.49年	3.3869%
07国债13	10.63年	2.873%
均值	10.06	3.13%

资料来源：Wind数据库。

（2）市场风险溢价：即 $r_m - r_f$ 是市场平均收益率和无风险利率的差额，投资者通过一个风险完全分散的投资组合所获得高于无风险利率的部分。以10年上证综指（计算周期：2006年12月31日—2016年12月31日，计算频次：周）的平均收益12.17%作为市场的平均收益。市场风险溢价为9.04%。

（3）β值：鉴于阅文2017年11月在港交所上市，且上市时间不长，所以以一年的恒生指数为基准（计算周期：2015年12月31日—2016年12月31日，计算频次：周），通过查询Wind数据库得到阅文的β值为0.6368。

计算得到 $K_e = 3.13\% + 0.6368 \times 9.04\% + 2\% = 10.89\%$

（4）阅文的资本结构：股权资本为6342434.6万元，占98.88%；债务资本为71564.6万元，占1.12%，其中短期债务24064.6万元，长期债务47500万元。以税前一年定存利率1.5%作为短期利率，5年贷款利率4.75%作为长期利率，计算得到 $K_d = 3.65\%$。

由此可计算得到：

前两年 $WACC = 10.89\% \times 98.88\% + 3.65\% \times 1.12\% \times (1 - 12.5\%) = 10.8\%$

两年后 $WACC = 10.89\% \times 98.88\% + 3.65\% \times 1.12\% \times (1 - 25\%) = 10.8\%$

通过计算得到的阅文集团基于现有资产的价值为55.53亿元，见表3－29。

表3－29　自由现金流量折现表　单位：亿元

	2017E	2018E	2019E	2020E	2021E	稳定期
自由现金流量	－1.77	0.16	2.32	4.72	8.49	8.49
折现率	10.80%	10.80%	10.80%	10.80%	10.80%	
折现系数	0.902527076	0.814555123	0.73515805	0.663500048	0.598826758	5.545
各年现值	－1.59664336	0.130205236	1.70619158	3.129297938	5.084533903	47.08
各年现值之和	55.53					

注：E表示预测值。

二、阅文集团潜在期权价值评估

阅文集团在 2016 年提出“IP 合伙人”的概念，以拥有的版权参与到下游的版权改编市场。在娱乐产业蓬勃发展的今天，版权拥有无限的潜力，对于阅文来说，这种价值实质上是一种扩张期权。通过统计改编成功的作品，我们发现作品都是五年之前就推出的存量作品，根据当时的合约，阅文基本拥有作品的所有权利。今后，随着作者版权意识的不断加强，优质的作品大都与阅文签订分成版权，而非买断版权，所以本书的测算仅以 2016 年以前的存量买断版权为对象。下面将以 B－S 模型对这部分价值进行测算。关于模型参数的选取如下。

（一）资产的当前价格 S

资产当前的价格可由资产的未来现金流量的折现值确定，即版权改编权带来的收入现值。根据权威咨询公司 Frost & Sullivan 的数据预测，到 2020 年，娱乐行业市场的规模将达到 5000 亿元人民币。笔者将沿着娱乐行业市场规模—改编占比—成本率—版权成本占比的思路，目前娱乐版块中涉及网络文学 IP 的主要是四个，所以分四大版块分别测算。

$$\text{版权改编收入} = \sum[\text{整体市场规模} \times \text{改编占比} \times (1-\text{毛利率}) \times \text{改编费占比}]$$

各大版块中，由网络文学改编的占比情况各不相同：游戏板块大约为 15%—20%；电视剧板块大约为 25%—35%；网络剧大部分都是由网络文学改编而成，约占 85%—90%；电影板块约占 20%—30%。

成本利润率：游戏板块按流水分成计算成本，大约为 5%；电视剧板块的毛利率将从 40% 降至 30% 左右的水平；网络剧板块的毛利率保持在 50%；电影板块的毛利率从 25% 降至 15% 左右。

版权占成本率：在乐观情况下，版权花费占制作成本的比例介于 10%—12%，中性估计约为 6.5%—7%，在悲观情况下，该比例介于 3%—4.5%。

基于以上行业数据和估计，可先得出得网络文学改编市场规模，见表 3－30。然后，可根据各板块的毛利率得到各板块的成本，见表 3－31。最后，估计可能的三种市场情况所达到的版权收入，见表 3－32。

表 3-30　　网络文学改编市场规模测算表

	2015 年	2016 年	2017E	2018E	2019E	2020E	2021E
娱乐行业市场规模（亿元）							
游戏（手游 + 页游）	734	1006	1251	1519	1798	2120	2502
电视剧	877	993	1103	1213	1322	1428	1543
网播剧	155	209	272	347	428	513	615
电影	441	457	543	647	777	956	1148
合计	2207	2665	3169	3726	4325	5017	5808
改编占比（%）							
游戏改编占比	15%	15%	15%	16%	18%	20%	20%
电视剧改编占比	25%	27%	29%	31%	33%	35%	35%
网播剧改编占比	85%	85%	85%	85%	90%	90%	90%
电影改编占比	20%	20%	21%	24%	27%	30%	30%
网络文学改编的市场规模（亿元）							
游戏	110.1	150.9	187.65	243.04	323.64	424	500.4
电视剧	219.25	268.11	319.87	376.03	436.26	499.8	540.05
网播剧	131.75	177.65	231.2	294.95	385.2	461.7	553.5
电影	88.2	91.4	114.03	155.28	209.79	286.8	344.4
合计	549.3	688.06	852.75	1069.3	1354.89	1672.3	1938.35

注：E 表示预测值。

表 3-31　　网络文学改编成本规模测算表

	2015 年	2016 年	2017E	2018E	2019E	2020E	2021E
各板块毛利率（%）							
游戏（按流水分成计算成本）	4.00%	4.20%	4.80%	5.00%	5.40%	5.60%	6%
电视剧	40%	38%	36%	34%	32%	30%	30%
网播剧	50%	50%	50%	50%	50%	50%	50%
电影	25%	23%	21%	20%	19%	17%	15%
各板块成本（亿元）							
游戏	4.404	6.3378	9.0072	12.152	17.47656	23.744	30.024
电视剧	131.55	166.2282	204.7168	248.1798	296.6568	349.86	378.035
网播剧	65.875	88.825	115.6	147.475	192.6	230.85	276.75
电影	66.15	70.378	90.0837	124.224	169.9299	238.044	292.74
合计	267.979	331.769	419.4077	532.0308	676.66326	842.498	977.549

注：E 表示预测值。

表 3－32　　网络文学版权收入测算表

市场情况	2015 年	2016 年	2017E	2018E	2019E	2020E	2021E
版权占制作费用比重（乐观）	10.00%	10.00%	11.00%	11.00%	12.00%	12.00%	12.00%
版权占制作费用比重（中性）	6.50%	6.50%	6.50%	6.50%	7.00%	7.00%	7.00%
版权占制作费用比重（悲观）	3.00%	3.00%	3.00%	4.50%	4.50%	4.50%	4.50%
版权收入（乐观）（亿元）	26.80	33.18	46.13	58.52	81.20	101.10	117.31
版权收入（中性）（亿元）	17.42	21.56	27.26	34.58	47.37	58.97	68.43
版权收入（悲观）（亿元）	8.04	9.95	12.58	23.94	30.45	37.91	43.99

注：（1）电影市场规模包括全国电影院的票房收入。（2）网络剧市场规模包括在个人计算机及移动平台发布的网络剧的销售收入、广告收入和来自付费用户的收入。（3）电视剧市场规模包括以电视平台为主要发行渠道的电视剧的收入和广告收入。（4）游戏市场规模包括通过个人计算机及移动设备销售的游戏的收入、广告收入及游戏增值服务收入。E 表示预测值。

2015 年，各板块中排名前 10 位的作品里有近八成来自阅文。2016 年，票房最高的 20 部国产改编电影中有 13 部来自阅文平台，占 65%；收视率最高的 20 部国产改编电视剧中有 15 部来自阅文平台，占 75%；收视率最高的 20 部网络剧中有 14 部来自阅文平台；下载量最高的 20 个网络游戏中有 15 个来自阅文平台，见表 3－33。

表 3－33　　改编版权中阅文所占份额

	游戏	电视剧	网播剧	电影	平均
改编版权中阅文所占份额	75%	75%	70%	65%	71%

鉴于目前娱乐产业的发展情况，对于乐观、中性、悲观三种情况，笔者分别赋予 0.4、0.4、0.2 的权重计算加权收入，见表 3－34。

表 3－34　　版权改编权收入现值　　单位：亿元

	2017E	2018E	2019E	2020E	2021E
加权版权收入	31.87	42.03	57.52	71.61	83.09
占比	71%	71%	71%	71%	71%
收入	22.63	29.84	40.84	50.84	59.00
折现率	3.85%	3.85%	3.85%	3.85%	3.85%
折现系数	0.9629273	0.92722898	0.8928541	0.85975359	0.8278802
现值	21.79	27.67	36.46	43.71	48.84
现值和	178.48				

注：E 表示预测值。

因此，可得出标的资产的当前价值 S＝178.48 亿元。

（二）行权价格 X

行权价格即项目的投资额，是阅文为获取版权所付出的价格。在最初购买版权时，阅文并不确定哪个作品有改编的潜力，因此我们将为获得所有买断版权所付价格作为初始的投资额。根据阅文的招股说明书中无形资产的披露，按购买成本对买断版权进行入账，见表 3－35。

表 3－35　　买断版权的存量成本　　单位：亿元

	2014 年	2015 年	2016 年	平均
内容版权	2.07034	2.03888	2.04114	2.05012

（三）无风险利率 r

无风险收益率可以根据到期时间与行权时间相同或相近的国债收益率来确定。本书中涉及的行权时间为五年，故选取距离评估基准日剩余期限为五年的五年期国债到期收益率（3.85%）作为无风险利率。

（四）行权的时间 T

对于买断的版权，阅文通常签订的年限为 3—10 年，基本不会低于 5 年，因为作品需要在网络上积累一定的人气。考虑到作品的等待期和开发期，笔者将行权时间定为 5 年。

（五）σ^2 标的资产的收益率标准差

资产的收益是一个动态的过程，无法事先进行精确的计算。目前有两种方法来计算资产价格的波动率：一种是根据历史股价数据计算，另一种是通过行业可比公司获得。考虑到版权的主要衍生方向是影视行业，所以选取出品网络文学改编作品最多的五家影视传媒上市公司过去一年的历史股价波动率作为基准，然后在 Wind 数据库查询日波动率，再将日波动率年化，并假定一年的交易日为 243 天，可得到：年化波动率 = 日波动率 × $\sqrt{243}$。表 3－36 给出了这五家影视传媒上市公司的标的资产收益率标准差。

表 3－36　　　　标的资产收益率标准差测算表

标的企业	标准差	年化标准差
华策影视（300133）	4%	64.87%
慈文传媒（002343）	2.14%	34.71%
欢瑞世纪（000892）	7.17%	116.28%
唐德影视（300426）	16.19%	262.56%
鹿港科技（601599）	13.23%	214.55%
均值	7.12%	115.49%

因此，通过计算得到标准差为 115.49%。在经过上文的分析和计算后，可得到各项参数的数值，将其代入 B－S 公式：

$$C = SN(d_1) - Xe^{-rt}N(d_2) \tag{3-13}$$

$$d_1 = \frac{l_n\left(\frac{S}{X}\right) + \left(r + \frac{\sigma^2}{2}\right)T}{\sigma\sqrt{T}} \tag{3-14}$$

$$d_2 = d_1 - \sigma\sqrt{T} \tag{3-15}$$

$$d_1 = \frac{l_n\left(\frac{80.62}{2.05}\right) + \left(3.85\% + \frac{115.49\%}{2}\right) \times 5}{\sqrt{115.49\%}\sqrt{5}} = 1.2565$$

$$d_2 = 1.2565 - \sqrt{115.49\%}\sqrt{5} = -4.1168$$

通过 EXCEL 函数计算得到：

$N(d_1) = 0.999156413516$

$N(d_2) = 0.769560432263$

$C = 178.48 \times 0.9992 - 2.05e^{-3.85\% \times 5} \times 0.7696 = 177.0358$（亿元）

因此，通过测算，得到阅文集团的潜在价值为 177.0358 亿元。

三、价值评估结论

通过运用现金流量折现法对阅文集团的基于现有资产的价值 V_1 的评估，以及运用期权法对阅文集团因版权而拥有的潜在价值 V_2 的评估，得出阅文集团的整体价值为：

$V_1 + V_2 = 55.53$ 亿元 $+ 177.0358$ 亿元 $= 232.56$ 亿元

对比同类上市企业，阅文集团的价值是最高的：中文在线（300364）市值约为 68.74 亿元，掌阅科技（603533）市值约为 165.57 亿元。从未来阅文将面对的市场环境来说，不确定风险较大，包括付费率不及预期，版权的获取成本增加，行业竞争度加剧，版权潜在价值变现难度大等问题，所以在很多参数的选择与预测时应采取保守的态度，包括对营业收入的预测，成本的考量，折现率的选定等。同时，在运用 B－S 模型时，模型的限制条件较多，包括不能提前行权的方面。出于评估的可行性，笔者将其进行简化处理，使模型运用于案例，所以存在一定的风险。

在评估的过程中，笔者也采取了许多创新的做法。考虑到阅文成立时间较短，财务数据较少，且网络文学行业作为新兴产业，其本身也处在高速发展期，因此，在评估过程中采用市场规模预测及阅文占比和阅文自身收益预测两口径相对比的方法，提高预测的准确性。

第四节　网络文学平台版权及价值分析

一、网络文学平台版权特性分析

（一）移动 APP 相关概念与特点

在网络文学行业的现阶段，移动手机端是网络文学阅读最主要的阅读平台，而目前的手机用户一般选择在手机上下载阅读 APP，如掌阅 APP、QQ 阅读、腾讯阅文等软件。移动阅读 APP 又称为移动阅读应用程序，是目前使用最普遍的阅读平台。由于依托于各种具有轻便易携带的智能手机和电子书阅读设备，阅读 APP 较计算机具有使用方便、快捷、灵活的特点，用户可以将碎片化的时间利用起来，阅读行为不受地点、时间的限制。这些应用程序运行特定的程序，与读者用户展开交互，并满足读者的特定的阅读和消费需求，属于计算机软件，受我国计算机软件的著作权保护法保护。

（二）移动 APP 版权的含义

移动 APP 版权的主体是该 APP 的开发者，开发者享有对 APP 的署名、发表、使用许可、转让并获酬的权利。移动 APP 程序和有关文档是移动 APP 版权的客体，开发移动 APP 所使用的思想、数学观点、处理思路、操作方式等项目不在移动 APP 版权的保护范畴内。作为计算机软件，其著版权受国家《著作权法》《计算机软件著作权登记办法》《计算机软件保护章程》以及有关司法解释保护。

（三）移动 APP 版权保护的特点

国家对移动 APP 在其具有的作品性和功能性两个方面实施版权维护，这是与一般作品的版权保护的主要区别。一方面，移动 APP 作为可以用文字、数字及符号等形式表现的计算机程序语言编写而成的指示或语言序列，其载体通常是有形媒体，其作品性体现在 APP 的传播方式是通过复制实现的。一般作品的作品性则是以人类长久积累发展形成的用于表达情感和思想的语言为载体，具有一定的情感表述的意味。移动 APP 运用的是专业且具备严谨逻辑构架的程序用语，相比一般作品能够直接被感知，人们只有在移动应用终端设备上执行移动 APP 的程序用语，才可以足够了解和认知。另外，移动 APP 还是一种具有实用性能的工具，通过设定好的程序来完成某种特定的任务，用户可以根据自己的需要在 APP 上进行操作。移动 APP 发展到现在，种类越来越多，可以实现的功能也越来越多。

但是，移动 APP 开发所需要的条件和前提更加苛刻。达标的材料、稳定的技术手段、成熟的软件开发环境，以及水平一流的开发者对于移动 APP 的开发来说缺一不可。而且 APP 开发需要经过一系列复杂流程，要经过多方面的测试和调试才能实现功能的正常使用，这就导致前期的开发投入水平非常高。另外，由于互联网环境的多变性和不确定性因素，移动 APP 的版权保护也存在着潜在的安全隐患，版权保护问题不容小觑。

结合以上对最具有代表性的网络文学平台“移动 APP”及其版权的解析，

笔者将网络文学平台著作权与一般作品版权分别从法律、评估两个层面进行了区分，总结如下：

在法律层面，首先，网络平台版权与传统版权的主体不一样。这两者主体的区别主要反映在网络平台版权人的多层次和多样性方面。平台管理者对网络文学作品进行编辑、整理、管理、展现，我们一般认为网络平台著作权的主体应该是网站管理者或者 APP 著作人。管理者为使作品能更好地呈现在网页或者移动客户端上，会对其进行编辑，这些编辑中蕴藏着管理者的投入和创造力，是管理者勤劳和智力的结晶。其次，网络平台版权与传统版权的客体不一样。网络的产生刷新了《著作权法》中界定的九类项目的表示形式，从这九类作品中演化出了新的作品类型，如页面、网站、客户端等。最后，平台版权与传统版权在内容上不一样。《著作权法》明确了版权人具有四项人身权利和 12 项财权权利，平台版权因为具有传播性，其部分财产权利和义务不再适用于网络环境，所以我们有必要围绕网络版权作品形式，利用网络的传播性，从头厘清和概括网络平台版权的财产权利束。

在评估层面，首先，网络平台版权与传统版权在信息统计方式上有区别。网络平台版权可以利用网络保留和查看作品的点击率、订阅、搜索等数据，借助网络对读者的评论、支付情况等信息展开统计研究，比传统版权更高效，更快速地获取广泛的信息。在评估平台版权的经济价值时也可以依据这些数据和信息，快速实现对后续信息的回应反馈。这些信息只能在评估平台版权时才能获取，导致在参数选择和模型选择上与传统版权不同。其次，评估网络阅读平台与评估传统版权时，考虑的风险因素不同。网络文学阅读平台版权价值实现的可能性和侵权存在风险。此外，网络本身也存在风险，如页面、网络速度、安全墙等均是影响用户使用和消费的因素，并且可以进一步决定网络平台版权的价值能否形成。所以，必须对作品所处的网络大环境的各个因素进行考察和评定，科学计算和判断网络环境对版权价值的牵制作用。最后，网络平台版权价值评估的检验与调整方法比传统版权评估简单。网络最大的便利在于促成信息的多区域同时传播和分享，以及历史信息的充分记载和搜索。这一优势可以协助我们在评估事前、过程中和评估后展开信息搜查，认识用户的评论和消费意愿，修正评估预计数据，使评估结果更贴近实践。同时，借助网络我们可以达到网络平台版权价值的大数据评估的目的。随着版权产业的成长，庞大的数据的鉴别、甄选、处理一定会越发充分快速。

二、网络文学平台版权价值影响因素

（一）宏观因素分析

2017 年，在反腐的政治背景下，由网络小说改编的电视剧《人民的名义》在口碑和收视上都取得了非常好的成绩，成为爆款，而小说《人民的名义》版权价值也瞬间上涨。由此可见，市场因素落脚于网络文学的内容的社会价值和文化价值。一部作品的内容只有符合民众的价值观和审美，或者能够引起读者的共鸣，才能打开市场，实现经济价值，提高自身版权收益。所以，宏观环境对网络文学作品价值的影响不容小觑。

1. 法律因素。①版权执行的法律环境。版权的权利人是否可以完全行使其财产权利由其所处的法律环境决定。在版权法令执行严格、法律维护充分、版权诉讼成本符合实际、诉讼结论公允、社会民众广泛具备版权法律意识的环境中，版权权利人的权益一般能得到充足的保护，版权价值也往往比较高。②监管因素。监管因素主要是指在网络文学作品生产和传播的过程中，由于国家政策法规的政策倾向和引导趋势的发展和变化，内容创作方和内容平台出现其无法控制的外部风险，导致网络文学作品的价值实现出现中断或显著降低。

2. 版权使用区域的社会环境。除了充分的法律环境，公民的版权意识和政策指导对版权价值的意义也非常关键。例如，"政府软件正版化"战略的实施以及落实"版权干部""版权公益宣传"工程，形成政府、公民积极参与的版权维护大合作、大局势，版权价值才可以达到更高的水平。另外，版权业的成长和区域经济息息相关，消费的提高会促成文化产品紧密相关版权的发展，促进版权实现收益和价值。

3. 版权使用区域的市场环境。版权是一种特殊的无形资产，在进行市场交易的过程中，市场的活跃性和供求状况对其价值产生一定影响。市面上版权交易越活跃，版权形成越简单，而市场竞争水平和市场有关作品的价值以及新版本作品会左右待估作品版权的价值。

（二）平台因素分析

除了作品内容本身对原生用户的吸引力之外，网络文学网站是影响原生用户消费行为的另外一个重要因素。基于网络文学网站在数字阅读行业中的垄断地位，网络文学作品能否选择适合的平台发布，并获得足够的平台资源支持是当前内容产品能否获实现价值的关键。网络文学平台对网络文学作品原生用户的影响体现在以下几点：

1. 网络文学阅读平台吸引流量的能力。网络文学作品所处的网络文学平台是否拥有足够的能力吸引流量是网络文学作品能否覆盖足够广泛的原生用户的关键。平台吸引流量的能力越强，网络文学作品所能覆盖的原生用户数量基数和规模就越大，原生用户消费支付实现的价值上限就越高。在网络文学领域，内容产品是发布在阅文集团旗下的起点中文网还是百度旗下的百度小说将会直接导致内容产品的原生用户数量的差异。阅文集团利用腾讯的赋能战略，可以将QQ、微信等社交软件与起点中文网进行绑定，通过注册账号的拓展性使用和阅读场景的扩张来覆盖海量的原生用户，因此发布在其平台上的网络文学产品易于获取消费关注。此外，起点中文网的海量文学数据库和覆盖的海量用户构建了经典的双边市场，形成了数据库作品越多，吸引用户越多，而用户越多又吸引更多的内容产品选择在起点中文网发布的双边市场网络效应，将内容平台吸引流量的能力转化为用户价值。

2. 内容平台核心算法。内容算法是数字内容产业重要的新兴知识产权，是在数字内容产品版权之外影响原生用户消费选择的重要因素。由于内容平台的核心算法是基于原生用户信息和内容产品信息生成的数据及数据利用规则，内容平台生产、选择和推送内容的核心算法直接决定了原生用户是谁，如何产生原生用户消费内容，以及原生用户如何获得内容消费机会。因此，如果内容产品无法匹配平台核心算法构建的用户画像和产品画像，则无法在平台算法针对的目标消费市场上获得平台原生用户的支持。例如，抖音的核心算法针对的原生用户画像是都市年轻用户，如果通过抖音平台传播的短视频内容产品不符合其算法针对的用户画像，显然无法获得平台原生用户的消费支持。

3. 网络文学平台规则和资源分配。网络文学作品进入基于算法筛选的内容平台之后，是否在平台内部的产品竞争中获得优势依赖于在内容平台规则设定之下的资源分配情况。网络文学平台设计的规则主要通过对内容产品的评价结果来决定针对产品的资源分配，进而放大网络文学作品对原生用户的吸引力。网站通过排行榜的设置，形成对平台内容产品的评价规则。各大文学网站的排行榜设置规则大体趋同，一般都分为读者榜单和作品榜单，其中读者榜单通过对读者行为的判断和统计进行排行，一般有点击榜、推荐票榜、收藏榜、鲜花榜、评价榜等，而作品榜单依据针对产品内容的类型和质量排名，一般分为完本榜、新书榜、作家榜、原创推荐榜等。读者榜单通过对平台内所有作品的竞争性排名反映原生用户的消费倾向，作品榜单则依据内容平台设置的评价标准对产品进行筛选、分类和推荐。通过网站榜单设置背后的评价规则，以平台内部的产品竞争机制结果决定平台产品获得的资源分配排序，使排在排行榜头部的内容产品在获得资源倾斜后脱颖而出，进一步夯实和放大其版权开发价值。

三、网络文学阅读平台的价值演变规律

网络文学阅读平台的价值演变分析应从两个维度展开：一是价值演变是基于时间连续变化的产物，应该如何分析无形资产依时间连续变化的规律；二是价值演变又是不同时点的特定无形资产组合和状态的产物，应该如何认识特定组合和状态下的无形资产对价值变化的影响。本书认为，网络文学阅读无形资产价值演变规律可以从以下两个方面进行分析：

（一）用户价值变化是网络文学阅读平台无形资产价值演变的主轴

网络文学阅读平台无形资产价值虽然在多种交易和授权方式下呈现出不同的交易价格，但究其根本，决定其核心价值的还是基于无形资产开发的网络文学行业下的持续收益能力。而网络文学阅读平台本身的收益实现并不来源于对其作品或者平台质量优秀与否的判断或开发产品所支付的成本高低，其收益实现基本上完全依赖于内容用户的消费价值。首先，初级用户（粉丝）的消费构成网络文学阅读平台价值的实现。在很大程度上，这部分用户粘性和消费满意度、忠诚度一起决定着网络文学阅读平台发展运营的基础受众和直接经济收益。本书将该部分价值界定为原生用户价值，原生用户价值影响因素分析是网络文学阅读平台价值影响因素分析的第一个层面。其次，在原生用户产生的影响力或者直接推荐和间接传播的作用下，一部分原生粉丝转化成衍生品的用户，吸引了一批原来不是原作品或者衍生品的用户，以实现价值的扩张性创造。本书将该部分价值界定为衍生用户价值，衍生用户价值影响因素分析是网络文学阅读平台经济价值影响因素分析的第二个层面。

（二）无形资产组合状态是网络文学阅读平台版权价值分成的依据

网络文学阅读平台无形资产组合认知需要明确无形资产组合的类型、结构和价值状态。笔者对网络文学阅读平台无形资产的重构进行分析，通过对具有

代表性的若干网络文学阅读平台重要无形资产进行整理，尝试将网络文学阅读平台无形资产总结成平台版权、数据资产权、外观设计权、内容平台核心算法及网络文学作品著作权五大类。相关的具体概念见表3－37。

表3－37　　数字出版无形资产分类细则

平台版权（网络域名及应用软件）	数字出版公司的网络域一般有专门的官网链接或者搜索网址，域名无实物状态，依附于企业的网络系统中，是进入企业的“向导”和精准通道，具有搜索价值；电子阅读应用软件是公司特有的应用程序（APP），用于满足读者特定的需求，以及获取用户信息，其版权受《计算机软件著作权法》保护
数据财产权	数据财产权最早进入实务和理论的讨论视野是基于数据库财产权的分析。由企业或组织单独开发的数据库今天被视为具有较为清晰的财产边界和权属，而互联网企业尤其是平台企业一般都形成了由海量信息构成的数据存储，数字内容产业的主流内容平台同样基于其用户信息构建了海量的后台数据
外观设计权	外观设计权是阅读平台的“名片”，蕴含着设计者的智力和创意，是平台的不容模仿和滥用的无形资产
内容平台核心算法	内容算法是数字内容产业重要的新兴知识产权，是在数字内容产品版权之外影响原生用户消费选择的重要因素。由于内容平台的核心算法是基于原生用户信息和内容产品信息生成的数据及数据利用规则，内容平台生产、选择和推送内容的核心算法直接决定了原生用户是谁，如何产生原生用户消费内容以及原生用户如何获得内容消费机会。因此，如果内容产品无法匹配平台核心算法构建的用户画像和产品画像，则无法在平台算法针对的目标消费市场上获得平台原生用户的支持
网络文学作品版权（著作权）	著作权是数字出版企业（平台）与内容创作者在签订协议后所拥有的作品的那一部分著作权，一般包括使用权、传播权、演绎权等。平台拥有优质作品的著作权，提升了自有平台的知名度

资料来源：笔者整理文献所得。

从以上的分析中可以不难发现，网络文学平台的价值是由平台所具备的无形资产所驱动的，而网络文学平台的价值又依赖平台的用户消费才能得以实现。笔者通过上文对网络文学平台价值演变规律的分析，尝试得到网络文学阅读平台版权价值评估的大体思路，见图3－17。如何建立用户价值与平台无形资产价值的联系以及如何确定平台无形资产组合状态，将在下文中进行详细的分析。

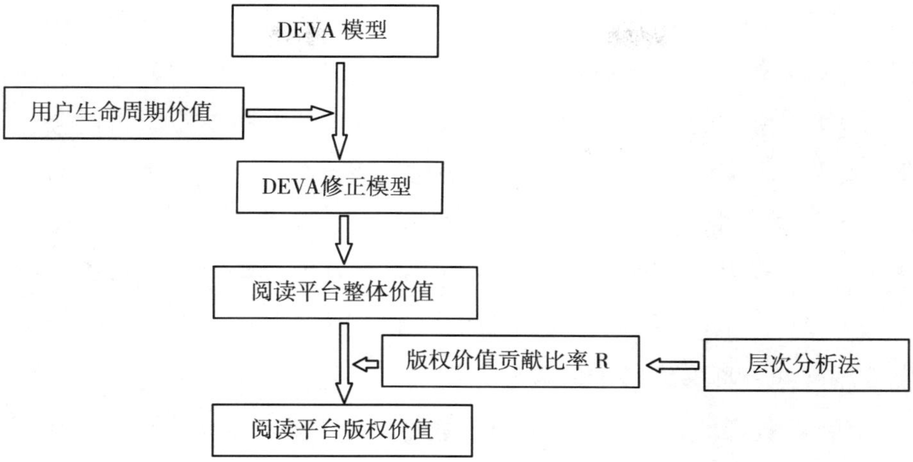

图 3－17　阅读平台版权价值评估思路

第五节　网络文学阅读平台版权评估模型的构建

一、对 DEVA 模型的修正

从 DEVA 模型的原生定义：互联网产品（企业）价值是初始成本和用户价值平方的乘积可以看出，DEVA 估值法只考虑两个因素，即单位初始成本和用户价值，DEVA 模型中产品价值与用户价值的平方成正比。DEVA 估值法将用户价值作为产品价值的驱动因素，对于数字内容产品的价值分析而言具有合理性，但也存在不足。首先，数字内容产品价值的实现基于个体用价值的累积，而在产品的不同生命周期阶段，用户价值因规模、竞争及变现模式等因素而存在变化和差异，在对产品不同生命周期的用户价值进行测度时需要进一步修正。其次，数字内容产品价值受客户聚集形成网络效应带来的整体价值增长影响。在模型中，整体价值增长被界定为用户价值的指数型平方增长，显然该假设不符合数字内容产品价值变化的规律，因此需要对该因素进行修正。

（一）用户价值 C 的修正

1. 传统 DEVA 估值法对 C 所代表的用户价值测算基数是已经注册产品或者

服务的用户数，然后平均各个反映企业经济效益、经营状况的财务数据，利用这些财务数据来估算用户价值。这种方式的前提是互联网企业的用户价值在特定时点是用户数量和财务数据影响的常数，忽视了用户价值本身可能存在的变化规律。如果单纯依赖当前的用户数量和财务数据测算用户价值，则极有可能在企业产品的导入期和成长期都会面临用户价值贡献非正的情况。即便是在特定时点要对用户价值进行测算，反映的也应该是在产品生命周期概念下的用户价值，因此需要厘清以下问题：将注册用户作为用户数量的统计基础需要修正。此处需要统计的是具有真实价值贡献的用户。在互联网估值研究中，有学者提出使用年活跃用户的统计数据作为用户数量统计基础，但对于用户价值而言，重要的是在整个产品生命周期内的有效用户数量，而非特定时段活跃用户数量。因此，在评估时需要的是一个测算用户数量和价值变化的基数。年活跃用户数对应时段过长，而日活跃用户数有可能存在极大波动，因此可以将评估时点月活跃用户 MAU 的统计数量作为测算整个产品生命周期的有效用户数量变化的基数。

2. 用户价值 CLV 的测算。首先，DEVA 模型原有的对用户价值的价值贡献测算是基于特定时点的财务数据，并未考虑如何反映用户在整个产品生命周期的价值计算，因此需要测算产品生命周期概念下的用户价值。对于产品生命周期概念下用户价值的测算，可以借鉴用户生命周期价值 CLV（Customer Lifetime Value）计算的思路。其次，对于互联网企业或数字内容产品而言，用户价值实现的方式多样，其中既包含基于单个用户产品消费带来的价值，也包括由于网络效应带来的价值。DEVA 模型中原来界定将用户价值界定为基于单个用户价值，而将网络效应价值通过指数倍增的方式反映。笔者认为，互联网企业或数字内容产品的用户价值按单个用户和网络效应不应进行分割，使用基于全生命周期的用户价值测算结果更有利于反映用户的真实价值。

客户生命周期价模型最早是由 Angus Jenkison C（1995）提出，通用计算式如下：

$$CLV = \sum_{i=1}^{n} C_i(1 + d)^{-1} \qquad (3-16)$$

其中，C 是用户在第 i 期交易得到的净利润；d 是资本成本率，即折现率；n 是用户生命周期的长度。

这是用户价值生命周期价值最初的模型。后来的学者在此基础上对该式进行了更详尽和全面的分析，提出客户价值分析涉及四个驱动因素：总用户量、客户人均利润率、获取以为客户的平均成本、客户流失率（或客户保持率）。修正后的 CLV 模型的计算式如下：

$$CLV = \sum_{i=1}^{n} \sum_{t=0}^{T_i} \Phi(t_i) P_r(t_i) d' \tag{3-17}$$

此处引入单位付费用户年收入，利润率参数可以用 ARPU（Average Revenue Per User）表示，即单付费用户年收入。ARPU 是指单个用户在一段时间内为企业创造的价值，表示单个用户对占企业总体客户利润的贡献比重。

$$ARPU = \frac{月总现金贡献}{平均活跃用户数} \tag{3-18}$$

则有：

$$\Phi(t_i) = ARPU \times MAU \tag{3-19}$$

笔者引入一个新的指标：日活跃用户数 DAU，即截止日最近一天用户的登录或者使用 APP 的用户数，按自然日计算。它与上文提到的 MAU 的比值 DAU/MAU 在一定程度上可以反映具体互联网产品的用户粘性。DAU/MAU 的大小变动方向在一定程度上反映了使用该产品的用户数的变动。笔者尝试引入参数 α，利用 DAU/MAU × α 表示企业产品与服务对客户为企业价值贡献现金流的影响因子。由此可以得到的产品或者服务客户价值计算公式如下：

$$CLV = \alpha DAU/MAU \sum_{i=1}^{MAU} \sum_{t=0}^{T_i} P_r(T_i) ARPU \times d'^t \tag{3-20}$$

其中：$\Phi(t_i)$表示客户关系在第 t 期所产生的利润；$P_r(t_i)$是第 t 期客户的购买率或者付费率，也就是客户购买或使用产品和服务的可能性；T_i 是用户运用互联网企业的产品或服务的时间；MAU 是月活跃用户数；DAU 是日活跃用户数。

此外，$d' = \frac{1}{1+d}$，d 为折现率；n 为企业所占有的客户总数。

CLV 模型的原理与现金流量折现的原理接近，将总用户量、客户人均利润率、获取单个客户的平均成本、客户流失率等因素作为参数，预测单个客户在将来不同时期可能为企业创造的利润，折现为评估时点的价值，减去未来可能流失的客户数量，累计持续购买的客户价值，作为企业最终的客户价值。

（二）Y 值的确定

当我们将 C 代表的用户价值使用产品月活跃用户数与用户全生命周期价值

的乘积予以测算后，接下来的问题就是如何替代 DEVA 原模型的价值指数倍增数量关系。由于我们使用的是用户的全生命周期价值，且价值已包含网络效应价值，因此问题就转化为如何统计和预测在产品生命周期内的有效用户数量变化规律。基于产品生命周期理论可知，在产品的不同生命周期阶段，其用户数量的变化与时间序列之间呈现非线性的相关关系。曲线拟合方法是一种可以应用于该关系统计的非线性的回归预测法，可以以月活跃用户数的历史数据为基础，选择合适的预测函数，运算拟合出具体的函数方程，然后代入特定的时点来预测未来一段时间内产品的活跃用户和产品收入变动。根据产品生命周期理论，如果以时间为横轴，数字内容产品活跃用户数曲线一般呈现出“倒 U 形”，因此一般可以选用曲线拟合对数函数 $Y = a\ln x - b$ 来描述不同产品生命周期用户数量变化与产品收入之间的数量关系。

（三）用户初始成本 M 的确定

产品的用户初始成本测算思路是截至评估日期前的初始投资与为获取用户所花费成本之和，再除以其活跃用户数。首先，我们要确定获取产品用户所花费的成本包括哪些，将它从总成本中剥离出来，然后确定对应时期的活跃用户数。

综上，我们可以得到计算互联网产品或者服务的整体价值的 DEVA 修正模型，即：

$$P = CLV \times M \times Y \tag{3-21}$$

其中，P 是产品或服务的整体价值；CLV 是产品或服务用户价值；$Y = a\ln x - b$ 表示产品活跃用户与产品收入函数，a、b 分别对应时间序列和活跃用户数。

二、用层次分析法确定平台版权贡献率 R

（一）层次分析法的理论构建

在前面用修正后的 DEVA 模型计算出来的是网络文学阅读平台（数字出版公司）的价值，下面我们考虑如何确定网络文学平台版权在无形资产中的价值贡献率，即网络平台版权这一资产给企业无形资产带来的经济价值的比重。由于网络文学企业具有无形资产占比重大、种类多，有形资产构成简单、占比少的特点，笔者尝试先用 DEVA 模型计算出的平台整体价值，再厘清企业中所有资产的种类及平台版权在所有资产中价值贡献率。由于阅读平台具有轻资产特性，有形资产占比极小，因此笔者在这里假设组成平台的资产组合全部是无形资产，并引入一个修正参数 R，采用层次分析法（AHP 法）确定 R，具体的求解过程如下：

专家打分组构建判断矩阵，专家组将被分割的五个无形资产类别进行两两类比，并且保证在专家相互的反馈后，每个专家对所有无形资产项目权数估值的绝对偏差不大于一个给定的误差大小。运用专家组的专家打分应遵循以下两个标准：相对重要性的量化标准（见表 3－38），以及比较标准。笔者尝试用无形资产对企业成长的贡献、效率的提高、稳定性的加强三个指标来展开评定，构建目标层、准则层和方案层，用层次分析法确定版权价值贡献比率 R，见图 3－18。

表 3－38　　层次分析法比较标度及含义

标度	含　义
1	两个因素相比，同样重要
3	两个因素相比，一个因素比另一个因素稍微重要
5	两个因素相比，一个因素比另一个因素明显重要
7	两个因素相比，一个因素比另一个因素重要得多
9	两个因素相比，一个因素比另一个因素极端重要
2，4，6，8	各标度代表的重要程度处于两个相邻的标度之间
倒数	表示因素 i 相比因素 j 的重要程度

根据以上标度，构建一个判断矩阵。以上面的第一层指标作为对比元素，对比结果从 1—9 中选取，用 $A=(a_{ij})_{nn}$ 表示，显然 $a_{ij}=\frac{1}{a_{ji}}$，即矩阵 A 是一个正互反矩阵。

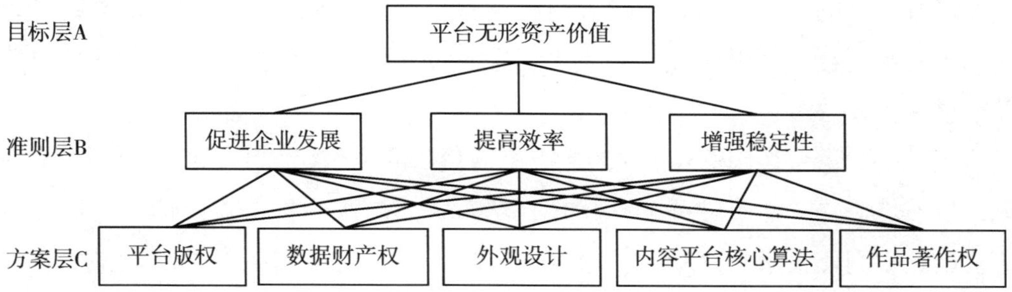

图 3－18　用层次分析法确定价值贡献比率 R

（二）计算权重向量

矩阵 A 有且仅有一个非零特征根 λ_{max}，与 λ_{max} 对应的规范化特征向量，在求取具体指标的权重值时，先求取最大特征根 λ_{max} 对应的向量，具体计算步骤是：先将判断矩阵 A 的各列归一化，然后将这个新矩阵的各行加总得到一个列向量。特征向量求取后，对其进行归一化操作，得到规范化的特征向量，此向量即为权重向量，代表第 n 个因素的权重，然后得到规范化的特征向量 $w=(w_1, w_2, \cdots, w_i, \cdots, w_n)^T$，此向量即为权重向量，$W_n$ 代表第 n 个因素的权重。

（三）计算一致性指标 CI

$$CI = \frac{\lambda_{MAX} - n}{n-1} \tag{3-22}$$

然后查询平均随机一致性指标 RI，对应 n = 1 到 9，RI 值分别可见表 3 – 39。

表 3 – 39　一致性指标 RI

n	1	2	3	4	5	6	7	8	9
RI	0	0	0.58	0.90	1.12	1.24	1.32	1.41	1.45

（四）计算一致性比例 CR

当 $CR < 0.1$ 时，认为矩阵的一致性是可以接受的。

$$CR = \frac{CI}{RI} \tag{3-23}$$

（五）计算各层对目标层的组合权重 W_i

当我们求取了主因素层相对于总目标的权重以及次因素层相对于各自对应的权重后，我们需要求取次因素层每个具体指标相对于总目标的组合权重。设目标层为 A，准则层为 B，方案层为 C，将 B 层对应的各因素记为 B_1，B_2，…，B_n，方案层的记为 C_1，C_2，…，C_n。

经过上文的分析可知，笔者采用修正后的 DEVA 模型对阅读平台进行了评估，接着利用层次分析法计算平台中各个无形资产的价值贡献率，将评估思路进行进一步完善。

DEVA 模型注重互联网企业的无形资产价值的评估，对于网络文学阅读平台无形资产价值的评估有较强的适用性，然后采用层次分析法将阅读平台版权价值贡献比率剥离出来。这一评估思路很清晰，但是对于网络文学阅读平台无形资产的组合状态不一定准确，未来还可以进行进一步精确和完善。具体的评估思路见图 3 – 19。

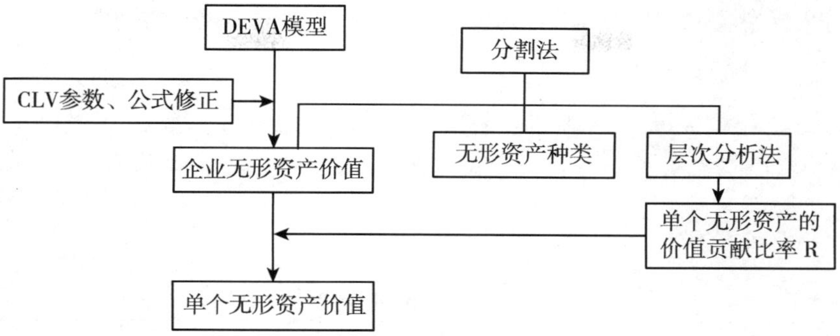

图 3 – 19　企业某单个无形资产价值的评估思路

第六节　案例研究——掌阅 APP 版权价值评估

一、案例对象及背景

掌阅科技股份有限公司成立于 2008 年 9 月，专注于数字阅读业务，是我国领先的移动阅读分发平台，于 2011 年 1 月正式发布掌阅 APP。根据掌阅科技 2017 年年度报告的披露，互联网数字阅读服务及增值服务业务是公司的两大主营业务。出版社、版权机构、作家提供正版图书数字内容，平台则通过编辑制作和聚合整合数字图书内容，发布面向互联网的数字阅读服务产品，同时进行网络作品版权分销，开发和销售电子书阅读器硬件设备，提供自有互联网平台的流量增值服务。

数字阅读服务业务的收入来源于用户对数字内容产品的付费消费；增值服务收入模式包括版权产品业务、硬件产品业务、流量增值业务的收入；全版权运营是平台与其他内容产业的合作，将内容产品进行 N 次开发，实现利润分成；版权销售收益一般参照合同签订的版权费用或者项目分红；公司硬件产品的销售是硬件产品业务收入的根本源泉，公司硬件产品运用本身的“掌阅”平台、大型电商平台以及线下大客户采购展开销售；流量增值业务的实现依赖于掌阅庞大的用户规模和流量价值，为第三方供应包括推行营销交易、游戏联运业务等流量变现服务。

本书选择掌阅 APP 作为研究对象，主要是从阅读 APP 用户触达程度、用户渗透率来进行分析。

根据比达咨询披露的《2018 年中国移动阅读市场研究报告》可以清晰地了解掌阅 APP 在阅读 APP 中用户的活跃度及用户粘性，这直接反映了掌阅 APP 的用户触达度，见表 3－40。

表 3－40　　移动阅读 APP 用户活跃数及用户粘性

阅读 APP	日均活跃用户数（万人）	排名	用户粘性（人均日运行时长，分钟）	排名
掌阅 APP	2042.4	1	51.0	10
QQ 阅读	1660.9	2	73.7	4
书旗小说	1467.6	3	92.8	1
咪咕阅读	503.0	4	66.9	6
连尚免费读书	495.6	5	50.3	11
搜狗阅读	320.2	6	55.6	9
米读小说	266.3	7	45.8	13
追书神器	235.0	8	92.5	2
宜搜小说	210.9	9	47.8	12
熊猫看书	188.0	10	69.4	5
微信读书	154.6	11	40.4	14
起点读书	145.8	12	78.2	3
百度阅读	127.1	13	63.8	7
多看阅读	120.0	14	58.0	8

由此表可以看到，掌阅 APP 的日活跃用户数在众多阅读 APP 中排名第一，用户数高达 2042.1 万人，虽然其日运行时间排名第十，但是时长也接近 1 小时。总体上，掌阅 APP 的用户触达程度比较高，用户受欢迎程度较理想。

用户使用多款 APP 的状况普遍存在。从比达咨询提供的数据可以看出，在主要阅读 APP 同领域用户渗透率方面，掌阅 APP 的渗透率最高，达到 60.1%；用户满意度位居第四，表现出用户对产品极高的依赖程度与忠诚度，见表 3－41。

表 3－41　　阅读 APP 同领域用户渗透率及满意度情况

阅读 APP	同领域用户渗透率（%）	排名	满意度（%）	排名
掌阅 APP	60.1	1	89.4	4
QQ 阅读	48.5	2	87.6	7
书旗小说	45.9	3	90.5	1
咪咕阅读	18.8	4	89.7	2
连尚免费读书	10.4	5	89.5	3
搜狗阅读	8.8	6	86.4	8
米读小说	8.4	7	87.9	6
追书神器	7.9	8	88.2	5
宜搜小说	6.4	9	84.9	13
微信读书	6.0	10	85.1	12
多看阅读	5.4	11	84.6	14
熊猫看书	4.9	12	86.3	11
百度阅读	4.7	13	85.9	10
起点读书	3.7	14	86.4	8

综上，通过比较，我们不难发现，掌阅 APP 在中国移动阅读市场中的综合实力位居前列，具有较高的用户触达度和忠诚度。根据已有资料，掌阅已经成为继阅文集团之后，中国移动阅读市场的第二大巨头，其用户价值在移动阅读市场的影响力也是数一数二的，研究掌阅 APP 的用户价值具有重要意义。

二、基于修正的 DEVA 模型的评估测算

基于修正的 DEVA 网络文学版权评估模型，围绕掌阅 APP 的相关指标，对掌阅科技版权价值进行评估分别需要确定以下参数：

（一）月活跃用户数 MAU 的确定

在上文的 DEVA 修正模型中，基数选择的是已注册用户，但是这些注册用户中只有一部分可以给企业创造收益，因此在这里引入活跃用户的概念。非活跃用户是指过去运用过产品（包括浏览公司网站或点击手机应用）或已经注册的用户，但因为不感兴趣而不再运用公司提供的产品和服务，甚至完全放弃的用户；而活跃用户是指那些频频应用互联网企业推出的产品和服务，并能给公司带来价值的用户群。因此，要评定互联网企业的运营状况和估值，活跃用户

才是有效基数。笔者以掌阅 APP 的月活跃用户数（MAU）为研究对象，其月活跃用户数即截至当口，近期一个月（含当口的 30 天）登录或使用过互联网公司产品或服务的用户数，一般按照自然月计算。

将评估时点确定为 2018 年 11 月，以掌阅 APP 的用户数为基准，2018 年 11 月的月活跃用户数为 8825.56 万人。《2018 年中国电子书年度报告》提供了掌阅 APP 月活跃用户数数据，如表 3－42 所示。

表 3－42　　2018 年掌阅 APP 的月活跃用户数

	5 月	6 月	7 月	8 月	9 月	10 月	11 月
月活跃用户数（万人）	7387.43	7697.27	7989.35	8288.28	8371.55	8521.62	8825.56

将掌阅 APP 2018 年 5 月至 2018 年 11 月的月活跃用户数进行数据拟合，以时间为横轴，活跃用户数为纵轴，得到掌阅 APP 2018 年 5 月至 11 月的月活跃用户数的拟合曲线图，见图 3－20。

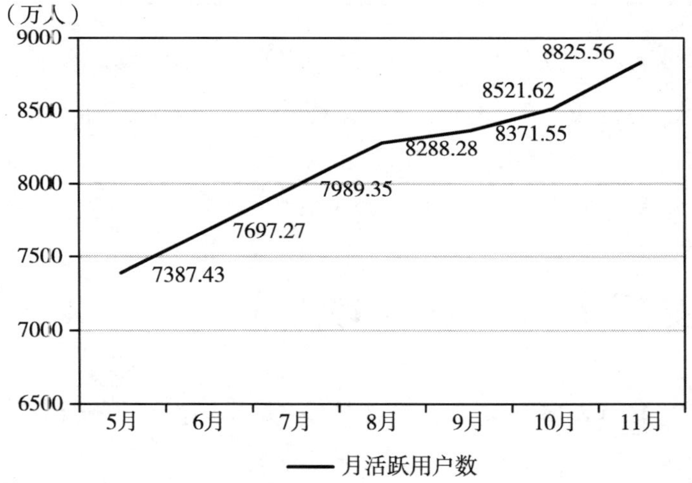

图 3－20　掌阅 APP 2018 年 5 月至 2018 年 11 月的活跃用户数拟合图

（二）用户生命周期价值 CLV 的确定

上文已经对用户生命周期价值 CLV 的计算模型进行了阐述，下面根据掌阅 APP 的情况进行具体参数的确定。

1. 用户保持率的确定。为科学估计客户保持率，在计算活跃用户留存率时，笔者选取了掌阅 APP 从 2018 年 5 月到 2018 年 11 月的日活跃用户数。结合

表3－43，得到掌阅APP月活跃用户数的基本数据。

表3－43　　掌阅APP月活跃用户数的基本数据　　单位：万人

时间	月活跃用户数（MAU）	月增加值	日活跃用户数（DAU）	日增加值	DAU/MAU
2018年5月	7387.43	—	6956.45	—	94.17%
2018年6月	7697.27	309.84	7256.14	299.69	94.27%
2018年7月	7989.35	292.08	7415.85	159.71	92.82%
2018年8月	8288.28	298.93	7814.75	398.90	94.29%
2018年9月	8371.55	83.27	7945.69	130.94	94.91%
2018年10月	8521.62	150.07	8127.16	181.47	95.37%
2018年11月	8825.56	303.94	8491.72	364.56	96.22%
DAU/MAU平均值	94.58%				

对DAU/MAU比率进行算数平均，得到掌阅APP的DAU/MAU比率为94.58%，表明掌阅APP的客户保持率高，流失率低。可以用DAU/MAU比率和常数a的乘积表示掌阅APP的产品及服务对用户为其客户价值贡献现金流的影响因数。在互联网行业，常数a通常取值0.8。因此，掌阅APP保持率＝94.58%×0.8＝75.66%。

以2018年11月平均活跃用户数来预测掌阅APP在未来五年平均用户数，得到：$n=\alpha \times DAU/MAU \times 8825.56=6677.42$（万人）

2. 利润率参数的计算。经分析，掌阅APP的用户价值主要体现在掌阅科技数字阅读服务上。表3－44给出了2014—2017年掌阅科技数字阅读占公司年度总收入的比重。

表3－44　　掌阅科技数字阅读业务营收占比情况　　单位：亿元

数字阅读＼时间	2014年	2015年	2016年	2017年	2018年上半年
收入	4.11	5.92	11.26	15.68	8.36
成本	2.5	3.84	7.68	10.94	5.68
利润	1.61	2.08	3.58	4.74	2.68
利润率	39.17%	35.13%	31.79%	30.22%	32.05%
平均利润率	33.67%				

据掌阅科技股份有限公司2017年年度报告的披露，近年来，我国在数字阅读行业展开的全面部署和政策保障主导有效助力了产业的优化和进步。《国家“十三五”时期文化发展改革规划纲要》强调，提高网络文化产品创造力度，促进网络文学、影视剧、动漫等新兴文艺产业有条不紊地成长。加强传统文艺与网络文化的创新性合作，推动优质作品多渠道传播、多平台发行、多终端推广。借助我国政策引导和数字内容版权产业的进一步发展，掌阅科技所在的移动阅读行业在2017年达到了新的高度。据《2017年度中国数字阅读白皮书》显示，2017年我国数字阅读行业的市场规模有152亿元，同比扩大26.7%，作者数量达到784万人，增加了30.2%。根据CNNIC发布的第41次《中国互联网络发展状况统计报告》，截至2017年12月，网络文学用户群体高达3.78亿人，与去年末相比增加了4455万人，占网民总数的48.9%；手机网络文学用户群体达3.44亿人，比去年末增加了3975万人，在手机网民的总数中占45.6%。互联网推动了网络原创内容迅速传播，培育了忠实的读者群，借助影视剧、动漫及游戏改编、实体书出版等衍生产业深挖IP价值，形成了文学、影视、动漫、游戏等泛娱乐产业的交织融合的局面。同时，逐渐时兴起的知识付费、有声书等音频类内容更加充实了数字阅读行业的创新模式。根据以上的行业情况，笔者预测数字阅读的收入按照20%的速度增长。

假设掌阅APP用户的生命周期为五年，利用已有的数据预估2018—2022年数字阅读所贡献的利润，即掌阅APP用户价值所贡献的利润（如表3-45），然后代入公式计算ARPU。

表3-45　　　　预期内单位用户平均收入值

	2018年	2019年	2020年	2021年	2022年
数字阅读利润（亿元）	5.91	7.09	8.51	10.21	12.25
平均月总现金贡献（万元）	4925.0	5908.3	7091.7	8508.33	10208.33
平均活跃用户数MAU（万人）	6677.42				
ARPU（元/人）	0.74	0.88	1.06	1.27	1.53

3. 用户付费率$P_r(t_i)$。用户付费率在数值上等于产品或者服务在一定时间内用户付费数与活跃用户数的比值，一般有日付费率和月付费率。笔者借用已有的对数字阅读行业付费率的数据（见表3-46），预测掌阅APP的付费率为12%。

表 3-46　　网络文学付费市场空间数据

年份	2013	2014	2015	2016	2017	2018E	2019E	2020E
付费率	3%	5%	6%	7%	8.3%	9.7%	11.0%	12%

4. 折现率的确定。

折现率 $d = R_f + \beta \times R_m$　　(3-24)

其中，R_f 是无风险报酬率；β 是行业风险系数；R_m 是市场风险溢价。

①无风险报酬率 R_f。一般用十年期国债利率代替无风险报酬率。十年国债利率约为参照美国近五年发行的中期国债利率的平均水平，按照十年期以上国债利率约为 2.3%，可得 $R_f = 2.30\%$。

②市场风险溢价。掌阅科技于 2017 年在上交所挂牌上市，本案例通过测算 2008 年 11 月 30 日至 2018 年 11 月 30 日十年间的互联网指数平均收益率，约为 8.75%。可以得到：市场风险溢价 = 市场期望报酬率 - 无风险报酬率 = 8.75% - 2.30% = 6.45%。

③企业风险系数 β。利用 Wind 数据库可以获得 β = 2.1979。在本案例中，根据企业未来的资金运营情况，以掌阅科技现有的资本结构 D/E（产权比率，见表 3-47）作为目标资本结构，由于掌阅科技目前没有披露 2018 年 11 月的产权比率，因此笔者以 2018 年前三个季度的平均数来表示，得到企业所得税率为 25%。因此，加上财务杠杆后的 β 值为：

含财务杠杆 β = 不含财务杠杆 ×［1 + D/E ×（1 - 企业所得税）］= 2.19 ×［1 + 0.425 ×（1 - 0.25）］= 2.89

表 3-47　　2017—2018 年掌阅科技的产权比率

	2017 年 9 月 30 日	2017 年 12 月 30 日	2018 年 3 月 30 日	2018 年 6 月 30 日	2018 年 9 月 30 日
负债（元）	361338176.43	363779857.79	417122169.78	462721585.05	472640565.11
股东权益（元）	962052839.63	988228648.09	1023803486.48	1060782016.87	1095918279.31
产权比率	37.55%	36.81%	40.74%	43.62%	43.13%
平均产权比率	37.18%		42.50%		

资料来源：掌阅科技股份有限公司年报。

由此可得，权益资本报酬率 $d = R_f + \beta \times R_m = 2.30\% + 2.89 \times 6.45\% = 20.94\%$。

综上，利用公式计算掌阅 APP 用户价值：

$$CLV = \alpha DAU/MAU \sum_{i=1}^{MAU} \sum_{t=0}^{T_i} P_r(T_i) ARPU \times d'^t = 198250.14(万元)$$

（三）用户初始成本 M 的确定

掌阅科技在数字阅读这一业务上的成本包括两个部分：总内容成本和推广成本。

总内容成本其中的一项是支付作者的收入分成成本，属于内容成本范畴。此外还包括通过买断方式获得版权的摊销成本，属于无形资产摊销范畴。其中，收入分成成本所占比重大，两项成本均属于版权成本范围。

2017 年，推广成本（渠道成本 + 销售费用）营收占比为 51.96%，是最大的支出项。推广支出的模式有两种：采取收入分成模式（CPS 计费）计入渠道成本和按用户计费模式（CPA、CPD 计费）计入销售费用，前者占据主要地位。收入分成模式联合硬件终端厂商（如 OPPO、VIVO）、手机应用商店，采用预装等方式推行掌阅 APP。此类渠道支出与收入分成直接相关，计入渠道成本。按用户计费模式（CPA、CPD）是指，按照装机量、激活量等指标向渠道方付费，该推广方式与收入无匹配关系，计入销售费用。

根据推广成本的功能和用途，我们将推广成本作为用于获取掌阅 APP 用户的成本。以下是掌阅科技 2014—2017 年的成本占比情况，见图 3 – 21 和表 3 – 48。

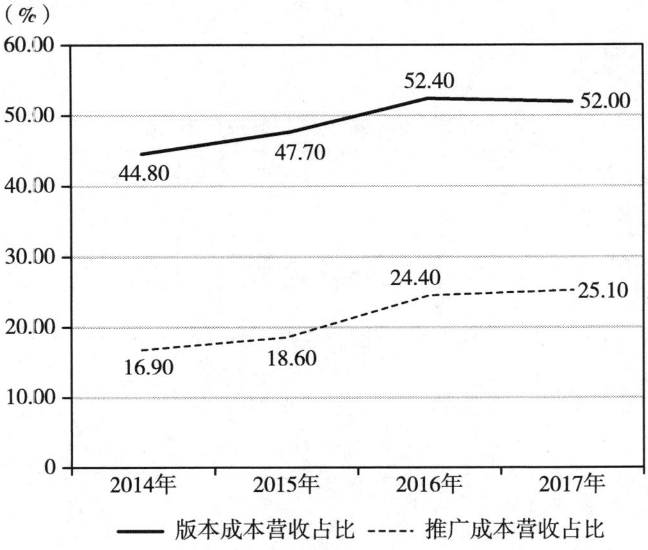

图 3 – 21　2014—2017 年掌阅科技的成本占总营业收入之比

表 3-48　2014—2017 年掌阅科技的推广成本占总营业收入之比

时间	2014 年	2015 年	2016 年	2017 年
推广成本占比	44.8%	47.7%	52.4%	52.0%
平均占比	49.2%			

由于目前没有 2018 年的推广成本占总营业收入的数据，我们使用前 4 年的平均占比代替（49.2%）。掌阅科技 2018 年半年度营业总收入为 93715.2 万元，笔者推测上半年和下半年的收入相差不大，则 2018 年的营业总收入为 187430.4 万元。由此可得 2018 年平均每月的用户成本 = 187430.4 × 49.2% ÷ 12 = 15619.20（万元）。

已知掌阅科技 APP 在 2018 年 11 月的活跃用户数为 8825.56 万人，则平均用户成本为 15619.20 ÷ 8825.56 ≈ 1.77（元/人）。

（四）Y 值的确定

要确定 Y 值，首先要确定 a 和 b 这两个值。通过掌阅科技 2018 年 5 月到 2018 年 11 月的月活历史数据，以及对应时间序列进行数据拟合测算（见图 3-22），可得到测算结果。

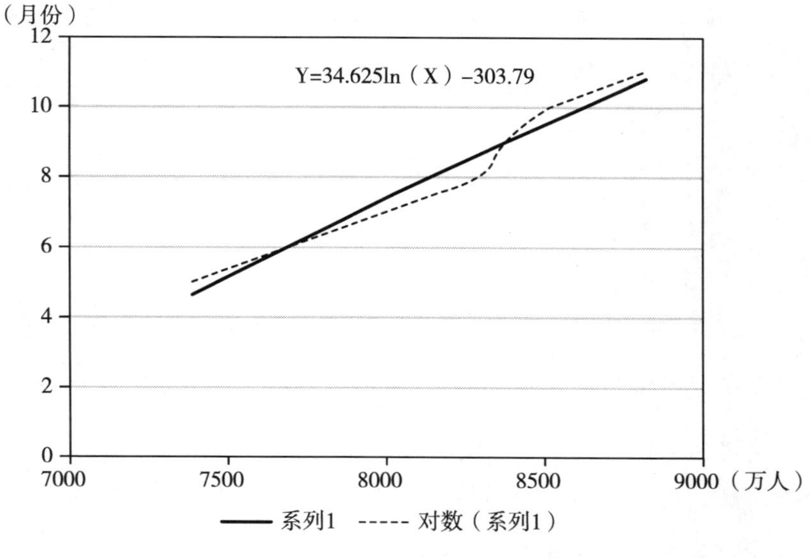

图 3-22　掌阅 APP 的历史月活跃用户数与时间的关系

通过数据拟合，可以测算出 a 值为 34.625，b 值为 303.79，代入计算可得：

$Y = 34.625\ln(8825.56) - 303.79 = 10.79$

将各个参数代入，可得：

$P = CLV \times M \times Y = 198250.14 \times 10.79 \times 1.77 = 3786240.64$（万元）

（五）版权在版权组合中的权重 R 的确定

1. 根据专家打分，网络文学阅读平台无形资产价值对应的第一层指标构建对应的互反矩阵 A，见表 3－49。

表 3－49　　准则层对应的互反矩阵表

A	B_1	B_2	B_3
B_1	1	3	7
B_2	1/3	1	5
B_3	1/7	1/5	1

2. 对互反矩阵进行归一化。

$$A=\begin{bmatrix}1 & 3 & 7\\ 1/3 & 1 & 5\\ 1/7 & 1/5 & 1\end{bmatrix}\Rightarrow\begin{bmatrix}\frac{1}{1+1/3+1/7} & \frac{3}{3+1+1/5} & \frac{7}{7+5+1}\\ \frac{1/3}{1+1/3+1/7} & \frac{1}{3+1+1/5} & \frac{5}{7+5+1}\\ \frac{1/7}{1+1/3+1/7} & \frac{1/5}{3+1+1/5} & \frac{1}{7+5+1}\end{bmatrix}$$

$$\Rightarrow\begin{bmatrix}0.677 & 0.714 & 0.538\\ 0.226 & 0.238 & 0.385\\ 0.097 & 0.048 & 0.077\end{bmatrix}$$

按行求得：$\begin{bmatrix}1.929\\ 0.849\\ 0.222\end{bmatrix}$，将该列归一化，得到权重$\begin{bmatrix}0.643\\ 0.283\\ 0.074\end{bmatrix}$

利用上述公式计算得到 $\lambda_{max}=3.00$，$CI=0.00$，$RI=0.58$，$CR=0.00<0.1$，矩阵通过一致性检验。

按照此方法，对 B_1、B_2、B_3 矩阵进行归一化处理和一致性检验。

$$B_1=\begin{bmatrix}1 & 1/4 & 3 & 8/5 & 4\\ 4 & 1 & 4 & 7/5 & 5\\ 1/3 & 1/4 & 1 & 1/3 & 3\\ 5/8 & 5/7 & 3 & 1 & 10/3\\ 1/4 & 1/5 & 1/3 & 3/10 & 1\end{bmatrix}$$

$$B_2=\begin{bmatrix}1 & 4 & 17/4 & 4 & 6\\ 1/4 & 1 & 2 & 1/3 & 4\\ 4/17 & 1/2 & 1 & 1/3 & 3\\ 1/4 & 3 & 3 & 1 & 7/2\\ 1/6 & 1/4 & 1/3 & 2/7 & 1\end{bmatrix}$$

$$B_3=\begin{bmatrix}1 & 1/2 & 1/3 & 3 & 5\\ 2 & 1 & 1/3 & 3 & 5\\ 3 & 3 & 1 & 4 & 6\\ 1/3 & 1/3 & 1/4 & 1 & 3\\ 1/5 & 1/5 & 1/6 & 1/3 & 1\end{bmatrix}$$

由上面的计算结果，可计算得到方案层平台版权的权重 $W_1=0.294$、$W_2=0.327$、$W_3=0.121$、$W_4=0.206$、$W_5=0.052$，即阅读平台版权在平台无形资产中的价值贡献比率为29.4%（见表3－50）。

表3－50　　　　　　　各方案层对各准则层的结果

准则层＼方案层	平台版权	数据财产权	外观设计权	内容平台核心算法	作品版权	λ_{max}	CI	CR
促企业发展	0.2188	0.4221	0.0953	0.2097	0.0542	5.3136	0.0784	0.0700
提高效率	0.4950	0.1349	0.094	0.227	0.0491	5.3273	0.0818	0.0731
增强稳定性	0.1805	0.2378	0.4461	0.0910	0.0445	5.2279	0.0570	0.0509

（六）评估结果的计算

综合以上对各个参数的确定，掌阅APP用户价值为198250.14万元，最终代入修正后的DEVA模型，计算得到掌阅APP整体价值为3786240.64万元。虽然这项无形资产的价值实现依附于掌阅科技这个互联网公司，但是其资产的组成具有无形资产的属性，所以掌阅APP的整体价值就是它所具备的无形资产组合的价值。而版权在无形资产组合中的占比约为29.4%，计算得到：

$K=M\times Y\times CLV\times R=1.77\times 10.49\times 198250.14\times 0.294=1113154.75$（万元）

其中，$Y=a\ln MAU-b$，$b>1$；K是产品版权的价值；CLV是用户生命周期价值；M是产品单位初始成本；R是版权的价值贡献比率。

最终求得掌阅APP的用户价值为198250.14万元，产品版权价值为1113154.75万元。

第四章　数字经济中典型资产价值评估研究

本章将通过对数字经济中典型资产的价值评估问题的分析，针对网络剧版权、动漫形象和网络游戏版权的价值评估问题展开研究，基于不同的典型数字资产选择合适的评估方法和价值评估模型，探讨针对数字经济典型资产差异化资产价值评估的假设条件，并就参数选取、评估逻辑、评估结果等问题进行分析。然后，选取具有典型性的数字资产实际评估案例进行相应的评估案例研究。

第一节　网络剧版权价值分析

随着互联网用户和移动端用户数量的猛增，网络视频产业迎来飞速发展，网络视频在网络应用中已经超过网络游戏和网络文学。其中，网络剧作为一股新生力量，显现出了井喷式的发展速度。2014 年被称为网络剧元年，全年网络剧数量达 205 部，共有 2918 集上线，点击量超百万；2015 年，网络剧的发展进入黄金时期，总数量达 379 部，同比增长 85%，全年播放量达 274.5 亿次，较 2014 年增长 1.1 倍；2016 年，网络剧市场增速放缓，由数量向质量转型，总数量达 485 部，同比增长 28%，全年播放量达 380 亿次，同比增长 1.38 倍[①]。

网络剧不仅仅是文化创意产业，同时也是版权产业。网络剧制作企业将网络剧与市场相结合，通过版权开发与交易，挖掘网络剧作品的版权价值及经济潜力，通过资金的回收和收益的实现，继而不断对网络剧产业加大投入，扩大生产，实现产业的有效循环发展。然而，我国网络剧版权评估的相关研究远远

① 2015—2016 年中国网络自制剧市场白皮书［R］. 伊恩咨询，2016.

滞后于网络剧版权评估需求，导致与网络剧版权相关的经济业务很难展开。一方面，网络剧版权价值评估的困境使得以网络剧版权为基础资产的证券化融资模式和产权交易的理论方法缺乏有效支撑，版权不能单独作为基础资产，使版权价值不能充分发挥其作用；网络剧版权等无形资产是网络剧制作企业的核心财富资源，如果不能对网络剧版权等无形资产的价值进行合理评估，则很难对这类企业的价值进行估值；另一方面，网络剧版权的流通困难直接导致制片公司的融资困难，缺乏较为合理的收益预测模型和可信的网络剧版权评估体系也一直是投资者对投资网络剧持观望态度的主要原因。

随着越来越多优质网络剧的面世，如《军师联盟》《海上牧云记》《春风十里不如你》等得到了广大网民的热烈追捧，点击量与日俱增，传播影响力日益扩大；同时，以《他来了，请闭眼》为首的越来越多的网络剧开始反向输出，不仅活跃了我国网络剧市场的版权交易，也对网络剧版权价值的理论研究和实践应用提出了更为迫切的需求。因此，建立一套合理完善的网络剧版权价值评估体系，突破网络剧版权融资的瓶颈，实现制作公司的良性循环，将成为推动网络剧产业发展的重要推动力。

一、网络剧版权概念界定

（一）网络剧概念界定

网络剧作为一种新兴的艺术形式，目前已有很多文献对其概念进行了阐述，但截至目前，还未形成一个具有相对说服力的、统一的、被大家所认定的概念。笔者对具有代表性的学者的观点进行了梳理，具体内容见表4－1：

表4－1　网络自制剧概念定义梳理

时间	作者	文章	观点
1999年	钱钰	《“网剧”——网络与戏剧的联合》	首次提出“网络剧”这一概念，定义其为“以互联网为传播渠道，并由计算机接受的，可进行实时互动的一种戏剧新形式”
2011年	曹慎慎	《“网络自制剧”观念与实践探析》	由网络媒体投资拍摄，专门针对网络平台制作并播放的影视剧
2013年	庄若江	《网络自制剧的崛起、发展与跨媒介传播》	由网站参与投资拍摄、适合视频网站播放的影视作品；与传统影视剧相比，具有投资经济、篇幅较小，主题、形式更符合网民接受心理的特点

续表

时间	作者	文章	观点
2013 年	张馨文	《网络自制剧价值链研究》	网络媒体拥有自主版权，独立或参与投资，全程参与包括剧本确定、演员选择、制作等过程，并在自身网络平台进行首播或独播的影视剧
2013 年	莫智菲	《新媒介环境下中国网络自制剧的叙事特征》	广义的网络剧包括网络连续剧和网络微电影，它区别于以网络为载体播放的电视连续剧和电影，网络剧、以网络为播出平台的电视连续剧和电影共同构成网络影视剧
2015 年	单华	《中国网络自制剧价值链研究》	网络媒体参与投资拍摄，主要针对网络平台进行播放，并拥有完全自主版权的影视作品
2017 年	戴礼蓉	《网络自制剧的价值链研究》	在互联网时代背景下产生的，以视频网站独立制作或与专业影视团队合作拍摄制作的具有连续性故事情节的影视剧

资料来源：笔者根据文献资料信息整理。

在上述文献阐述的基础上，笔者发现部分研究者倾向于认为网络剧一般包含两方面的内容：一是传统影视作品（如电视剧、电影）放在网络上进行播放，随网民兴趣自行点播；二是网络自制剧，由视频网站投资拍摄的影视作品，包括网络自制连续剧、网络自制电影、网络自制节目。笔者认为第一类应归属于网络影视剧，而非网络剧，第二类网络自制剧过于局限了网络剧的发行制作单位。同时，笔者认为网络剧应注重剧情的连续性，要有连续剧的状态，微电影与短视频虽然同属于新媒体下网络视频的范畴，但并不可将其划分为网络剧。因此，本书探讨的网络剧中不包括微电影与短视频。

基于对相关概念的解析，笔者认为，网络剧是影视技术与以互联网为基础的大众传播媒介相互作用的产物，是通过网络平台或者具备互联网链接的终端进行首次播放或独播的，由专业影视公司独立、在线视频平台独立或二者相合作，以网络受众为主体，结合传统电视剧的制作方式制作的具有连续性的剧集，视频网站对此拥有自主版权或版权购买优势。

（二）网络剧版权概念界定

我国《著作权法》第十五条规定："电影作品和以类似摄制电影的方法创作的作品的著作权由制片者享有，但编剧、导演、摄影、作词、作曲等作者享有署名权，并有权按照与制作者签订的合同获得报酬。"由前文的分析可知，版权评估的对象是指著作权中的财产权部分。网络剧作为以类似摄制电影的方法创作的作品，其版权权利形式与以电影为代表的影视剧版权财产权具有共性。但同时网络剧版权也与后者有所区别，主要体现为以下两点：

第一，权利载体不同。对于以电影为代表的影视剧，不论是电影还是电视剧版权的实现均以放映权为主、网络播映权为辅，其中电影所有者通过让渡放映权至影院或者院线和以独家或非独家转让网络播映权给各大视频网站的方式实现收益；电视剧所有者通过让渡首轮播映权、二轮播映权、网络播映权和海外播映权的途径释放版权价值。而网络剧基于不同的制作主体，其主要权利载体为网络播映权、放映权和发行权。

第二，权利交易方式不同。电影版权的交易方式多基于分账模式，当电影的放映权从制片公司流转至影院或院线进而实现票房收入时，其中票房收入的50%归影院所有，7%归院线所有，43%归制片方所有；电视剧主要通过买断或签订对赌协议的形式交割其版权权利，且由于对赌协议形式具有风险转嫁的优势，近年来受到诸多电视台的青睐。相比之下，由于网络剧制作主体的不同，其权利交易方式更加多元化，包括买断形式的版权分销模式、多平台的放映模式和多样化的分账模式。

基于上述分析，笔者将网络剧版权定义为由网络剧作品的个人或者制片公司所拥有的以网络播映权、放映权和发行权为主要载体的版权财产权，其权利形式包括由权利所有者享有的权利和转让、许可他人使用该版权的相关权利。

二、网络剧版权价值来源的界定

网络剧版权中包含的财产权主要有 13 项：电影摄制权、发行权、放映权、信息网络传播权、广播权、表演权、复制权、改编权、汇编权、翻译权、出租权、展览权和其他应由著作权人享有的权利。

网络剧开始多以工作室、独立制片人或在线视频企业自制形式出品，但随着网络剧市场的迅速发展，吸引了专业和实力强大的影视公司参与出品，或与在线视频平台联合制作，制作团队逐渐专业化。如前文所述，目前网络剧多由专业影视公司独立、在线视频平台独立或二者联合制作，基于不同的制片主体，其版权价值来源也有所差异。

第一，专业影视公司，发行权与分账收入为其网络剧版权的主要收入。发行权，即以出售或者赠与的方式向公众提供作品的原件或者复制件的权利，该价值的实现形式与传统电视剧版权分销方式相似，制片者将制作优良的影视剧以独播剧模式或非独播剧模式分销给特定的在线视频平台或多个在线视频平台。分账收入的实现是基于信息网络传播权的实现，即专业影视公司和在线视频平台达成协议，按照协议的分成比例获得网络剧在在线视频平台播出所产生的付费收入和广告收入。

第二，在线视频平台，其版权收入主要来源于放映权和信息网络传播权。放映权体现为在线视频平台将自制的网络剧反向输出到电视台。2012 年，江西卫视成功引进爱奇艺出品的电视剧《奇异家庭》，打响了业界反向输出的第一枪；2015 年，搜狐视频网络剧《他来了，请闭眼》在东方卫视的播出开启了网络剧反向输出一线卫视的先例；同年，爱奇艺与安徽卫视达成共识，《蜀山战纪之剑侠传奇》先行于 9 月22 日在爱奇艺全网独播，于 2016 年 1 月在安徽卫视跟播，打破了长久以来的台网联动和视频网站跟播模式；2017 年，腾讯视频网络剧《鬼吹灯之精绝古城》和《鬼吹灯之黄皮子坟》登陆东方卫视。互联网资本下的泛娱乐化战略布局也使在线视频平台加大了对网络剧的投资力度，在资金实力、网剧选题、制作水准等方面达到一线卫视要求的网络剧数量将会显著增长，放映权将对网络剧版权价值的判断产生重大影响。信息网络传播权体现为在线视频平台将自制网络剧在自身视频平台以无线方式公开传播作品，使公众可以在其个人选定的时间和地点获得作品的权利；在线视频平台可以通过贴片广告、定制广告和付费会员等途径获得收益，虽然付费会员收益比重增加，广告业务占比呈现萎缩态势，但广告收益目前仍是网络剧版权收益的重要来源。

鉴于此，本书将研究对象的主要价值来源界定为网络剧发行权、放映权和信息网络传播权。

三、网络剧版权价值的一般影响因素

《著作权资产评估指导意见》第 20 条对资产评估师在版权价值评估过程中需要收集的信息进行了规定，拟定了 15 类因素，可作为研究版权价值影响因素的参考，归纳可分类为法律因素、环境因素、作品因素和交易因素四个维度。结合前文的分析，网络剧版权价值主要来源于发行权、放映权和信息网络传播权。站在制片方角度，若要评估网络剧版权的价值，就是要评估版权中拆分出的这三项权利的价值，这三项权利的价值判断主要是基于作品自身因素。因此，网络剧版权价值评估中需着重考虑作品因素影响，法律因素、环境因素和交易因素对其价值实现具有辅助作用。

（一）法律因素

法律因素是指网络剧版权实施的法律环境及相关法律保护期限等情况。在此需着重考虑网络剧产权归属因素，因为网络剧可由专业影视公司和在线视频平台合作开发，视频网站对此拥有版权购买优势，这将会对其版权价值的判断产生影响。

（二）环境因素

环境因素主要指研究对象覆盖区域的社会人文环境、市场经济环境和政府规制。在人文环境方面，一个社会对盗版的打击力度和社会广泛形成的版权意识，以及移动支付带来的安全、便捷的用户体验等都会影响网络剧版权价值的实现。市场经济环境最直观的表现为近五年来同级别的影视剧网络版权费涨幅高达30倍，网络版权的泡沫使视频网站陷入恶性循环，加速催生了网络剧的出现，同时也将反作用于提高网络剧版权价值。政府规制的实施对网络剧市场具有直接的影响，如准许网络内容播出机构“自审自播”“一剧两星”和严格要求境外剧的审批程序等政策的出台，都对电视台、视频网站、影视公司各方产生了较大影响，推动了网络剧的制作和播出；但同时政策规制也为网络剧版权价值的实现带来了风险。例如，2016年初，《太子妃升职记》《盗墓笔记》《心理罪》《无心法师》《暗黑者》《探灵档案》六大网剧被广电总局下令整改下架，因内容色情粗俗、封建迷信、血腥暴力等因素违规，表明政府将加强对网络剧内容合规的监督。

（三）交易因素

版权交易因素中除了对交易历史、市场行情进行分析外，还要明确版权交易的权利种类是全部权利还是部分权利，或部分权利的具体权利种类；权利期限是合同生效之日起至著作权保护期终止还是按照合约约定的期限，一般期限越长，对应权利价值也越高；支付方式对收益流的影响，不同的对价支付方式对交易权利的价值也会有影响。

（四）作品因素

在网络剧版权价值形成中，作品因素是版权价值的内因，也是最重要的因素，包含作者、作品类型、作品基本情况、作品内容、制作成本等。除此之外，还要考虑编剧的知名度及参演人员的演技、口碑和观众的认同度等。该部分将会在后文的研究中进行详细分析。

通过上文的分析，在应用传统评估方法对网络剧版权价值进行评估时并不能充分反映其价值。简言之，上述方法未考虑到标的资产收益的不确定性以及管理者积极主动决策所带来的增值收益。实物期权法作为一种动态的评估方法，充分地考虑了不确定性和灵活性在网络剧版权价值评估中的作用，为其价值判断提供了一种新思维。

四、网络剧版权价值期权特性识别

实物期权的思想认为，任何一个标的资产的价值等于其未来现金流的现值之和，加上其背后隐含的实物期权的价值。因此，要对网络剧版权进行估值，必须先识别出其背后所隐含的各种实物期权。根据前文对网络剧版权价值特性的分析，可以得知网络剧版权价值存在着高不确定性和高不稳定性。因此，采用实物期权的方法对网络剧版权进行估值是有依据的。结合实物期权的特征与版权价值不确定性的对应关系，本书将从以下三个方面对网络剧版权的实物期权属性进行识别。

（一）监管法规趋严，加大了收益不确定性波动

2012 年 7 月广电总局发布的《关于进一步加强网络剧、微电影等网络视听节目管理的通知》及 2014 年 1 月发布的《关于进一步完善网络剧、微电影等网络视听节目管理的补充通知》等规定网络剧的内容审查机制实行“自审”制，即将播出前的审核权下放给播出机构。宽松的审核机制引发了诸多“擦边球”事件的发生，主要表现为部分涉及刑侦、灵异、暴力题材的网络剧明显背离主观价值观，低俗化倾向突出。2016 年初，《太子妃升职记》和《盗墓笔记》等六大网剧因被举报“涉及血腥暴力、色情粗俗、封建迷信等”被广电总局下令永久停播或删改再审；同年，《余罪》《灭罪师》《暗黑者 2》等多部网剧再遭下架；同时，2016 年仅在网络剧内容方面，广电总局就处理了 150 多部内容存在违规的网络剧，并有 400 多部网络剧及网络电影，由于价值观模糊问题，没有通过备案公示；2017 年 2 月，腾讯视频在公号上发布 109 部网络剧因未在片头添加网络视听节目信息备案编号而下架的重要通知。该些举措引起了业界对总局加强网络剧监管力度的猜测。政策“松绑”的力度将直接决定网络剧产业的丰富性、多样性和市场空间。因此，随着直接或间接规制网络剧的政策、行政法

规、行政监督要求等通知的陆续出现，其中存在的标准尚不清晰、流程尚不成熟、职能部门尚不明确等问题抬升了网络剧版权的收益风险。

（二）网络剧版权收益呈现动态序列性

网络剧的自身发展也具有明显的阶段性特点，通过前一阶段的发展状况可以选择下一阶段的发展方向。例如，在线视频网站推出或专业影视公司推出一部作品之后，若该部作品取得了良好的收益，则下一阶段制片方可以选择拍摄网络剧的续集。例如，《暗黑者》和《无心法师》在上映后取得了不错的口碑和市场关注度，因此继续拍摄了多部续集。此外，制片者可以选择开发与网络剧相关的衍生产品或进行扩窗发行等来获取收益，如通过网游联动的形式将网络剧的价值变现转移到另外一个品类。同时，如果在网络剧拍摄过程中，市场环境不好或者出现其他一些情况，制片人可以采取收缩的投资策略，甚至放弃拍摄网络剧，以避免更大的损失。网络剧版权的这种动态序列性使得制片人拥有较多类似期权的选择权，如延迟期权、放弃期权、扩张期权等。

（三）网络剧版权收益的高风险性

网络剧以低成本打擦边球的时代已经过去，网络剧创作正从追求数量向提升品质转变，随之也将提升网络剧创作资本投入。2014 年，根据 IP 改编的网络剧有 22 部，占全年播出网络剧项目数的 10.7%，但其共计 38.18 亿的点击量却占 2014 年网络剧总点击量的 31%，由此可见 IP 对网络剧收益能力的显著影响。网络剧 IP 的高投入能否带来高收益也加大了网络剧盈利能力的高风险性。同时，通过专业化、精品化制作的版权分销至其他平台实现网台联动的超级网络剧，需要投入较多资金；但网络剧反向输出到电视台，需经过投资、制作、营销、审批、发行等多个环节，每一个环节都存在不确定因素，高投入制作的网络剧并不一定最终能通过审核及实现反向输出，从而也加大了其收益的风险。

五、实物期权适用性分析

实物期权的思想方法并不集中在对单一现金流的预测上，而是把分析集中在标的资产所具有的不确定性问题上，认为不确定因素是具有价值的。网络剧作为新兴的影视剧形式，其版权价值相比于其他影视剧具有更大的不确定性。因此，与传统的价值评估方法相比，基于以下分析笔者认为实物期权定价法更能凸显出网络剧版权价值的不确定性特征，增强其版权价值评估结果的合理性和前瞻性。

（一）监管政策趋严有利于活跃版权交易市场

网络剧审查政策的一步步收缩（见表4－2），使近年来高歌猛进的网络剧市场喜忧参半。在短期内，内容创新将会受到一定限制，对于内容质量的把控责任度和烦琐程度将会提升；但从长远来看，这是制片者自我约束和提高的机遇，有利于规范、肃清网络剧环境，倒逼网络剧内容制造的规范化、工业化生产，促进精品网络剧的制作，形成产业的良性循环发展。但由于短期、长期的时间阶段并未有专家给出分析，也使得未来收益风险的不确定性难以预测，实物期权法的应用则对该不确定因素的价值给予了肯定。笔者认为，随着电视剧网络剧审查标准趋于统一以及网络剧精品化发开的趋势，网络剧中的优质内容将有望更加顺利地进入其他媒体平台，实现网台联动、网游互动等，从而有利于活跃网络剧版权交易市场，提升网络剧版权价值。

表4－2　　广电总局加强网络剧播放监管

序号	名称	年份	内容
1	《关于进一步加强网络剧、微电影等网络视听节目管理的通知》	2012	明确了网络视听节目应由获得政府许可资质播出的网站先审后播、自审自播
2	《关于进一步完善网络剧、微电影等网络视听节目管理的补充通知》	2014	明确了网站不能播出没有资质的机构制作的网络视听节目
3	再度重申先审后播的审查制度	2014	强调《补充通知》中的细则，违规者5年不得从业，细化了对“问题节目”的处理措施
4	广电总局局长在“第二届中国网络视听大学”的发言	2014	“线上线下要统一标准”
5	《关于进一步加强网络原创视听节目规划建设和管理的通知》	2016	明确了网络视听内容与电视播出内容标准一致。通过事前备案登记将监管前置
6	《关于支持电视剧繁荣发展若干政策的通知》	2017	再次强调了对网络剧和电视剧实行统一标准进行管理

资料来源：笔者根据相关监管法规资料信息整理所得。

（二）后续投资有望带来潜在获利机会

由上文的分析可知，网络剧包含衍生品的开发以及和其他媒体平台的交错。制片人可以根据网络剧播出后用户的反馈和市场变化情况，选择是否进行后续投资。若网络剧作品取得了不俗的市场收益，表明观众对该部网络剧的题材、拍摄、演员等水平给予了较高的认可，此时制片人可将该网络剧版权作为一个IP进行全产业链运营，继续跟进开发与网络剧相关的各种衍生品，如拍摄续集、出版动漫书籍、开发网络游戏等；若该网络剧并未取得良好的市场收益，制片者则可以采取收缩的投资策略，及时止损。实物期权法的应用反映了管理柔性对网络剧版权价值的影响，对该不确定因素的获利能力给予认可。

（三）实物期权法有利于全面认识网络剧版权价值

在前述的研究中，学者多运用收益法对影视剧版权进行评估。但收益法往往认为资产价值是一个确定值，侧重于用静态的观点对版权价值进行评估，忽视了当未来影响收益的因素与预测不一致时价值评估结果所发生的偏差。网络剧作为新事物，还处于探索发展阶段，其版权价值会随风险和机会的变化而改变。运用实物期权法评估网络剧版权价值，能有效地将资产的静态价值与动态价值、现实价值与未来投资价值相结合，更加全面、合理地评估网络剧版权价值。

笔者选择将B－S模型运用于网络剧版权价值的评估中。从B－S模型的相关公式及推导可知，模型的参数主要有五项：标的资产价格、期权的执行价格、执行期限、波动率和市场无风险利率。因此，运用该方法进行估值的重点是分析确定上述各项参数。

第二节　期权法评估网络剧参数的确定

一、网络剧版权收入结构的解构

（一）网络剧版权收入的构成

在考虑网络剧版权潜在的期权价值时，其现阶段的价值主要来源于版权分销、定制收入、广告收入以及正在逐步探索的付费分成和全产业链运营所带来的衍生产品收入①。超级剧情的网络剧因其多为专业的影视公司及视频平台独立或联合制作，投资资金较为充足，且考虑将来版权需输出到其他平台，因此在

① 周志平．网络剧盈利模式分析［J］．数字时代，2016（04）：43—47.

制作中定制的广告情节较少，定制收入在其总收益中所占比重较小，在此不予考虑。同时，衍生产品所带来的盈利能力需建立在其全产业链开发或较高的观众认可度的基础之上，更多地体现为期权价值。对于一部刚上映的网络剧，其正处于观众认可度的培育阶段，也正处于衍生产品的孵化阶段，并不能在短期内带来衍生产品收入的增长。综上，本书认为超级网络剧版权收入主要来源为版权分销、付费分成和广告收入，如图 4－1 所示。

网络剧版权收入来源
- 购买版权＝单集价格×集数×部数
  （超级网剧：总点击量＞15 亿、头部网剧：5 亿＜总点击量＜15 亿、其他网剧：总点击量＜5 亿）
- 付费分成＝会员（拉新会员）有效点击量×每集单价×分成比例
- 广告分成
  - ＝贴片广告收入×（1－运营成本%）×分成比例
  - ＝植入广告收入×（1－代理成本%）×分成比例

图 4－1　网络剧版权收入构成

（二）网络剧版权收入构成的解构

在网络剧兴起之前，广告收入作为视频平台的核心收益来源，主要依靠视频片头片尾或插片播放的贴片广告。该类广告在保证大量的品牌曝光的同时，因为与正文内容的隔离，并且随着视频平台不断提高正片前广告时长，用户对此类广告较为抗拒，观看、点击意愿较低。除广告形式本身的缺点外，随着会员数量的增长，一定程度上影响了贴片广告的曝光数量，压缩了未来的增长空间。历年来的在线视频行业收入占比能很好地反映这一变化，如图 4－2 所示。

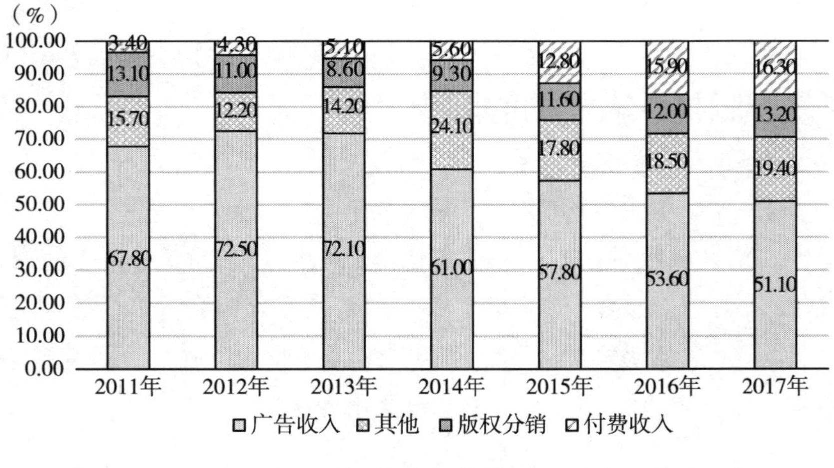

图 4－2　2011—2017 年中国在线视频行业收入构成比例

而随着网络剧的兴起，为在线视频平台的营销带来了优质的传播载体，深度的、有创意的内容营销在用户体验和营销收入之间找到了相对稳定的平衡点，也使收益结构得到了优化，版权资源得到全方位运营。广告收入作为网络剧收益的重要来源，整体规模上仍呈现稳定的递增趋势，但其增速正逐渐放缓，未来在网络剧收入份额中将呈现下降趋势。同时，随着商业模式的多样化和各大视频都致力于打造差异化品牌、推出独播剧集，以及国家相关部门对盗版内容的打击整治和移动支付的普及，版权分销、付费分成在整体收入中所占的比重将逐渐增大，其变化趋势如表 4－3 所示。

表 4－3　2013—2020 年广告收入、付费收入、版权收入的变动情况

	2013 年	2014 年	2015 年	2016 年	2017 年	2018 年	2019 年	2020 年
广告收入（亿元）	98.0	151.9	233.1	326.2	431.9	548.7	686.9	843.5
增长率	47.2%	54.9%	53.3%	40%	32.4%	27.3%	25.2%	22.8%
付费收入（亿元）	6.9	13.9	51.5	120.9	236.4	391.3	576.9	755.7
增长率	74.9%	100.9%	271.7%	135%	95.6%	65.5%	47.2%	31.2%
版权收入（亿元）	—	30	54	86	138	—	—	—
增长率	—		80%	59.3%	60.46%	—	—	—

资料来源：艾瑞咨询，《2017 年中国网络自制内容行业研究报告》。

网络剧作为在线视频行业的重要组成部分，其各部分收益占比大体上也符合在线视频收益构成。首先，广告收入是网络剧收益的主要来源，占整体收益的 50%—60%，但其未来增速将会放缓，占整体收益的比例将会有所下降，因此我们合理假设广告收入占网络剧版权收益的比例为 50%。其次，在线视频行业的用户付费经过多年发展和积累，在网络剧市场迅猛发展的大力推动下迎来转折点，用户付费市场的爆发是整个行业探索和积累的必然结果，未来几年的市场规模仍将保持高速增长，付费用户的运营也成为未来 1—3 年在线视频平台的核心战略之一。同时，付费用户在整体在线视频用户中的渗透率仍然较低，市场发展潜力巨大。基于此，我们假设付费收入占网络剧版权收益的比例为 25%。最后，经过网络剧市场的爆发式发展，早先低成本、糙制作的网络剧逐渐不被市场所认可，随着现象级作品强大吸金能力的市场表现，精品化制作的网络剧正逐渐成为发展趋势，越来越多的网络剧开始反向输出，登陆电视台，这对于超级网络剧而言，版权分销所带来的收入增加也将十分可观。在此分析上，假设版权分销占网络剧收益的比例为 15%。

二、网络剧版权收入评估重点

（一）网络剧版权收益评估切入点

由上述分析可知，网络剧版权收益主要来源于广告收入、付费收入和版权分销，其占整体收益的比例分别为50%、25%和15%。其中，虽然版权分销收益所占比例较低，但基于以下三个因素，本书拟以此为切入点，对网络剧版权收入进行分析：

1. 凸显“内容为王”的网络剧特点。对于在线视频平台，内容是用户真正追求的东西，决定着用户的走向。通过内容留住客户才能实现流量变现，消化高昂的制作成本，这一点对于网络剧中的长剧而言尤其重要。而版权分销的实现则是对该类长剧内容品质的肯定，因为版权分销收益的实现是以网络剧获得广电总局的上映审批为前提。与视频平台播放审批要求相比，广告总局对在电视平台上上映的网络剧具有严格的质量要求：一是对题材的把控更加严格，凡是涉及暴力、色情、鬼魂、穿越、娱乐化抗战等题材的剧集都会被要求责令整改，确保网络剧题材符合社会价值观，播放许可具有持久性，规避了制作完成后被要求下架的风险；二是该类网络剧一般由专业的影片制作公司或视频平台独立或联合制作，并邀请知名导演执导，投资金额较高，制度水平精良，消除了观众“五毛钱特效”的负面印象，有利于赢得良好的口碑，也为其衍生产品的制作与开发奠定良好的市场基础；三是该类网络剧一般为IP改编剧，拥有天然粉丝基础，同时近年来众多明星涉足参演该类网络剧，演员阵容甚至超过电视剧，也使得该类网络剧自带话题度，引流能力显著。因此，版权分销收益的实现是对网络剧“内容为王”这一核心盈利要素的认可。

2. 衡量收益能力的基础环节。网络剧的广告收入和付费收入是对以网络剧内容为核心要素的市场反应，其实现水平与网络剧内容有着直接的联系，如表4－4。

表4－4　　各视频平台用户付费原因

	乐视	爱奇艺	优酷土豆	腾讯	搜狐
免除广告	50%	54%	51%	55%	48%
提前收看优质资源	49%	54%	43%	45%	45%
独家视频内容选择权	46%	48%	43%	42%	45%

续表

	乐视	爱奇艺	优酷土豆	腾讯	搜狐
高清晰度画面	27%	31%	28.5%	33%	30%
会员专属福利和优惠	27%	25%	28%	26%	22.5%
尊贵感觉	22.8%	23.6%	22.6%	23.7%	18%

资料来源：艺恩咨询，《中国互联网影视付费用户研究报告》，2016.11。

由此可见，在各视频平台用户付费原因中，除去免除收看广告烦恼这一传统用户体验诉求外，与网络剧内容密切相关的优质资源和独家视频的观看诉求正激发大量视频平台用户转变为付费用户。可见，良好的广告收入和付费收入离不开优质剧集内容的支持，而版权分销收益的实现正是对网络剧“内容为王”这一核心盈利要素的肯定，也为以内容为核心的广告收入和付费收入的实现提供了稳定的可靠的保障和收益基础。

3. 资料获取的可行性。网络剧获利能力分析是评估网络剧版权收益的重要环节，合理的获利能力预测是建立在对具有代表性的网络剧所带来的广告收入、付费收入和版权收入数据分析基础之上的。但通过对数据的前期搜集整理，笔者发现只能获取广告收入和付费收入的总量数据，并不能查找到每部网络剧自身所产生的广告收入和付费收入。相比之下，版权收入的实现是以单部网络剧为计量单位，能更好地分析单部网络剧所具备的版权盈利能力，与本书的研究对象相匹配。随着版权分销交易的日渐频繁，该类数据具有较高的获取性和可行性。

（二）影响版权分销收入的核心因素

网络剧版权分销的实现建立在精良的制作水平和严格的审批程序基础之上，其整体水平的提高使其与电视剧高质量水平之间的差异正在逐渐缩小，甚至有反超的趋势。现阶段网络剧的播放渠道主要以在线视频平台为主，因此对网络剧版权分销收益的评估可以转化为对电视剧网络播映权收益的分析，从而为网络剧版权收益的合理预测提供基础。

“天价”电视剧网络播映价格频现的背后是视频平台对电视剧引流能力的乐观预期，而在视频平台中直接反映电视剧引流能力高低的指标为播放量，所以影响电视剧网络播映收益的最为重要因素是播放量。播放量高的电视剧在开播前的时段总是能给视频平台和广告商带来黄金效益的稀缺资源，同时增强观众粘性。因此，如果能够量化并准确地预测电视剧的网络播放量，那么将会更加强调资源投放的精准性和电视剧网络播映收益评估的科学性。

三、网络剧版权分销收入的预测

（一）版权分销收入的预测思路

本书采用构建回归模型的思路，对网络剧版权分销收益进行预测。由上文的分析可知，播放量是影响电视剧网络播映权收益的关键因素，两者在理论上应当呈正相关关系，即高播放量对应高网络播放权收益。首先，选取具有代表性的电视剧，对其播放量和网络播映权收益进行线性分析，判断两者之间是否存在线性关系。若两者之间具有线性关系，则从播放量的影响因素中选取主要指标作为自变量，以“播放量”作为因变量，通过对相关的自变量进行量化，进而构建出影响因素和播放量之间的多元回归模型。在模型构建完成后，选取2017年播放量排名前十位的网络剧对模型进行验证，并作出相应解释和调整。最后，将线性分析和多元回归模型相结合，进而预测被评估对象的版权分销收入。

（二）网络剧播放量影响因素

在借鉴国内外学者研究成果的基础之上，本书从网络剧实现播放的创意、制作和推广三个阶段出发①，研究各个阶段相关变量对网络剧播放量的影响。同时，引入了新兴媒体对于网络剧播放量的影响，充分考虑了网络剧的互联网属性。具体指标如表4－5所示。

表4－5　网络剧播放量的影响因素

一级指标	二级指标	具体指标	指标含义
创意阶段	网络剧题材	主要是视频平台网络剧题材、网络元素数量	反映网络剧的受欢迎程度
	IP效应	原IP受众体量（以点击量、阅读量为主）	反映IP知名与否
	可转化性	含有血腥、暴力等政策限制元素的关键情节的数量	反映题材审核通过程度

① 锦慧，白敬璇．基于IP视角下的网络剧价值评估影响因素分析［J］．中国海洋大学学报，2016（5）．

续表

一级指标	二级指标	具体指标	指标含义
制作阶段	导演	导演往期作品的数量、最近一部电视剧或网络剧的点击量	反映导演的知名度水平及作品把控能力
	主演	主演出演电视剧或网络剧的数量、上一部剧的点击量	反映主演的粉丝号召力及作品的把控能力
	制作公司	制作公司的作品年出品数量及点击量	反映网络剧的技术水平和质量
		制作成本	
推广阶段	播出渠道	视频平台	两者交互影响
		电视台	
	粉丝关注度	微博粉丝关注度	反映网络剧的微博热度
		微信搜索指数	反映网络剧的微信热度
		百度搜索指数	反映网络剧的互联网关注热度

资料来源：笔者根据相关文献资料信息整理所得。

四、版权分销收入影响因素的量化

（一）创意阶段

1. 网络剧题材。网络剧题材反映了该类型网络剧在市场的受欢迎程度。由于播映渠道的变迁和转移、网络渠道的特征以及网络用户求新求快的内容需求，网络剧在对传统电视剧题材继承的基础上，更加敢于冒险和试错，进化速度更快，出现的新题材也更多。据骨朵数据统计，2017 年全网的网络剧共涉及 21 个题材①。本书对其进行重归梳理，归纳为喜剧、爱情、古装、奇幻、悬疑、科幻、剧情和都市八个大题材。图 4－3 给出了近三年网络剧类型占比情况。

① http：//news. guduomedia. com/？ cat＝4325.

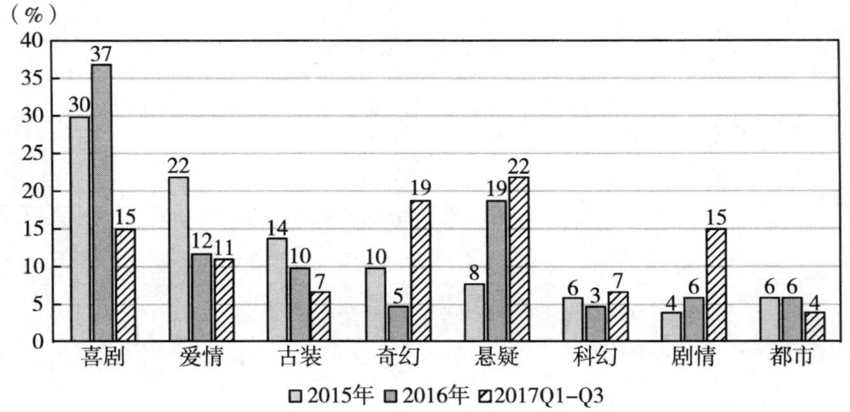

图4－3　2015—2017年第三季度上映网络剧类型的占比情况

较以往不同的是，喜剧这一网络剧传统优势题材类作品的热度有所减退，并且在网络剧精品化的进程中，奇幻、科幻类剧集受限于特效和成本而增长缓慢，爱情、喜剧类剧集容易流于平淡而呈现下降趋势，重在剧情呈现且风格吸人眼球的悬疑剧的市场反应良好。同时，网络剧的数量占比和播放量占比并不成正比关系。2016—2017年播放量排名前50位的网络剧以悬疑、爱情、奇幻等为主，悬疑和奇幻剧分别占三成以上的流量，爱情剧集占二成的流量，这三大类型剧集的数量占比均远低于流量占比。虽然其中悬疑剧因含有大量恐怖、灵异等情节，易触碰政策红线，但随着网络剧对质量的高要求及制作团队的高水准，在拍摄时做到合理平衡，将极大规避审查改正的风险。综上，笔者认为网络剧类型与播放量之间具有线性关系，并在实证分析时将网络剧类题材分为三大类进行统计，分别为：①以悬疑、奇幻、爱情为主；②以喜剧、古装、剧情为主；③以科幻、都市为主。

2. IP的引流效应。IP是预测网络剧播放量的重要因素。其关键原因是绝大部分IP改编网络剧源自网络小说，二者都属于网申内容，受众重合度极高。IP具有显著的导流效果，高播放量的网络剧基本都源于IP改编，因此在一定程度上IP能够吸引更多的用户，带来更多的流量，有效控制投资风险。2015年排名前50的网络剧中，由IP改编的为12部，占24%，2016年排名前50的网络剧中该数量为21部，占42%。表4－6给出了2015年、2016年排名前十位的网络剧的IP改编情况。IP正持续释放能量，助力头部作品进行粉丝转换。

表 4－6　2015 年和 2016 年播放量排名前十的网络剧的改编情况

排名	2015 年		2016 年	
	播放量 Top10	是否 IP	播放量 Top10	是否 IP
1	盗墓笔记	是	老九门	是
2	花千骨	是	鬼吹灯之精绝古城	是
3	暗黑者 2	是	最好的我们	是
4	执念师	原创	我的奇妙男友	原创
5	无心法师	是	余罪	是
6	校花的贴身高手	是	如果蜗牛有爱情	是
7	灵魂摆渡 2	是	余罪第 2 季	是
8	他来了，请闭眼	是	极品家丁	是
9	心理罪	是	九州天空城	原创，故事架构《九州》
10	纳妾记	是	法医秦明	是

资料来源：《2016 年中国网络剧行业研究报告》。

以 IP 为基础的网络剧往往能够取得较高的播放量，但并不意味着所有的 IP 对于网络剧都具有极强的引流效应。在此，引入原 IP 受众体量，以衡量 IP 对于播放量的积极作用，具体指标为点击量、阅读量等可查阅的数量指标。因此，当受众体量 >50 万次时，赋予该指标 1 分；当受众体量 <50 万次时，赋值为 0。

3. 可转化性。该因素主要考虑网络剧实现版权分销的审核机制问题，这在网络剧版权收益评估中的重要性日渐突出。一方面，近年来广电总局加强了对网络剧的播出审核机制，尤其是一些涉及暴力、血腥、惊悚等题材的网络剧易触碰到审核红线；另一方面，通过上文的分析可知，悬疑剧数量正呈现逐年递增的趋势，在线播放量居高，而悬疑剧的题材本身较为敏感，面临未通过审核、下架、禁播的风险较大，从而加大了其版权分销收益实现的风险性。

2016 年被下架的网络剧有《太子妃升职记》《心理罪》《灵魂摆渡 2》《盗墓笔记》《暗黑者》《探灵档案》《暗黑者 2》《余罪 1》《余罪 2》《灭罪师》。笔者整理发现，除了《太子妃升职记》是因为扭曲价值观，其余均是因为剧集内容涉及血腥、犯罪、灵异等元素而下架。因此，当剧集充满大量审核敏感内容时，赋值为 0，反之赋值为 1。

（二）制作阶段

1. 导演、主演。导演一直是一部网络剧质量高低的关键评价标准。在判断导演对网络剧播放量影响的强弱时，可选用两个指标作为量化指标：导演近三部作品的骨朵数据评分以及执导的近三部作品的平均播放量；同样地，也可以选取明星主演的近三部作品的平均播放量和 Vlinkage 艺人指数作为量化明星这一因素的指标。本书选用 2016 年播放量分别排名前十位和后十位的网络剧，对其上述因素进行对比分析，统计结果如表 4－7 所示。

表 4－7　2016 年播放量排名前十位和后十位的网络剧导演、主演

排名前十位	名称	播放量（亿）	导演	近三部播放量（亿）	近三部评分	主演	近三部播放量（亿）	近三部评分
1	老九门	115.00	梁胜权	86.10	4.13	陈伟霆	86.2	5.9
2	鬼吹灯之精绝古城	45.20	孔笙	137.8	8.12	靳东	83.3	7.8
3	最好的我们	30.30	刘畅	30.3	8.70	刘昊然	30.3	8.7
4	我的奇妙男友	27.40	邓科	21.6	5.43	吴倩	18.6	6.45
5	余罪	27.30	张睿	32.7	7.70	张一山	42.6	6.3
6	如果蜗牛有爱情	23.90	张开宙	18.7	6.30	王凯	49.8	6.9
7	余罪 2	21.50	张睿	32.7	7.70	张一山	42.6	6.3
8	极品家丁	21.40	王为	18.3	4.97	陈赫	20.7	4.2
9	九州天空城	18.40	杨磊	19.0	4.65	关晓彤	19.8	5.8
10	法医秦明	16.50	徐昂	11.5	6.95	张若昀	49.7	6.2
平均		**34.69**		**40.87**	**6.47**		**44.36**	**6.5**
排名后十位	名称	播放量（亿）	导演	近三部播放量（亿）	近三部评分	主演	近三部播放量（亿）	近三部评分
1	怂人列传	0.331	商培玺	0.331	—	商培玺	0.331	—
2	青春鸡尾酒	0.0462	王军	0.0509	—	陆思宇	2.42	—
3	鸡毛蒜皮	0.0782	周昕毅	0.0782	—	宋柯君	0.0782	—
4	奇葩兄妹	0.0846	潘昊	0.0846	—	李之浩	0.54	—
5	暮光之瞳	0.0918	赵箭	4.75	3.9	黄维德	3.68	4.1
6	别担心！会红的	0.25	陆春伟	0.25	—	杨礼	0.25	—

续表

排名后十位	名称	播放量（亿）	导演	近三部播放量（亿）	近三部评分	主演	近三部播放量（亿）	近三部评分
7	整垮前女友	0.40	范金轩	0.40	—	孙坚	4.77	5.2
8	学渣少年	0.42	牛朝阳	0.42	—	牛信信	0.42	—
9	深井食堂	0.84	张京	0.84	3.8	岳云鹏	1.17	—
10	女总裁的贴身高手	2.30	闫乐阳	2.95	4.1	赵予熙	1.43	—
平均		**0.45**		**0.98**	**—**		**1.48**	**—**

资料来源：播放量数据来自骨朵数据，导演、演员评分数据来自骨朵数据及对公开资料的整理。

从该表可以看出，网络剧播放量排名前十位的导演和演员，不论从网站评分还是从近三部作品的播放量看，都远超2016年排在后十位的网络剧。由于篇幅有限，网络剧的其他演员的数据没有在表中列出。基于演员的数据差距更大，所以不论在演员数量还是质量上，排在后十位的网络剧与前十位的差距都十分明显。由此本书做出假设，网络剧播放量的多少与导演、明星近三部作品的评分以及播放量之间存在一定的线性关系。

明星主演的网络剧拥有强大的粉丝效应，并且通过其历史作品，用户形成的晕轮效应也对播放量具有影响。本书以寻艺网站①半年期明星综合指数作为参考，明星指数>8的共有15位明星；7<明星指数<8的共有108位明星。有关导演的相关分析，主要是通过艺恩咨询的报告，除去主要拍摄传统电视剧、电影的导演，并综合该导演社会影响力、媒体曝光率、业内影响力和普通观众认可度，以出现在统计表中的次序为标准对导演进行赋值，见表4-8。

表4-8　导演赋值表

排名	导　演	分值
1	梁全胜、孔笙、张开宙	5
2	张睿、徐昂、五百、王伟、侣皓吉吉、杨磊、赵小溪、杨苗、吕行、姚婷婷、王骏晔、刘畅	4

① 寻艺网站：http：//www.xunyee.cn.

续表

排名	导　演	分值
3	田里、元德、朱凌锋、张琦、李洪绸、巨兴茂、毕鑫业、杨东亮、唐彬、刘循子墨、十一月、李小江、周琳皓、余庆、张明国、沙漠、李遥波、孙博、陈鹏、罗安得	3
4	至尊玉、李泽露、郭春晖、尹琪、赵世尧、江丰宏、任海曜、刘嘉殷、黄凯、王为、沈沁源、黄元达、孙恺凯、尚涛、曹东吾、吴建新、沈婳、丁伟、唐韬、张荣华、李泽露、邓科、郭志杰、谭嘉言、探花、沈文帅、石桀锐、赵一龙、李秉光、猫的树	2
5	曾丽珍、林育塘、杨英英、吕飞、胡宗祥、连奕琦、孙承志、郑军、王光利、丁伦、吴建新、成卫平、霍志楷、任海涛、李博恩、邱皓洲、蔡聪、李云亮、陈帅、林健龙、武晓辉、佟皓宇、马华干、冯子华、赵人秀、孙超、薛海涛、张杰、丁璐、梁昊、孙嘉俊、李昕芸、范立孔、张恩嬅、贾永华、吴建新、李晨曦、冯家瑞、引人入胜、林小鑫	1

资料来源：http：//www. xunyee. cn。

2. 制作公司。网络剧的制作主体主要为制作公司、视频网站和影视公司。其中，制作公司占比最高，但具备优质制作能力的制作公司却较少，主要网络剧制作机构有万合天宜、芭乐互动、耀客传媒。视频网站主要包括用户熟知的爱奇艺、腾讯、搜狐、乐视、优酷五大平台，其每年参与制作的网络剧数量都居高位。参与网络剧制作的影视公司虽然整体数量较少，但拥有稳定的专业团队和丰富的制作经验。近年来，精品网络剧都出自影视公司之手。主要的影视公司包括欢瑞世纪、慈文传媒、华策影视和正午阳光。近年来网络剧的制作情况如表4－9所示。

表4－9　2015—2016年电视节目制作公司网络剧制作情况统计

制作主体	名称	数量			代表作	单部最高播放量/集（亿）
		2015年	2016年	2017年		
制作公司	万合天宜	3	3	1	《万万没想到》《报告老板》《名侦探狄仁杰》《异能家庭》	0. 64
	芭乐互动	1	1	2	《恶魔少爷别吻我》第一季、第二季、《诡案》《校园篮球风云》	0. 53

续表

制作主体	名称	数量			代表作	单部最高播放量/集（亿）
		2015年	2016年	2017年		
制作公司	耀客传媒	0	1	3	《鬼吹灯之黄皮子坟》《幻城凡世》《奇星记之鲜衣怒少年时》	1.35
视频网站	爱奇艺	11	20	16	《灵魂摆渡》《最好的我们》《老九门》《余罪》《河神》	2.53
	腾讯（包含企鹅影业）	6	22	11	《灭罪师》《慎点》《重生之名流巨星》《老炮儿》《九州天空城》	2.15
	搜狐	6	8	11	《法医秦明》《执念师》《匆匆那年》《他来了，请闭眼》	0.83
	优酷	8	10	15	《十宗罪》《终极一班4》《皇恩浩荡》《热血长安》	2.21
	乐视（包含乐视影业）	5	6	4	《女总裁的贴身高手》《睡在我上铺的兄弟》《苏染染追夫记》	0.12
影视公司	欢瑞世纪	1	2	0	《盗墓笔记》《青云志》《青云志Ⅱ》	3.65
	慈文传媒	1	2	0	《老九门》《暗黑者》《花千骨》《示铃录》	2.53
	华策影视	0	2	4	《怒江之战》《我的奇妙男友》《愿有人陪你颠沛流离》	1.05
	正午阳光	0	2	0	《鬼吹灯之精绝古城》《如果蜗牛有爱情》	2.15

资料来源：笔者根据公开资料信息整理所得。

通过该表可知，随着网络剧制作由“量”到“质”的转变，各制作主体的产量均有所下降，且视频平台多通过与制作机构、影视公司合作开发，其产量下降趋势更为明显，但在整体上，随着用户需求的改变，主要网络剧制作主体每年能保证较稳定的网络剧产量。就平均单集播放量来看，制作能力由高至低分别为影视公司、视频网站、制作公司。其中，由于乐视视频近三年播放量远低于其他视频网站，在分析时将其归类为制作公司。因此，当制作主体为影视公司时，赋值为4；当制作主体为视频网站时，赋值为3；当制作主体为上述及产量较高的制作公司时，赋值为2；同时，考虑到大量制作主体虽然未在该统计表中出现，但也不能忽略其具有一定的融资能力和管理能力，在此将其赋值为1。具体情况如表4－10所示。

表4－10　　制作主体打分表

序列	制作主体	分值
1	欢瑞世纪、慈文传媒、华策影视、正午阳光	4
2	爱奇艺、腾讯视频、搜狐视频、优酷土豆	3
3	乐视视频、芒果TV、万合天宜、芭乐互动、耀客传媒、新丽传媒、世像文化、沃影传媒、阿里出品、中汇影视、合一影业、向上影业	2
4	其余	1

（三）推广阶段

1. 播出渠道。网络剧播出渠道是指网络剧的播出路径或播出平台。在经历了早期的版权烧钱卡位战之后，目前网络剧播出渠道布局为“版权崇联播，自制尚独播”，且随着网络剧精品化路径的推进，网台联动的集中度将越来越高。网台联动一方面是对网络剧质量的肯定；另一方面，通过多平台的播出渠道可以扩大网络剧的影响力，以吸引更多的用户。《老九门》《九州天空城》《军师联盟》《青云志》《假如蜗牛有爱情》等网络剧通过网台联动的播出方式都取得了较高的播放量，未来《赢天下》《春风十里不如你》《琅琊榜之风起长林》等精品网络剧都将采用网台联动的额播出方式。因此，当网络剧采取多平台的播出渠道或独播时，赋值为1，反之赋值为0。

2. 粉丝关注度。目前，网络剧因为播出渠道的属性，基本都采用网络媒体手段进行推广营销，因此这一部分的量化指标主要包括社交媒体的讨论热度以及搜索引擎的搜索热度。社交媒体的讨论热度主要反映了网络剧的口碑等效果反馈，搜索热度则主要显示了网络剧的被关注程度①。本书参考微博粉丝关注度、微信搜索指数和百度搜索指数进行分析，计算其均值作为衡量网络剧播放量高低的自变量之一。同时，由于关注度和搜索指数可能与网路剧IP有关，与前文有关IP内容的分析存在多重共线性，本书不排除这种可能，该部分内容将会在下文中详细分析。

① 祝帅．基于可扩展分解机器的搜索广告点击率预估［D］．［硕士学位论文］．浙江大学，2013.

五、收益波动率的确定

B－S模型中，波动率是一个较难确定的参数。它反映了标的资产投资收益率的波动水平，体现了网络剧投资者所能获得投资回报的变化。该参数表示期权在有效执行期限内，标的资产价值变动的不稳定性。目前，波动率可分为实际波动率、历史波动率、预期波动率和隐含波动率①。一般而言，确定网络剧版权价值波动率的方法有两种：

第一，历史波动率法。该方法是间接计算法，以公司为研究对象，将公司的收益波动率作为计算基础。计算形式有两种：一是求网络剧所属公司的收益波动率。采用纵向对比的形式，通过汇总该网络剧所属公司近几年来的股票价格波动率或者平均资产收益率，对公司的未来收益波动率进行预测，并以此作为网络剧版权价值的波动率。二是求网络剧行业的平均收益波动率。采用横向对比的形式，通过寻找与被评估对象所属公司具有相似客户群、影片产品及股票风险特征的几家上市公司，运用历史回望法，计算出各个相似公司在某期间内的股票价格波动率或平均总资产收益率，以其均值作为被评估网络剧版权价值的波动率。

第二，层次分析法（AHP法）。该方法是直接计算法。运用AHP法，对影响版权价值的风险因素进行量化。首先，需要明确影响版权价值的风险因素，并构建关于风险因素的多层次系统结构模型，确定目标层、准则层和方案层；其次，需要组织专家打分，并构造比较矩阵，专家打分一般采用1—9分制；再次，计算出权重向量检验其组合一致性；最后，构造出判断矩阵，将其带入AHP层次分析软件，直接求得各级指标的权重。

由于AHP法是一种经验性判断方法，存在较大的主观性，增加了评估结果的不确定性，因此本书主要采用历史数据的测算方法。针对网络剧而言，其波动率与制作公司和发行公司的经营管理状况密切相关。在理论上，网络剧收益波动率应等于将网络剧制作公司营业收入中的网络剧收入分出后，再将总资产中与网络剧制作相关的投资分出后，两者之间的比值，并以此作为网络剧版权价值波动率的参考。但是，在实际操作过程中，很难准确获得这两类数据。因

① 陈信华．期权定价模型中的波动率分析［J］．金融经济，2010（12）：68—70.

此，本书假设网络剧的收入与网络剧制作公司的投资之比等同于公司的营业收入与其总资产之比，同时考虑到单部网络剧作品具有个别风险，其波动率应大于网络剧所属公司的波动率，故可在公司波动率的基础上加入个别风险因素进行调整。

六、收益期限、行权价格和无风险利率的确定

收益期限指网络剧的播放期限，即网络剧从播出之日到下线之日的时间间隔。《著作权法》规定，电影作品和以类似摄制电影的方法创作的作品保护期为50年。但法律上的保护期限并不能视为收益期限，主要是因为网络剧行业内容更新迅速，随着一部剧的宣传及热播会带来极大的用户关注度，但随着首轮播出的结束，用户关注度将大幅下降，其盈利能力也随着播放周期的持续呈现下降趋势。《实物期权评估指导意见（试行）》中指出，实物期权通常没有准确的行权期限，可以按照预计的最佳行权时间估计行权期限。因此，需要具体分析网络剧的首轮播放周期，综合用户对该剧的关注度及话题度来估计最佳收益期限。

行权价格是指在执行实物期权时，买进或卖出相应资产所支付或获得的金额。增长期权的行权价格是形成标的资产投资所需要的金额。网络剧版权的行权价格即网络剧生产制作的初始投资成本。本书选用网络剧的投资额作为网络剧版权的行权价格。

无风险利率是在不考虑风险的基础上得到的理想收益率。在实际操作中，存在多种无风险报酬率的选取方式。笔者依照《实物期权指导意见》，参照剩余期限与实物期权行权期限相同或者相近的国债到期收益率来确定。虽然网络剧行权期限较短，但为了反映其对整体市场无风险利率的反应能力，笔者参照国家五年期国债利率的平均水平为本书的无风险利率。但是，由于在实物期权模型中折现率采取的是复利形式，因此需要将单利的国债利率进行简单修正，修正公式如下：

$$R = \sqrt[n]{(1 + n \times r)} - 1 \tag{4-1}$$

其中，R 是复利计算的国债利率，r 是单利计算的国债利率。

第三节 回归模型的分析与构建

一、网络剧版权分销收入与播放量的线性关系分析

根据上文的相关分析，本节将自变量确定为播放量，将因变量确定为网络剧网络播映权收益。本书样本数据为2015 年至2017 年6 月网络播放量排名前30位的电视剧或网络剧。样本的选择基于三个因素。一是时间。由于影视剧网络播映权价格自2015 年后有了大幅度提升，并且考虑到影视剧在线播放量具有阶段性，即在更新周期内播放量保持固定增量，当更新结束后，播放量急剧下降，因此本书选取的样本数据均来自2015 年1 月至2017 年6 月的数据。二是有限性。考虑到影视剧网络播放权价格不易查询，因此本书缩小了样本数量，旨在选取代表性较强的样本。三是代表性。选取的样本均是制作水平精良、播放量较高的电视剧或网络剧，由于该类剧集相关信息充足，有可靠的网络版权交易数据，而且该类剧集的制作及播映与本书研究对象契合度更高。分析结果如图4 –4 所示。

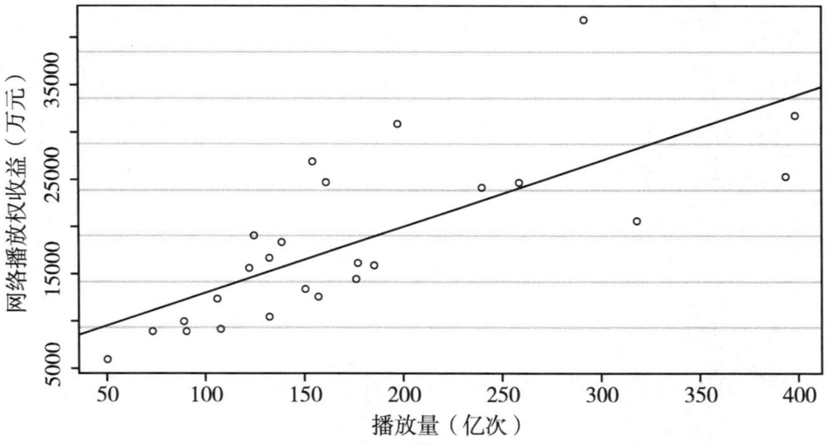

图4 –4 播放量与网络播映权收益的线性分布情况

运用SPSS 进行分析后，模型总体F 的P 值为0. 001992，且数据服从正态分布，表明该方程总体上在5% 的显著性水平检验下，Sig 值接近于0，即线性方程

总体通过了F检验，模型的线性关系成立，x和y存在显著地线性关系。

该方程中R^2为0.724，即模型总体的拟合优度较好，说明播放量对网络播映权收益解释程度较高；同时，由于$R^2<0.85$，表明网络播映权收益并不仅受播放量影响，仍存在其他变量影响其该收益的变动，但总体播放量影响程度尤为显著。

综上分析，播放量对网络播映权收益有显著性影响，且在5%的显著性水平下通过F检验，两者存在显著的线性关系，模型整体上具有较高的可信度和参考度。

得出线性关系模型为：$Y_1=69.74X+6114.35$。（4-2）

二、基于多元回归分析的网络剧播放量预测模型

网络剧播放量的多元回归模型构建思路如下：对2016年播放量排名前100位的网络剧的自变量进行量化，利用SPSS软件构建自变量和播放量之间的多元回归模型。然后，利用2017年播放量排名前10位的网络剧实际播放量对模型进行验证。将预测播放量和实际播放量进行对比，验证模型的可行性，并分析两者间误差的原因。最后，对多元回归模型进行调整，确定最终表达式。

（一）回归模型参数的确定

通过上文的分析，笔者设定了八个自变量。但可转化性是进行回归分析的基础，若不具有可转化性，则该网络剧将不会产生任何收益，所以本书的多元线性回归分析均是基于具有可转化性的假设。同时，由于播出渠道差异样本数据过少，未满足样本数量要求，在此予以剔除。综上，本章将自变量确定为：网络剧类型（X_1）、IP效应（X_2）、导演（X_3）、主演（X_4）、制作公司（X_5）、粉丝关注度（X_6）。

（二）样本选择

本书选取2016年播放量排名前100的网络剧作为分析样本数据，选取2017年播放量排名前10的网络剧作为检验样本数据。为符合研究目的，本书在原有数据的基础上剔除了两部动漫网络剧、一部下架网络剧、两部数据缺失的样本，以剩余的95部网络剧作为实证分析的样本数据。

（三）多元回归模型的构建

基于上述分析，构建多元回归模型：

$$Y_2 = \beta_1 X_1 + \beta_2 X_2 + \beta_3 X_3 + \beta_4 X_4 + \beta_5 X_5 + \beta_6 X_6 + C \quad (4-3)$$

其中，Y_2是网络剧播放量；X_1至X_6是自变量；β_1至β_6是待估参数；C是常数项。有关多元回归模型的定义，见表4－11。

表4－11　多元回归模型定义

指标类型	变量类型	变量名称	定义
因变量	网络剧播放量	网络剧播放量（Y）	亿次
自变量	创意因素	网络剧类型（X_1）	3—悬疑、奇幻、爱情；2—喜剧、古装、剧情；1—科幻、都市
		IP效应（X_2）	1—有IP；0—无IP
	制作因素	导演（X_3）	打分表3.6
		主演（X_4）	半年期明星综合指数
		制作公司（X_5）	打分表3.8
	推广阶段	粉丝关注度（X_6）	微博粉丝关注度、微信搜索指数和百度搜索指数均值

（四）多元回归模型检验及模型确定

1. 共线性检验。解释变量相关稀疏矩阵的条件数$k=5.63$，所以模型自变量间不存在多重共线性。$k<100$，表明多重共线性程度很小；$100<k<1000$，表明多重共线性程度较强；$k>1000$，表明存在严重多重共线性。

2. 自变量显著性检验。

有关自变量显著性分析，见表4－12。

表4－12　自变量显著性分析

	X_1	X_2	X_3	X_4	X_5	X_6
P值	0.634718	0.029895	1.84E－05	0.000122	0.015969	0.001429

由于X_1的P值大于0.05，未通过5%的显著性水平检验，表明X_1所代表的影片类型系数在回归方程中不显著，应予以剔除，以对回归模型进行优化。

优化后的回归模型为：

$$Y = \beta_2 X_2 + \beta_3 X_3 + \beta_4 X_4 + \beta_5 X_5 + \beta_6 X_6 + C \quad (4-4)$$

重新进行自变量显著性检验，结果如表4－13所示。

表 4-13　　重新进行的自变量显著性分析

	X_2	X_3	X_4	X_5	X_6
P 值	0.023665	1.84E-05	0.000122	0.015969	0.001429

由该表可知，自变量各系数在5%的显著水平下均显著，说明模型自变量的系数通过显著性检验。

3. 模型总体 F 检验。在5%的显著性水平检验下，Sig 值为2.2E-16，接近于0，说明回归方程总体通过了 F 检验，模型总体的线性关系成立。

4. 拟合度检验。R^2 为0.780，即模型总体的拟合程度较好，说明由自变量组成的模型对因变量解释程度较高，模型较为理想。

综上，回归方程相关系数如表4-14所示。

表 4-14　　回归方程相关系数表

模型		自变量系数	标准误差	t	Sig
Y_2	常量	-1.828	3.526	-5.183	0.000
	IP 效应（X_2）	2.704	1.174	2.304	0.024
	导演（X_3）	2.443	5.217	4.683	0.000
	主演（X_4）	2.607	6.432	4.054	0.000
	制作公司（X_5）	1.242	5.013	2.476	0.015
	粉丝关注度（X_6）	7.188	2.118	3.393	0.001

基于此，关于网络剧播放量的多元回归模型如下：

$$Y_2 = 2.704X_2 + 2.443X_3 + 2.607X_4 + 1.242X_5 + 7.18X_6 - 1.828 \quad (4-5)$$

（五）多元回归模型检验分析

2015—2017年，网络剧产业发展趋势相对稳定，通过已有数据对网络剧播放量进行预测具备一定可行性。因此，可利用上述回归方程预测网络剧播放量。

本书以2017年播放量排名前10的网络剧作为预测对象，对自变量指标进行量化，预测其播放量，并与实际数据进行对比。如果两者相吻合，则构建的模型成立；若两者相差过大，且无法做出合理解释，则构建的模型不成立。

误差解释：由表4-15可知，在预测的网络剧播放量误差结果中，有两部网络剧的误差在10%以内，有六部影片的误差为10%—20%，有一部影片的误差在20%—30%。其中，有一部网络剧（《河神》）误差过大，分析其原因主要有三点：一是IP用户基础薄弱，虽然同为天下霸唱的小说改编，但《河神》的名气较低，未形成较强粉丝忠诚度；二是明星光环不足，从导演到演员阵容都十分“小众”，缺少粉丝的关注和追捧；三是高口碑，由于缺乏用户基础，高口碑为该剧带来了巨大的关注度而不是播放量，因此导致该剧粉丝关注度指标较高，使预测结果和实际结果偏差过大。

表 4-15　2017 年 1—9 月上线网络剧多元回归模型涉及参数计算表

	名称	IP 效应	导演	主演	制作公司	粉丝关注度	实际播放量（亿次）	预测值	误差结果
1	热血长安	0	2	7.46	3	10588	87.4	76.14	-12.9%
2	春风十里不如你	1	2	7.74	2	8827	58.1	63.48	9.26%
3	射雕英雄传	1	3	6.15	3	5951	46.9	42.80	-8.74%
4	白夜追凶	0	1	7.2	2	8343	46.1	52.08	12.9%
5	双世宠妃	1	2	5.96	3	5099	41.7	36.67	-12.1%
6	镇魂街	0	1	6.18	3	2919	29.7	21.72	-26.9%
7	无心法师 2	1	3	5.83	3	3224	28.6	23.92	-16.3%
8	河神	1	1	6.99	3	4724	19.4	33.98	75.1%
9	鬼吹灯之牧野诡事	1	4	7.35	3	2071	12.8	14.92	16.6%
10	云巅之上第一季	0	3	7.79	3	1429	12	10.30	-14.2%

通过对多元回归模型进行检验可以看出，虽然误差结果无法做到与实际播放量完全一致，但从对误差结果的分析看，有 80% 的网络剧可将误差控制在 20% 以内，这表示该多元回归模型可对播放量进行大致预测。

第四节　网络剧《柒个我》的版权价值评估

一、网络剧《柒个我》概况

本书以网络剧《柒个我》为例，尝试对该剧网络播放量进行预测，分析其版权分销收入和整体版权收入，进而运用 B-S 模型评估其版权价值。《柒个我》

改编自韩剧《Kill Me Heal Me》，讲述了拥有七重人格的财阀三世和他的女主治医生之间发生的治愈、搞笑、浪漫的爱情故事，是中国首部以多重人格为题材的悬疑爱情偶像剧，具体的基本情况见表4-16。

表4-16　　网络剧《柒个我》的基本信息

中文名	柒个我（七个我）	导演	邓科
出品公司	华策影视有限公司	主演	张一山、蔡文静
发行公司	华策影视有限公司	首播时间	2017.12.13
类型	爱情、悬疑	在线播放平台	腾讯
制作成本	5000万元	集数	34集

资料来源：百度百科。

二、B-S模型中参数的确定

（一）标的资产价值S的确定

1. 网络剧《柒个我》网络播放量预测。被评估对象《柒个我》播放量收入预测模型中的自变量相关参数如下：《柒个我》改编自经典韩剧《Kill Me Heal Me》，该部韩剧在豆瓣获得了8.8分的好评，具有一定的正面IP效应，令$X_2=1$；导演邓科查询打分表3.6，对该导演的赋值为2，故$X_3=2$；主演为张一山、蔡文静，查询Vlinkage艺人半年指数排行榜，得到$X_4=7.57$；制作公司为华策影视，查询表3.8，对该制作公司赋值为4，故$X_5=4$；通过数据查询，粉丝关注度$X_5=4733$。

将自变量带入播放量预测模型中，得出《柒个我》的预测播放量$Y_2=34.05$（亿次）。

2. 标的资产价值S的计算。

（1）版权分销收入。分析得出《柒个我》的预测播放量为34.05亿，将其带入模型$Y_1=69.74X+6114.35$，得到其版权分销收入为8488.997万元，即预测《柒个我》的版权分销收入为8489万元。

（2）付费分成。《柒个我》由华策影视独家制作与出品，腾讯视频并未参与该片的投资。因此，付费分成收入主要为拉新会员所带来的收入分成，腾讯视频的分成比例一般为五五分成。根据艺恩咨询《中国互联网影视付费用户研究报告》，视频网站用户会员转化率通常为 20%。

由前文的分析可知：

付费分成收入 = 拉新会员有效点击量 × 每集单价 × 分成比例

= 34.05 × 20% ×（8489 ÷ 34）× 50%

= 850.15（万元）

（3）广告分成。由于贴片广告收入和植入广告收入数据较难获取，笔者在此将两者统一用广告收入替代以便于计算。根据前文的分析，在网络剧版权收入中，广告收入的比例通常为 50%；腾讯视频的运营成本比例大致为 10%；同时，根据腾讯视频的分账模式，《柒个我》与腾讯视频合作为独家模式，华策影视的广告分成比例一般为 30%。由此可得：

广告分账收入 = 广告收入 ×（1 − 运营成本）× 分成比例

= 8489/15% × 50% ×（1 − 10%）× 30%

= 7640.10（万元）

综上，网络剧《柒个我》的版权收入 = 8489.00 + 850.15 + 7640.10 = 16979.25（万元），即 B − S 模型中标的资产的当前价值 S 为 16979.25 万元。

（二）收益波动率的确定

本书采用历史波动率来确定网络剧《柒个我》版权价值的波动率。截至 2016 年 12 月 31 日，文化传媒行业中电视节目制作公司里共有 14 家 A 股上市公司，分别为华策影视、视觉中国、慈文传媒、中南文化、华录百纳、当代东方、唐德影视、骅威文化、欢瑞世纪、当代明诚、长城影视、幸福蓝海、中视传媒和中广天泽。

本书对 14 家已上市电视节目制作公司 2014—2016 年的总资产收益率进行计算，求得总资产收益率的平均值；同时，通过查询国泰安 CSMAR 数据库，获得各家上市公司 2014—2016 年每 250 交易日的滚动样本，以求其三年内收益波动率的均值。在综合考虑总资产收益率和股票收益波动率后，确定电视节目制作行业的收益波动率，以此作为波动率的计算基础。本书的研究对象《柒个我》的制作公司和发行公司均为浙江华策影视股份有限公司，因此在考虑华策影视对行业收益率的贡献后，确定被研究对象收益的波动程度，作为网络剧版权价值波动率的参考。

1. 计算总资产收益率的均值。查询 14 家公司 2014—2016 年的年度报告，在对其近三年的营业收入和总资产进行分析后，得出各公司的平均总资产收益率，进而求得电视节目制作行业的总资产收益率均值为38.27%。华策影视近三年总资产收益率的平均值为37.85%，基本与行业总资产收益率持平。

2. 计算个股的波动率。通过国泰君安CSMAR数据库，可查询到个股2014—2016年每250交易日的滚动样本，下载相关数据，汇总各家上市公司近三年收益波动率的平均值，从而求得电视剧目制作行业的收益波动率为60.01%。华策影视近三年收益波动率为58.91%，也基本与行业收益波动率水平持平。

综上所述，可以看出通过总资产收益率计算得到的行业波动率为38.27%，低于通过个股计算的行业波动率（60.01%）。为使结果精确，本书将行业收益波动率确定为两者的均值（49.14%）。由于华策影视波动率基本与行业波动率水平持平，考虑到其在行业总体中的贡献，本书将华策影视的收益波动率定为50%。

由于单独一部网络剧的投资额仅仅获得一次收益流，而成立一家影视公司则可以获得持续收益流，前者收益低于后者收益，因此，单独网络剧的投资收益率要高于企业整体收益率，投资一部网络剧的风险也会高于投资一个影视公司的风险。故本书考虑将被评估对象的波动率在公司收益率的基础上适当增大，加入个别风险调整因素。由于网络剧《柒个我》的演员、制作公司、粉丝关注度指标均较高，风险相对较小，故考虑加入5%的个别风险。因此，波动率 $\sigma = 50\% + 5\% = 55\%$。

（三）收益期限的确定

有别于电视线性的播放模式，网络剧上线后不存在主动下线的问题，受众可以随时观看，但其播放量在更新周期内保持固定增量。通过观察检测期内完成更新的网络剧可以发现，在停止更新后，网络剧的播放量急速下降，意味着网络剧档期即将结束，而对于会员差异化排播的网络剧来说，这同时意味着盈利周期即将结束。因此，笔者预计假设《柒个我》的收益期限为12个月。

（四）执行价格的确定

执行价格即为该网络剧的初始投资成本。《柒个我》于2017年2月16日开机，5月30日杀青，目前正在后期制作中，并未有完结的投资成本金额。但由于其拍摄周期已经结束，后期制作费用金额较少，因此笔者选择拍摄投资成本作为执行价格，即 $X = 5000$ 万元。

（五）无风险利率的确定

依据前文的分析，笔者参照国债收益率曲线，选取五年期国债利率的平均水平3.81%为本书的无风险利率，并且考虑到实物期权折现率采取的是复利形式，对单利的国债利率进行简单修正，如下：

$$R = \sqrt[n]{(1+nr)} - 1 = \sqrt[5]{(1+5\times 3.81\%)} - 1 = 3.55\% \quad (4-6)$$

三、网络剧《柒个我》版权总价值的计算

（一）潜在期权价值的计算

综上所述，标的资产价值 S = 16979.25 万元，期权的执行价格 X = 5000 万元，波动率 $\sigma = 55\%$，期权有效期 T = 1 年，无风险利率 r = 3.55%。将其代入B－S期权定价模型中，计算过程如下：

$$d_1 = \frac{\sqrt{\ln(S/X) + (r+\sigma^2/2)T}}{\sigma\sqrt{T}} = \frac{\ln(16979.25/5000) + (0.0355 + 0.55^2/2)\times 1}{0.55\sqrt{1}}$$

$$= 2.5624$$

$$d_2 = d_1 - \sigma\sqrt{T} = 2.5624 - 0.55\sqrt{1} = 2.0124$$

根据微软 Excel 电子表格软件中的 NORMSDIST（）函数计算得到：

$N(d_1) = 0.994802424$；$N(d_2) = 0.977911106$

则得出看涨期权的价值：

$C = SN(d_1) - Xe^{-rt}N(d_2) = 12171.98$（万元）

（二）标的资产价值计算

网络剧版权价值是被动管理假设下的传统净现值与积极管理下的未来潜在期权价值的加总，由两部分构成：一是其版权收入的现值 P，二是其看涨期权价值 C。网络剧版权收入的现值 P 的计算如下：

$P = 16979.25/(1+0.55/365)^1 = 16953.70$（万元）

因此，网络剧《柒个我》版权的最终价值 = P + C = 29125.68（万元），约等于29126万元。

（三）网络剧《柒个我》版权价值敏感性分析

通过上述分析和计算可以看出，网络剧播放量参数和波动率参数对网络剧版权价值有较大影响，对参数进行敏感性分析，观察其对标的资产看涨期权价值和版权价值的影响。

从表4－17和表4－18可以看出，播放量变动对看涨期权和网络剧版权价值的影响较大，呈同方向变化，敏感性较高。然而，波动率变动对看涨期权和网络剧版权价值几乎没有影响，敏感性较低。究其原因，一是由于网络剧版权收益的期限较短，造成波动率的影响效果不明显；二是由于网络剧版权收益与执行价格间的差距较大，使标准正态变量积累概论分布接近于1，进而使得波动率对看涨期权价值影响较弱。因此，在评估网络剧版权价值时，需重点关注网络剧播放量这一变量。

表4－17　　播放量敏感性分析

播放量变动	+20%	+10%	0%	-10%	-20%
版权收入（万元）	18108.71	17046.70	16979.25	16422.46	15868.80
版权收入现值（万元）	18081.47	17021.06	16953.70	16397.75	15844.92
版权收入现值变动	6.65%	0.40%	0.00%	-3.39%	-7.00%
看涨期权价值（万元）	13269.33	12213.57	12171.98	11593.79	11044.72
看涨期权变动	9.02%	0.34%	0.00%	-4.75%	-9.26%
版权价值（万元）	31350.8	29234.63	34740.96	27991.54	26889.64
版权价值变动	7.64%	0.37%	0.00%	-3.89%	-7.68%

表4－18　　波动率敏感性分析

波动率变动	+20%	+10%	0%	-10%	-20%
版权收入（万元）	16979.25	16979.25	16979.25	16979.25	16979.25
版权收入现值（万元）	16944.43	16949.07	16953.70	16958.34	16962.98
版权收入现值变动	-0.05%	-0.03%	0.00%	0.03%	0.05%
看涨期权价值（万元）	12278.08	12210.53	12171.98	12156.71	12155.35
看涨期权变动	0.87%	0.32%	0.00%	-0.13%	-0.14%
版权价值（万元）	29222.51	29159.6	29125.68	29115.05	29118.33
版权价值变动	0.33%	0.12%	0.00%	-0.04%	-0.03%

四、评估结论

经分析，运用实物期权法得出网络剧《柒个我》的版权价值约为29100万元，包括版权分销收入 8489.00 万元，付费收入 850.15 万元，广告收入 7640.10 万元，期权价值 12171.98 万元。其中，付费收入和广告收入是随着网络剧播放周期的结束而实现的，因此该收入具有时延性，则去除付费收入和广告收入后网络剧《柒个我》的版权价值约为 20600 万元。通过查询，中华策影视将《柒个我》的发行权、放映权和信息网络传播权独家授予腾讯的交易价格约为 18000 万元。对比发现，虽然通过本书计算出的评估值与实际值之间存在一定的差异，但总体而言该差异额较小，在可接受的范围内。这说明本书采用的基于实物期权理论的网络剧版权价值评估方法对于预测网络剧版权价值具有一定的可行性和参考价值。

第五节　动漫形象界定及价值理论分析

一、动漫形象

（一）动漫形象

动漫形象是由动漫作家手绘或者机绘创作出的虚拟的人或者物，是构成动漫作品的最小元素，不仅贯穿于动漫作品，也贯穿于动漫企业。动漫企业首先进行动漫剧本的创作，然后依据剧本的情节绘制出相对应的动漫形象，这是动漫形象最初的状态。接着，企业需要对动漫形象进行配音和动作等制作工作，使得动漫形象生动鲜明。最后，根据动漫形象创作出相关作品，如漫画、动画片、故事书等，并且随着动漫作品的传播，逐步形成发行权、转让权等。所以，可以认为动漫形象是最核心的资产，企业获益来自其直接衍生品（动漫影视化，如动漫电影、动画片、漫画书等）和间接衍生品（与制造业结合，如玩具木偶、学习用品等）的售卖。

（二）动漫形象的特点

知识产权是一种受到法律保护的权利，保护产权所有者的合法权利。知识产权是一种无形资产，不具有实物性，产权所有者无法直接拥有它，必须依据法律法规来行使其权益。知识产权具有专有性，即知识产权在法律规定的时间内获得收益只由其所有者或者得到所有者许可的人拥有。在法律上，知识产权不是无限期的，知识产权在法定年限中，由所有者私有，过了法定年限，就变成公共财产，其他人也可以使用。例如，外观设计的专利权只有十年。由于各国和各地区的法律有所不同，对于知识产权的认定方式和保护条例有所区别，因此知识产权在不同区域能够行使的效用不同。

对于动漫企业而言，动漫形象作为一种资产具有以下特点：一是动漫形象的产生具有过程性，动漫形象并不是一次形成的，是随着其动漫作品和宣传推广逐步完善的。二是动漫形象的价值是在不同阶段实现的，动漫形象在动漫企业各个环节均有涉及，而且是企业的核心资产，企业在不同环节中获得的收益都有动漫形象的功劳。三是其价值因素的多样性，动漫形象价值来源于不同的环节，在不同环节如何实现其动漫形象的价值，受到各种因素的影响。就是因为这些特点，导致对动漫形象进行价值评估不是一件简单的事情。

二、动漫形象的价值

如上文所述，在传播过程中，根据动漫形象会产生很多知识产权，同时动漫形象的价值形式会不断地改变，主要有以下几种价值：权利、市场、艺术和文化价值。

（一）动漫形象的权利价值

动漫形象在传播的时候，伴随着产生了动漫形象的独占性，独占性的价值就是动漫形象的权利价值。根据相关文献，一般认为由市场权利和法律权利组成权利价值。市场权利明确了对市场中获利者的约束力。例如，在获利者自愿的情况下，出于对故事内容或者风格的考量，从而形成特定风格的动漫作品，培养了有该风格倾向的消费者的顾客忠诚度，帮助产品占据市场地位，获取更多的收益。法律权利主要是指动漫形象所带来的知识产权（版权、商标权等）。当动漫作品需要二次发行时，其转让授权起决定性作用。可以说，动漫形象价值产生于市场和法律权利。

（二）动漫形象的艺术价值

当作者通过创作出的含有艺术风格和价值取向的动漫形象向广大群众传播所产生的文化观点的价值，即为艺术价值。艺术价值体现在动漫作品的方方面面，从制作手段到故事风格。动漫形象所拥有的共鸣性也是来自其艺术价值，从而使得该动漫形象在观众心中占据一定的地位，成为消费者对该动漫形象的产品进行消费的原因。当动漫形象产生以后，其艺术价值就会跟着生成。动漫形象都含有不同量的艺术价值，动漫形象依据其艺术价值在社会传播。所以，艺术价值是其价值最基本的体现。

（三）动漫形象的市场价值

市场价值是指，在经济市场里动漫形象能够取得的价值。从成本会计的角度来看，由动漫形象的成本和增值价值构成。成本主要是指，从为了使动漫形象产生到推广所消耗的各项费用。其增值价值则是由动漫形象能够产生的超额收益所形成的。增值价值和成本之间存在一定的关联，可是动漫形象在传播时还拥有权利价值，因此动漫形象的成本必然低于超额获得的收益，收益是其市场价值的主要来源，为企业超额获得的收益是动漫形象价值的最终表现，其他价值都是在市场价值中表现。

（四）动漫形象的文化价值

文化价值具体指的是动漫形象在传播中对社会产生思想、信仰、价值观等效应的总和。动漫形象的外在变现是文化力，文化力是指智力、理念、互联网和传统的影响。传播行为分成两段——成长阶段和成熟阶段。在初期，文化力表现不足，对于外界的影响较小，所以在此阶段文化价值不高；当动漫形象（只有一部分动漫形象）发展到成熟阶段时，观众很熟悉这个动漫形象，于是动漫形象便渐渐对观众的思想产生了影响，该动漫形象的文化价值就生成了。不是全部的动漫形象都能产生了文化价值，只有设计新颖、推广合理的动漫形象才能对社会产生影响。所以，动漫形象价值的最高表现形式是文化价值。

从四种价值的分析可以得出，艺术和权利价值是动漫形象价值的基石。文化价值是最高的表现形式。可是，这三种价值最终都是在市场价值中体现的。所以，本书的评估对象就是动漫形象的市场价值。

三、基于价值链解析动漫产业动漫形象的价值来源

（一）价值链理论

迈克尔·波特在1985年出版的《竞争优势》中提出了“每一个企业都是用来进行设计、生产、营销、交货等过程及对产品起辅助作用的各种相互分离的活动的集合”的观点，认为是企业中有关联的各项活动形成了企业的价值链，

每家企业的优势也来源于各自不同的价值链。相同地，有关联的价值行为构成了产业价值链，产品的交易价值来源于产业的价值行为。波特认为价值链的各个环节不是孤立的，而是环环相扣的。人们能够通过研究价值链中的环节寻找到不同企业的优势。价值链事实上变现为企业价值增值。企业价值链不同环节对企业的利润都有影响。人们想要管理好企业，必须明白企业增值的核心环节，只有区分清楚企业的核心资产，才能使资产得到更有效的利用，有目的地经营企业。

由于价值创造是产业价值链的核心，需要分成多个环节来实现，这使得关系复杂、环节多的动漫形象有了分析价值来源和影响因素的方法。所以，将通过对其价值链的解构来实现对动漫形象价值来源和影响因素的分析。

虽然动漫产业的商业模式分成两类，但是模式的核心都是创新。产业的发展需要创新的力量。在价值传递方式方面，两者也有相同之处。不同点在于，在模式中，创新发挥的作用强弱和地位不同。如图 4－5 所示，两者均是采用原创策划和衍生品销售的经营方式。实际上，商业模式只是企业价值的外部表现，价值链才是其本质。

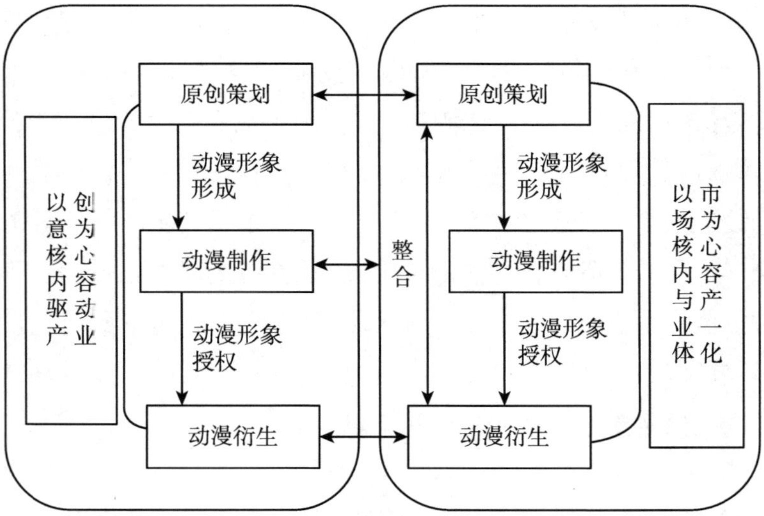

图 4－5　动漫产业的商业模式

动漫产业属于文化创意产业，价值链是在这一产业的基础上进一步搭建的。文创产业价值链的特征主要表现为：第一，创意企业来源于创意部门从传统企业中的剥离；第二，创新是价值链的开端，为创意活动提供动力；第三，获得消费者价值是创意企业的最终目标。图 4－6 展示了创意企业的价值链。

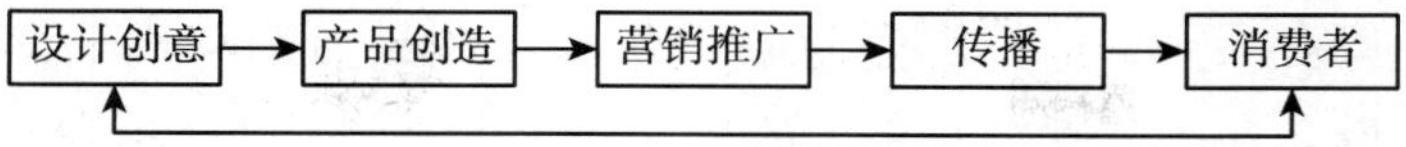

图 4－6 创意企业的价值链

设计创意环节是创意产生的基础。创意来自思想，是抽象的、无形的，需要人们的理解。如何将创意变成人们所接受的，就不能缺少这一环节。此环节主要是创作者们借助文字、图案等来表达思想，是价值链的核心环节，处于最高端，对其下游环节产重要的影响。

产品制造环节是指，在了解了观众的偏好以后，对创意产品进一步加工，变成观众认可度高的作品，如动漫电影、漫画等。

推广环节则是采用一定宣传手段和销售方式对创意产品进行销售，使创意产品获得更多的关注度并在市场中实现自己的价值，为企业获取利润。

在互联网时代，传播的力量不容小觑。消费者只有了解该产品，才会有意向进行购买。传播是为消费者了解产品提供渠道，任何产品不进行传播都会无人问津。所以，对于创意产品的价值实现，传播是必不可少的。

创意产品价值实现最终需要依靠消费者。如果消费者对该产品处于排斥阶段，那么无论前面的环节做得多么好，最终创意产品的价值都无法实现。所以，对于企业而言，了解市场偏好、掌握市场咨询是一件非常重要的事情。只有获得了消费者的支持，才能获得更多的利润。

动漫产业存在着与创意产业价值链相似之处，但是又具有独特之处。两者都是以创意创新为起点，但是动漫产业的产品主要是指漫画作品、动漫电影、动画片等。在形成产品以后，依据动漫产品，企业就拥有了知识产权和转让权。然后，将产品推广和销售给消费者，获得动漫产品的价值。

（二）动漫形象的价值创造

在评估动漫形象时，必须先研究动漫形象的价值来源。然后，根据来源来研究其价值影响因素，最终得出动漫形象的合理评估值。所以，先从动漫企业价值创造开始研究其价值来源。价值链主要表现的是价值实现的过程。创新是创业企业价值链的核心，存在于价值链的每一个环节。创新同样处于动漫企业价值链的最高端，对企业有着巨大影响。动漫形象主要是通过直接衍生品及间接衍生品来实现价值变现的。

1. 动漫形象的间接衍生品的价值。借助动漫形象研发出来玩具、文具、日用品等是动漫形象的间接衍生品。这些衍生品不仅具有其作为普通商品的价值，即消费者为了实现某一目的所愿意支付的价格，还具有由动漫形象带来心理价值，即消费者愿意为了获得动漫形象给自己带来的心理愉悦所愿意支付的价格。在经济条件良好的情况下，人们愿意支付衍生品的心理价值。当经济下行时，人们只愿意支付普通商品的价值。当前中国的经济状况较好，人们越来越注重心理需求，使得企业将消费者的心理需求作为商品生产考量的关键因素。这也是创意企业生成的原因。在动漫产业中，动漫形象与玩具业相结合就是为了满足消费者心理需求，所以动漫形象对与其他产业结合所创造价值有着重大影响。

2. 动漫形象的直接衍生品的价值创造。动漫影视化作品是其直接衍生品。影视化作品通过复刻等方式让动漫形象通过不同的形式存在，进而产生版权。动漫影视化主要是指动画片、动漫电影和储存在 CD 上的音像制品。影视化作品的目的是使观众通过这些作品获得身心满足。对于利益相关者而言，票房收入和电视台购买动画片的版权收入为主要的收入来源。这些收入的高低都是由影视化作品的内容决定的。动漫形象越是能让观众产生共鸣，就越能带来收益。所以，其对影视化作品的价值创造也有很大的影响。

综上所述，动漫形象的价值来源就是来自动漫形象的直接衍生品和间接衍生品的价值实现带来的收入。

动漫形象在其价值链中的运转过程也是其不断获得价值的过程，主要体现出三种不同的价值形态：原始价值、传播价值、衍生品运作价值。

原始价值是指动漫形象在制作过程中就拥有的价值，也就是之前提到的艺术价值。传播价值是指动漫形象作品在播放和推广的过程中获得收入的价值。影视片价值是指动漫形象对衍生品销售带来好处，所以从衍生品收入中提取的价值。可以用图 4－7 表示三者的关系。

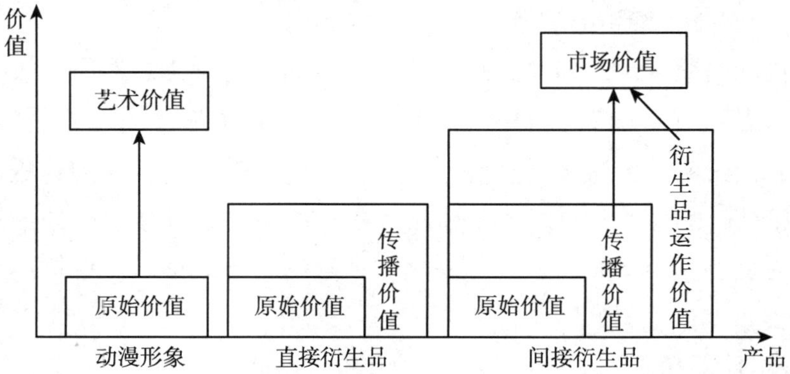

图 4－7　价值之间的关系

从该图可以看出，动漫形象的市场价值来源于传播价值和衍生品价值，所以评估动漫形象的市场价值就是将传播价值和衍生品价值从各项收入中剥离开来。因此，需要详细研究动漫形象价值的影响因素和程度。

四、动漫形象价值影响因素

在分析了动漫形象价值来源后，我们需要进一步对其价值影响因素进行分析。在考虑其无形资产属性和自身特性以后，将影响因素分为两类：内生因素和外生因素。内生因素主要是动漫形象本身自带的（即怎样的因素导致动漫形象不同），外生因素主要是那些会影响动漫形象获取收益的能力的因素。

（一）内生因素分析

动漫的创作环节对动漫形象的影响主要体现在对动漫形象的外观、情节以及动漫形象的性格刻画方面的影响。其因素主要有动漫的类型、作家、画家、制作方等。主要是影响动漫形象的艺术价值，在前文的分析中我们评估了动漫形象的市场价值，因此对于动漫形象的内部因素不再展开研究。

（二）外生因素分析

根据上文的分析，动漫形象价值来自传播价值和衍生品，即来自于动漫作品的播放、衍生品售卖和活动设计的环节。因此，对动漫形象市场价值进行评估，需要好好研究动漫形象的外部影响因素。结合中国动漫市场内的动漫形象来考量，中国的动漫企业还处于产业文化的模式中，几乎没有能够被认为是经典动漫形象的动漫形象，而且中国动画片电视播放平台少，竞争激烈，动漫企业基本上都是贴钱将动漫作品投放到电视平台上。所以，中国动漫形象的价值绝大部分是来自于动漫衍生品的收入。任何能够促进衍生品销售的因素都能影响动漫形象的市场价值。动漫形象的衍生品众多，但是由于中国动漫产业的发展情况，只有动漫大电影和动漫玩具能够给企业带来收益。因此，本书将影响因素分成两类。

1. 影响动漫大电影收入的因素。

（1）档期因素。电影的档期主要有暑假档、贺岁档、节日档和一般档期。通过观察 2015 年动漫电影的票房可以发现，在电影票房排名前 20 的动漫电影中，有七部来自暑假档，票房占比达到 34%；有六部来自贺岁档，票房占比为 28%。同样地，2016 年票房排名前 20 位的中国动漫电影中有八部来自暑假档，六部来自贺岁档。可见档期对于动漫电影的票房收入有很大的影响。

（2）电影类型。不同的类型的电影所吸引的消费群不同，如爱情题材的电影对年轻情侣比较有吸引力。现在的动漫电影的题材五花八门，不在仅限于专门为儿童服务的合家欢类型。日本经典动漫形象柯南的剧场版以其惊险悬疑的风格吸引了不少观众。

（3）电影制作水平。同样的动漫形象被不同的电影制作公司制作，获得完全不同的电影票房，这样的例子不在少数，如早年漫威的制作水平不足导致蜘蛛侠没有成功登上电影银幕，但在将蜘蛛侠授权给索尼和皮克斯后，蜘蛛侠系列电影大受欢迎。虽然票房也受其他因素影响，但是制作方的电影制作水平还是决定性的因素。电影的展示方式也影响着电影收入，2015 年和 2016 年的动漫电影中，3D 电影的票房占比高达 80. 3% 和 56%，远高于 2D 电影的票房。

（4）宣传推广。一部好的电影需要好的宣传手段，比如，2017 年徐峥的电影《我不是药神》在上映初期通过娱乐圈“叔圈 101”的营销手段，成功将消费者吸引到电影院，同时在品质和内容的保证下，该电影的票房得到大爆发。可见，宣传手段对电影票房的影响程度。同样地，在动漫电影领域，国内也有好的宣传，但一般都是后劲疲软，最终没有获得预期收益，如《大鱼海棠》。

2. 影响动漫玩具收入的因素。

（1）销售策略方面的因素。对于由不同的动漫形象创作的动漫玩具，其销售策略应针对玩具的特点、儿童需求以及玩具的定位，对不同产品、不同系列的玩具制定不同的价格区间，以符合各类消费者的需求，扩大玩具的市场份额，提高玩具的销量。

（2）玩具产品的质量。这些年，玩具产品已经由简单的玩偶类玩具发展到陀螺类的竞技玩具，现在更是有了智能玩具。玩具在不断的进化，但是玩具质量却令人心忧。中国已经出现了多起因玩具质量导致儿童受伤的事件。为此，2014 年政府发布了《国家玩具安全技术规范》，明文规定：从 2016 年起，国家安全标准强制性执行。并且，随着父母安全意识的提高，玩具的质量水平成为玩具购买行为能否发生的重要因素。

（3）外观设计和售后。玩具的外观是消费者对玩具的第一印象。大部分消费者在第一次对同等价位的商品进行购买时，都取决于对商品的第一印象。由此可见外观设计的重要性，好的外观设计能够使商品从同质化的商品中脱颖而出，增加其销售额。对于商品的二次消费，则会看中商家的售后服务，特别是对于竞技类玩具，因为在竞技过程中容易造成玩具的损坏。此时，如果企业提供免费或低价位的维修保养，那么消费者在对产品进行更新换代的时候，就会倾向于之前提供好的服务的商家。

（4）营销效果。对于动漫产业链价值实现的每一个环节，营销都是非常重要的。这里简要介绍对于玩具制作方面营销的影响。通常，都是在玩具销售前进行营销行为，包括在投放网络广告和视频、大型的比赛和活动等。例如，对于儿童玩具市场，儿童通过动画片等认识到动漫形象并对该动漫形象产生好感，通过广告得知有该动漫形象的玩具，就会进行消费。

第六节　奥飞娱乐动漫形象价值分析

一、奥飞娱乐的动漫形象及其价值链

奥飞娱乐股份有限公司（简称“奥飞娱乐”）原名奥飞动漫文化股份有限公司，是目前中国动漫产业的领军者，是中国第一家上市的动漫企业。该公司早先通过购买国外动漫作品的国内播放权和使用权，成为中国动漫企业中最早一批获得高额收益的企业。后来，该公司认识到原创动漫作品的重要性，积极发展原创 IP，致力于构建动漫全产业链系统。目前，其已经出品的文化创意产品中比较著名的包括面向儿童的动漫《喜羊羊与灰太狼》《巴啦啦小魔仙》《火力少年王》等，以及针对全年龄段的动漫产品《十万个冷笑话》《贝肯熊》《镇魂街》等。在进行一系列的文化创意产品开发的同时，奥飞娱乐也积极拓展全方位的衍生品，如以经典动漫形象开发的动漫玩具已经成为公司营业收入的主要组成部分。

虽然奥飞娱乐希望实现全产业链的商业模式，但是目前还没有构建完善，主要是因为奥飞娱乐在 IP 创作方面不够成熟，使其商业模式还处于产业文化模式。根据上文的分析，处于此商业模式下，动漫形象的价值主要是通过衍生品

的售卖实现。对于奥飞娱乐而言，主要是通过玩具产品的的销售，并希望通过动漫形象推动其产业链的发展。奥飞娱乐处于产业文化商业模式主要是由于以下几点：

一是动漫作品的原创性不足。由于互联网的发展，国外的动漫作品能够传播到中国，因国外有着丰富的动漫创作经验，其创作出来的动漫形象往往更加深入人心。虽然中国的动漫产业在不断奋力追赶，但是具有国际知名度的动漫形象少之又少。同时，国内的动漫作品一直被质疑在借鉴国外动漫作品的风格。奥飞娱乐的《铠甲勇士》的风格和变形金刚相似，《火力少年王》的故事情节和日本动漫作品相似。

二是动漫作品的前期资金不足。对于一部优秀的动漫作品，在前期的工作中需要投入大量的资金进行作品设计。然而，与世界动漫强国相比，中国的动漫产业在资金投入方面还远远不够。比如，在中国，动画片的总制作成本一般为 50 万元左右，一部动画片一般有 25—45 集，也就是说，就算是大制作，平均每集的制作成本也很难超过 2 万元人民币。反观日本，仅制作时长为一个半小时的《黑执事 ova》就花费了 300 多万元人民币，制作费用属于日本动漫制作的平均水平。由此可见，中国和日本在动漫作品制作方面的投入差距很大，由于没有充足的制作经费，中国动漫形象的动作不够流畅、色彩不够有质感。这些都使得观众倾向于制作更精良的动漫作品。

三是动漫产业知识产权保护不足。相对于其他的无形资产，动漫形象更容易被剽窃。这使得动漫市场盗版猖獗，并且不良商家能够获得高额利润，导致盗版行为屡禁不止。因此，提高对动漫产业知识产权的保护有利于动漫产业的发展。无论是美国还是日本，经过多年的发展，都已经有了完善的动漫产业法律保护机制。这是我们需要好好学习的。只有这样，才能使中国动漫产业走向文化产业模式。

总而言之，奥飞娱乐虽然是中国动漫全产业链的领军者，但是由于发展历史和商业环境，决定了其还处于产业文化商业模式。

虽然奥飞娱乐的全产业链已经具有一定规模，但是由于资源和环境因素的限制，只能重点发展几个环节。通过经营成本结构表（见表 4 – 19）可以发现，奥飞娱乐为了企业以后能够持续发展，主要偏重于动漫作品的创作和发行，而忽视了文本类作品。从收入增长率可以发现，动漫玩具的收入的稳定性远高于动漫影视片和游戏。

表 4－19　奥飞娱乐的玩具收入、影视片收入以及游戏收入增长率

项目	2012 年	2013 年	2014 年	2015 年	2016 年	2017 年
玩具收入增长率	22.02%	16.89%	33.03%	2.32%	19.57%	1.18%
影视片收入增长率	-2.54%	28.59%	31.65%	79.30%	-5.87%	1.01%
游戏收入增长率				-5.42%	-39.46%	-48.85%

通过对奥飞娱乐的组织结构和经营情况的分析可以发现，奥飞娱乐的动漫形象价值链结构类似于美国动漫产业，虽然还不够完善。动漫形象的价值链始于动漫创作，经过动漫作品传播，最终开发衍生品。所以，奥飞娱乐的动漫形象价值链可用图 4－8 表示。

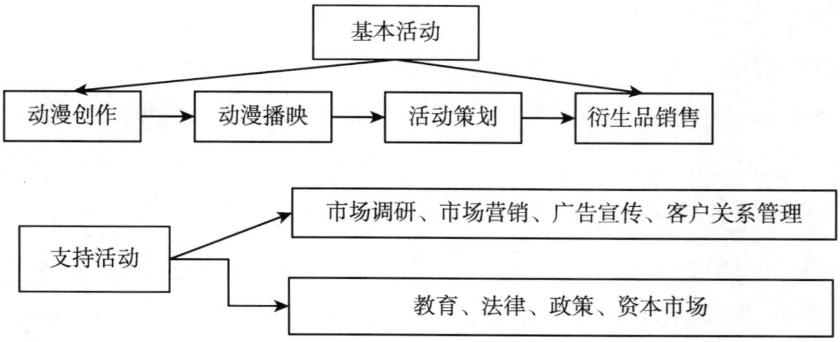

图 4－8　奥飞娱乐的动漫形象价值链

从图中可以看出，基本活动创造了动漫形象的价值，每个环节对价值链都是有贡献的。支持活动是辅助性活动。只有对动漫企业进行良好的管理和开展针对消费者偏好的调研，才能使基本活动顺利进行。同时，在如今这个信息爆炸的时代，如果没有好的推广和营销，产品就会被淹没掉，无人问津。最后，动漫形象属于无形资产，如果没有法律保护，那么其价值无法实现。总之，奥飞娱乐的动漫形象价值链由动漫制作、动漫播映、活动策划、衍生品销售组成，完善其价值链还需要各项支持活动的帮助。所以，分析奥飞娱乐的动漫形象价值来源需要从动漫制作、动漫播映、活动策划、衍生品销售四方面进行考量。

二、奥飞娱乐的动漫形象价值来源

动漫形象的价值变现来源于直接衍生品和间接衍生品的收入。上文介绍了奥飞娱乐的价值链，可知奥飞娱乐的全产业链还不够完善，不是价值链的每个环节都能带来收益。根据表4－18的收益构成可以发现，动漫玩具给企业带来了绝大部分的收益。为此，我们从动漫玩具的角度来分析奥飞娱乐的动漫形象价值来源。其中，飓风战魂是较早一批由奥飞娱乐自主打造的动漫形象，也是较早开始对其进行衍生品开发的动漫形象，拥有比较完整的价值链。因此，我们以此作为动漫形象价值来源的代表，从其入手来研究价值来源。

（一）奥飞娱乐的动漫形象价值来源

奥飞娱乐一般都是先推出其动漫作品，当动漫形象获得儿童的喜爱后，再推出动漫玩具。奥飞娱乐从2010年到2018年先后推出了五部飓风战魂系列动漫，使其玩具飓风战魂陀螺在同系列产品中大卖。同样地，其《火力少年王》系列也带动了悠悠球的销售。特别是，《喜羊羊与灰太狼》系列的成功不仅使得相关的动漫玩具大卖，而且也为奥飞娱乐带来了电影方面的收入。这些动漫作品的发行和出品商都是奥飞娱乐的全资子公司：广州奥飞文化传播有限公司。奥飞娱乐的作品首播平台都是其在2010年收购的嘉佳卡通。在动漫作品获得了一定的热度后，再在金鹰卡通、炫动卡通等平台进行播放，扩大影响力。这是奥飞娱乐的动漫形象的播放传播渠道。然后，对其动漫作品中的动漫形象进行宣传和推广。对于悠悠球和陀螺类的技术性玩具，通过组织国际性的比赛等方式进行推广，如战斗王陀螺手大赛亚洲杯和训练营、火力夏令营等。对于玩偶类和用品类玩具，通过见面会和分享会进行推广，如喜羊羊与灰太狼COS展。通过举办各种活动，奥飞娱乐不仅获得了经济收益，还获得了社会效益。而奥飞娱乐进行一系列活动的最终目的是带动其动漫玩具的销售。所以，可以用图4－9来表示奥飞娱乐的动漫形象的价值来源。

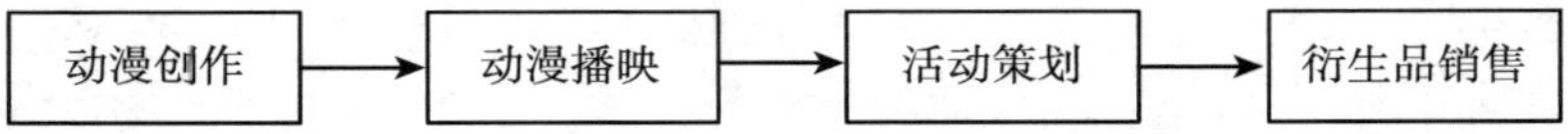

图4－9　奥飞娱乐的动漫形象价值来源

（二）奥飞娱乐的动漫形象的价值创造

在对奥飞娱乐的动漫形象价值来源进行分析后，还需要对其价值创造进行分析。我们将价值创造分为三个方面：一是动漫形象作为生产资料的作用。动漫形象和其他生产资料一起投入到价值创造的四个环节中，为企业获取收益。二是动漫形象具有广告传播的作用。虽然国内很少将动漫作品作为广告宣传的手段，但是国外在这方面已经发展得很好了。无论是日本的初音未来还是美国的米奇等，其动漫形象经常出现在各种商品上。例如，迪士尼和耐克的联名款一经出世就获得了非常高的关注度，吸引了大量的消费者进行消费。这也说明了动漫形象是具有广告宣传作用的。虽然中国目前没有能与其他品牌合作的动漫形象，但是在自家公司的产品中，其依然具有广告传播的作用。可以将其看作是为其间接衍生品进行宣传推广，进而对销售起促进作用。三是动漫形象在营销方面的作用。以上两方面是动漫形象在价值创造方面最基本的作用。但是，不同的企业有不同的经营方针。奥飞娱乐的大致方针是通过围绕动漫形象，根据价值链的环节不断生产各种动漫衍生品的流程。其中，动漫播放和动漫活动策划都是为了打响动漫作品和动漫形象的知名度，获取少量的收益，甚至出现亏损。对于动漫玩具制作生产环节，动漫玩具是奥飞娱乐的主要收入来源，能产生一定的营销效果。

为了能够具体分析奥飞娱乐的动漫形象在营销方面的作用，我们以飓风战魂为例。

首先，动漫作品的播映环节。飓风战魂形象来自战斗王系列动漫。该系列和前文介绍的奥飞娱乐的其他系列一样，都是先在嘉佳卡通播放，然后进入其他卡通播放平台。目前，中国的卡通播放平台少，平台处于优势地位，对动画片的收购价仅仅每分钟 30 元左右，而动漫制作成本为每分钟 1 万至 2 万元。所以，这进一步论证了将动漫作品投放到平台主要是为了打开知名度。其次，动漫活动策划环节。奥飞娱乐针对飓风陀螺策划了“世界陀螺手联盟”和“战斗王陀螺手大赛亚洲杯”活动，并且在 2013 年将其成功植入《爸爸去哪儿》，这些活动都在不同程度上提高了飓风战魂的知名度。最后，飓风战魂陀螺的销售环节。由于前期的工作，飓风战魂已经拥有了一定的知名度。此环节主要是奥飞娱乐进行获利的环节。在售卖的同时，飓风战魂的陀螺产业展示了出来，同样有利于飓风战魂知名度的增加。

（三）奥飞娱乐的动漫形象价值来源整合

根据上面的分析，可以总结如图 4－10 所示：

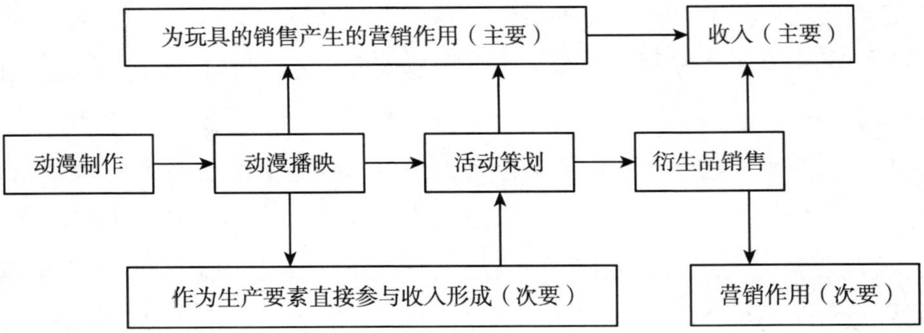

图4－10　奥飞娱乐的动漫形象价值来源

三、奥飞娱乐的动漫形象价值影响因素

奥飞娱乐现在拥有的动漫形象（除了喜羊羊系列动漫形象，其已被迪士尼收购，不再允许使用）都没有达到经典动漫形象的水平。动漫形象的价值主要来源于动漫玩具的销售。所以，任何会影响动漫玩具销售的因素都会间接地对动漫形象的市场价值产生影响。我们选取奥飞娱乐的飓风战魂系列陀螺和灵动创想系列的陀螺进行比较，将影响因素总结如下：

（一）销售策略

从表4－20可以看出，两者均进行了分级，并根据不同的级别制定了不同的价格。对于竞技类的动漫玩具（如陀螺、悠悠球等），基本上都会进行分级，以满足不同消费者的需求。对于玩偶类玩具，则是通过玩偶的大小进行分类，制定不同的价格。这种错位定价的方式主要是为了满足不同的消费群体，进而扩大动漫玩具的市场份额，提高销售收入。

（二）产品质量

产品质量对于玩具来言非常重要，特别是陀螺这类竞技类玩具，如果没有产品质量的保证，就无法实现其竞技功能。对于玩偶类玩具，产品质量也同样重要。玩偶类玩具的受众主要是幼儿和儿童，而他们的风险防范能力差，如果玩具无法保证质量将影响其生命安全。玩具的质量主要由玩具的材料、生产工艺等决定。所以，玩具的材料等对玩具的销量和市场份额会产生影响。

表 4－20　　　　飓风战魂陀螺和灵动创想陀螺的对比

陀螺品牌	奥迪双钻	灵动创想	
动画片名	飓风战魂	魔幻陀螺	
主流价格区间	59—399元	78—270元	← 销售策略
款式系列	初始系列5款	单只装9款	
	双击型系列5款	单支套装4款	
	异能系列4款	豪华套装1款	
	爆裂系列6款	另设各式加赠版	
	竞技系列5款		
	入门系列3款		
	发射器配件3款		← 销售策略
宣传活动	动画片多频道轮播、官方网站推介、战斗王陀螺手大赛亚洲杯、世界陀螺手联盟、飓风夏令营等	动画片多频道轮播、金鹰卡通玩名堂节目介绍、魔幻陀螺国际对抗赛、公益捐款活动等	← 前期营销效果
产品配件	金属陀螺、标准发射器、双陀螺手柄、齿条、改装工具、说明书、产品贴纸、产品漫画	发条、战斗盘、驭兽戟、驭兽臂等	← 产品质量

（三）外观设计和售后服务

外观设计和售后服务也会影响动漫玩具的销售和市场份额。好的玩具设计能够吸引消费者，特别是针对儿童的玩具，鲜明的颜色搭配对儿童更具有吸引力。而好的售后服务能够吸引消费者进行下一次购买。

（四）营销效果

动漫玩具的营销是指，在动漫玩具开售之前，针对动漫玩具的特性、功能等展开活动。例如，针对飓风战魂，奥飞娱乐开展了陀螺大赛活动，以吸引成年群体。对于其他动漫玩具，儿童可以通过动漫节目了解动漫玩具的发售，从而进行购买。通过前文的分析，动漫播放、推广活动和非计划活动三个环节都会对营销效果产生影响：一是动漫作品的播放能够促进动漫玩具的销售。动漫播放主要受到播出平台、播出时段、宣传热度、动漫形象、企业内控水平的影响。二是活动策划主要受地理位置、宣传热度、主题（动漫形象）、活动时间和企业内控水平的影响。三是非计划活动主要受动漫形象（即消费者对其的讨论度）、产品技术（对于竞技类和玩偶类玩具，消费者的技术要求不同）、交流平台（对于自发属性的活动，消费者进行产品外观和性能沟通和交流的平台）的影响。

总结起来，对于飓风战魂形象的价值影响因素可以用表 4－21 和表 4－22 表示。

表 4－21　动漫形象营销效果的影响因素

<table>
<tr><td rowspan="5">陀螺收入</td><td rowspan="2">销售单价</td><td>质量</td></tr>
<tr><td>产品设计</td></tr>
<tr><td rowspan="2">销售数量</td><td>售后服务</td></tr>
<tr><td>销售策略</td></tr>
<tr><td>市场份额</td><td>营销效果</td></tr>
</table>

表 4－22　动漫形象收入的影响因素

<table>
<tr><td rowspan="13">营销效果</td><td rowspan="5">动漫播映</td><td>播放渠道</td></tr>
<tr><td>播放时间</td></tr>
<tr><td>动漫形象</td></tr>
<tr><td>内部管理</td></tr>
<tr><td>广告宣传</td></tr>
<tr><td rowspan="5">活动策划</td><td>活动地点</td></tr>
<tr><td>活动时间</td></tr>
<tr><td>动漫形象</td></tr>
<tr><td>内部管理</td></tr>
<tr><td>广告宣传</td></tr>
<tr><td rowspan="3">非计划活动</td><td>动漫形象</td></tr>
<tr><td>竞技技术</td></tr>
<tr><td>产品交流</td></tr>
</table>

在对奥飞娱乐的动漫形象价值链进行研究后，我们得出了其价值来源和影响其价值的因素，以便后续的层次分析法的进行。

四、评估方法改进

（一）方法改进的原因

动漫形象具有成本的弱对应性、资产的独特性和价值来源的广泛性。结合对传统方法的概述，我们发现成本法和市场法并不适用于动漫形象的价值评估。收益法属于比较适用的方法，但是收益法中无论是超额收益法还是利润分成法，都无法全面地反映动漫形象的市场价值，只能反映其一方面的价值。所以，为了能够准确地评估动漫形象的价值，必须对收益法进行改进。

根据动漫形象的特点，在使用收益法进行评估时，需要从动漫企业的各项收入中提取动漫形象的收益。要做到这一点，一是需要准确地找出动漫形象的价值来源，二是如何合理地剥离出动漫形象的收入。根据上文的分析，可以采用分析其价值链的方法来解决动漫形象价值来源的问题。

（二）采用层次分析法剥离动漫形象收入的原因

可以采用层次分析法解决如何合理地剥离出动漫形象的收入的问题。层次分析法具有以下优点：

一是层次分析法是系统性分析方法，对研究对象采用系统的比较研究，能够保证不拆割研究对象影响因素并能够分析影响因素之间的关系。层次分析法对同一层的影响因素进行两两比较，根据其影响效果进行打分，这样能够保证影响效果有合理的量化值，便于直观地展示影响因素之间的关系。

二是层次分析无须大量的数据，主要依靠评估人员对评估对象价值影响因素的主观认识程度。这解决了财务数据难以获得的问题，可以通过专业评估人员的思维，将主观思想转变成数字。

三是层次分析法简洁实用。层次分析法的重点在于逻辑的推理，而非数学计算。层次分析法是一种定性和定量相结合的方法，能够解决很多复杂的问题，将不易量化和多标准的问题拆分成能够量化的多级的目标问题。

（三）动漫玩具收入的关系图

结合上文对奥飞娱乐的动漫形象价值链的分析，将动漫形象的影响因用层次分析法表示出来。因为奥飞娱乐的动漫形象的价值主要是通过动漫玩具的售卖实现的，所以先将动漫形象对动漫玩具收入的营销效果剥离出来，然后再将动漫形象的收入贡献从营销效果中剥离，最终得到动漫形象的价值，见图4－11。

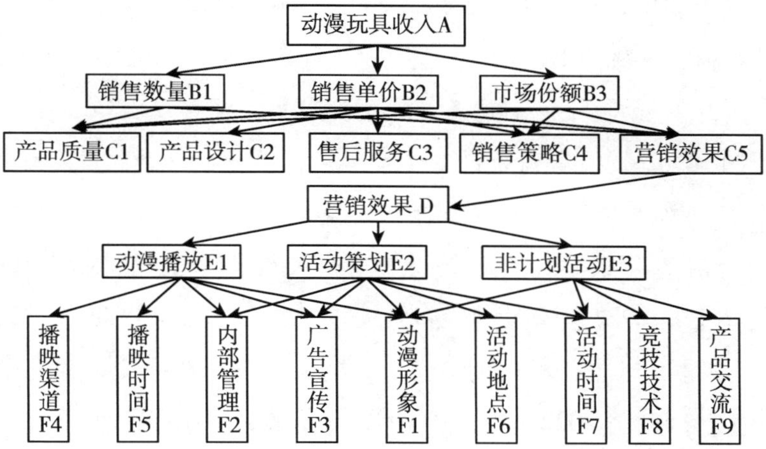

图4－11　动漫形象收入的划分情况

第七节 奥飞娱乐动漫形象价值评估

一、评估参数预测

（一）收入预测

动漫玩具的收入包括玩具销售收入，表 4－23 给出了 2012—2017 年玩具销售的销售收入及其年增长率。

表 4－23 2012—2017 年动漫玩具销售收入及增长率

项目	2012 年	2013 年	2014 年	2015 年	2016 年	2017 年
玩具销售收入（万元）	101571.20	118726.63	157936.93	161601.23	193232.28	195512.54
增长率	22.02%	16.89%	33.03%	2.32%	19.57%	1.18%

从该表可以看出，奥飞娱乐的玩具销售收入在 2012—2014 年处于高速增长阶段，平均增长率达到了 24%。然而，2015 年的增长率只有 2.3%，这主要是因为奥飞娱乐在这一年没有新的动漫形象生成。但是公司在 2015 年之前对智能玩具的布局开始展现其效果，到 2016 年，增长率开始回升。2017 年，奥飞娱乐前三季度的收入稳定，但到第四季度，由于公司开展潮流玩具项目且该项目没有达到预期收益，导致增长率下降。但是，由于中国开放二孩政策以及奥飞娱乐的海外布局开始显现效果（奥飞娱乐在加拿大、荷兰、英国、中东和南美分别设立子公司，海外发行覆盖超过 130 个国家，授权市场超过 250 个国家），我们有理由相信，奥飞娱乐能够尽快调整其战略，重新获得稳定的增长。因此，我们将 2015 年和 2017 年剔除，最终得到其收入的平均增长率为 22.8%。在此基础上，预测 2018—2022 年玩具销售收入的增长率分别为 20%、20%、16%、12%、9%。2022 年以后，玩具销售收入的增长率将保持不变，大约等于宏观经济的增长速度，因此将 2022 年以后的玩具销售收入增长率设定为 7%。根据上述描述，玩具产业的收入预测如表 4－24 所示。

表 4－24　　2018—2022 年玩具产业的收入预测

项目	2018 年	2019 年	2020 年	2021 年	2022 年
玩具销售（万元）	234615.05	281538.06	326584.15	365774.24	398693.93
增长率	20%	20%	16%	12%	9%

（二）收益年限预测

动漫形象的收益年限来自其能够获得超额收益的时间。对于经典的动漫形象，其获得超额收益的年限可能长达几十年，甚至是永久，如迪士尼的米老鼠、唐老鸭等动漫形象以及漫威的超级英雄等。但这些拥有超长收益年限的动漫形象都离不开后续动漫作品的宣传和推广。漫威在将蜘蛛侠的动漫形象授权给索尼时写道：若索尼无法在每五年内推出蜘蛛侠的新作品，则将收回蜘蛛侠的动漫形象授权。这些都说明了动漫形象生命力的延续取决于动漫作品的宣传力度。当动漫形象丧失了其在观众中的影响力时，动漫玩具也就没有了区别于同质化产品的竞争优势，丧失了获得超额收益的能力。因此，在对奥飞娱乐的动漫玩具获得收益年限进行预测时，我们需要对奥飞娱乐的作品进行研究。

奥飞娱乐目前生命力最顽强的动漫作品是《火力少年王》。该作品已有 12 年的历史，包括五部真人版和三部动画版作品，此外还有由其动漫形象衍生出来的悠悠球系列玩具，曾为奥飞娱乐带来了巨大的收益。直至 2016 年，奥飞娱乐发现该动漫形象已经很难在引起观众的兴趣，于是将该系列搁置。《火力少年王》系列无法拥有持续性生命力和作品的情节老套、特技不足有关。同时，奥飞娱乐在制作生成动漫玩具时会根据动漫形象是否具有热度来选择是否进行玩具生产。例如，《巴拉拉小魔仙》系列由于其动漫形象不具有热度，由该动漫形象生产的动漫玩具不到半年就停止了生产。

在原有的动漫形象无法给企业带来超额收益时，奥飞娱乐前期的战略布局发挥了效应。奥飞娱乐的内容创造部门根据儿童的喜好，推出了《喜羊羊与灰太狼》系列动画片，并成功打造了该动画的一系列的动漫形象，使企业的动漫玩具获得了巨大收益。此外，奥飞娱乐也一直在推出其他新颖的动漫作品，如《超级飞侠》《果宝特工》等，从未中断过。

综上所述，虽然奥飞娱乐很难创作出经典的动漫形象，但是奥飞娱乐具有超强的生命力，能不断地推出观众喜爱的动漫作品，因此也就不断有新的动漫形象生成。不是所有的动漫形象都能给动漫玩具带来超额收益，但是由于不间断地创作出新的动漫形象，奥飞娱乐一直都能从由此带来的动漫玩具销售获得超额收益。因此，奥飞娱乐的动漫形象带给动漫玩具超额收益的年限应该和奥飞娱乐企业获得收益的年限一致。由于奥飞娱乐是上市公司，最终对其收益年限预测为无限期。

（三）折现率预测

根据上面的预测可以获知，动漫形象能够获得收益的大小和年限受到公司经营情况的影响。换句话说，动漫形象面临的风险因素和奥飞公司面临的风险因素大致相同。所以，将奥飞公司整体折现率作为动漫形象的折现率，并采用加权资本成本模型来估计奥飞的折现率。

加权平均资本成本是根据企业资产组合中每种资产的预期回报率的加权平均来估算企业所有资产的平均回报率水平。企业所有资产一般包括负债和股权，如普通股权、优先股股权和长期计息债务。基本公式如下：

$$R = WACC = R_e[E/(E+B)] + R_b(1-T)[B/(E+B)] \tag{4-7}$$

其中，WACC 是加权资本成本；R_e 是股权资本成本；R_b 是债权资本成本；$E/(E+B)$是股权在总资产中的比重；$B/(E+B)$是债权在总资产中的比重。

对于股权资本成本，可采用资本资产定价模型进行计算：

$$Re = R_f + (R_m - R_f) \times \beta \tag{4-8}$$

其中，WACC 是加权资本成本；R_f 是无风险利率；R_m 是预期收益率；β 是风险系数。

从理论上来讲，无风险收益率是指投资于没有任何风险的项目时所能得到的收益率。但在实际经济环境中，完全无风险的投资是不存在的，收益与风险总是并存，在资产评估实务界一般公认政府债券的违约风险较低，因此经常以长期政府债券的到期收益率作为无风险收益率。本书选用从评估基准日至国债到期日不少于十年的长期国债的到期收益率的平均值 3.30% 作为无风险利率。

风险系数 β 反映了投资组合对证券市场的敏感程度，以及企业的整体市场风险。本书通过国泰安数据库，选取奥飞娱乐股份有限公司相对于沪深综合市场 2012—2017 年的风险系数的平均值作为该企业的风险系数，最终确定风险系数 $\beta = 1.11$。

对于市场风险溢价股票市场整体的收益率与无风险收益率的差额，理论界和实践界还尚未形成统一的计算标准，但是大多数人更倾向于用历史时期较长的数据来进行计算。本书选用 2005 年 12 月 31 日和 2017 年 12 月 31 日沪深 300 指数的历史收盘指数（分别是 923.45 和 3310.08）进行几何平均，计算得出 $R_m = 12.31\%$。最后，再计算出市场风险溢价：$R_m - R_f = 12.31\% - 3.30\% = 9.01\%$。

通过上述分析，可以计算出股权资本成本：

$$R_e = R_f + (R_m - R_f) \times \beta = 3.30\% + 1.11 \times 9.01\% = 13.30\%$$

本书选用五大银行（中国工商银行、中国农业银行、中国建设银行、中国银行、中国建设银行）在 2017 年度的五年期以上平均贷款利率 4.9% 为基础确定企业的税前债务资本成本，即 $R_d = 4.9\%$。

在计算公司加权平均资本时，其中债务金额应当是长期有息负债的金额。因此，根据公司最近四年的财务报表可以计算出公司的债务价值/（债务价值 + 股东权益）的平均值为 35.15%，因此股东权益所占比重为 64.85%，故可以算出：

$$WACC = R_e[E/(E+B)] + R_b(1-T)[B/(E+B)] = 64.85\% \times 13.30\% + 35.15\% \times 4.9\% \times (1 \times 13.68\%) = 10.11\%$$

二、层次分析法估值

根据对影响因素的程度进行分析，通过专家打分法对个影响因素进行打分，将打分结果进行绘制，最后得出矩阵。各个矩阵一致性检验如下所示（见表 4－25 至表 4－32）。

表 4－25　对动漫玩具收入的分解 A－C 排序

A－B	B1	B2	B3	w
B1	1	1/4	1/3	0.12
B2	4	1	1/2	0.56
B3	3	2	1	0.32

计算得出：$\lambda_{max} = 3.018$，$CR = CI/RI = 0.017$。$CR < 0.1$，满足一致性检验的通过条件，检验通过。

表 4-26　　C1-P 单排序

B1-C	C1	C2	C3	C4	C5	w
C1	1	4	6	3	3	0.43
C2	1/4	1	4	1/4	1/4	0.098
C3	1/6	1/4	1	1/3	1/5	0.05
C4	1/3	4	3	1	1/2	0.17
C5	1/3	4	5	2	1	0.25

计算得出：$\lambda_{max} = 5.396$，CR = CI/RI = 0.086。CR < 0.1，满足一致性检验的通过条件，检验通过。

表 4-27　　C2-P 单排序

B2-C	C1	C2	C3	C4	C5	w
C1	1	4	5	1/3	1/5	0.16
C2	1/4	1	3	1/4	1/5	0.08
C3	1/5	1/3	1	1/5	1/6	0.04
C4	3	4	5	1	1/3	0.25
C5	5	5	6	3	1	0.47

计算得出：$\lambda_{max} = 5.440$，CR = CI/RI = 0.098。CR < 0.1，满足一致性检验的通过条件，检验通过。

表 4-28　　C3-P 单排序

B3-C	C1	C2	C3	C4	C5	w
C1	1	5	6	2	1/4	0.24
C2	1/5	1	3	1/3	1/4	0.08
C3	1/6	1/3	1	1/6	1/6	0.04
C4	1/2	3	6	1	1/4	0.17
C5	4	4	6	4	1	0.46

计算得出：$\lambda_{max} = 5.419$，CR = CI/RI = 0.093。CR < 0.1，满足一致性检验的通过条件，检验通过。

表 4 – 29　　对营销效果的分解 A – C 排序

D – E	E1	E2	E3	w
E1	1	3	8	0. 65
E2	1/3	1	6	0. 29
E3	1/8	1/6	1	0. 06

计算得出：$\lambda_{max} = 3.073$，CR = CI/RI = 0. 071。CR < 0. 1，满足一致性检验的通过条件，检验通过。

表 4 – 30　　C1 – P 单排序

E1 – F	F1	F2	F3	F4	F5	w
F1	1	4	6	5	3	0. 46
F2	1/4	1	3	1/3	1/4	0. 09
F3	1/6	1/3	1	1/3	1/4	0. 05
F4	1/5	3	3	1	1/3	0. 14
F5	1/3	4	4	3	1	0. 25

计算得出：$\lambda_{max} = 5.362$，CR = CI/RI = 0. 081。CR < 0. 1，满足一致性检验的通过条件，检验通过。

表 4 – 31　　C2 – P 单排序

E2 – F	F1	F2	F3	F6	F7	w
F1	1	6	5	4	3	0. 45
F2	1/6	1	1/4	1/5	1/5	0. 04
F3	1/5	4	1	1/3	1/4	0. 09
F6	1/4	5	3	1	1/3	0. 16
F7	1/3	5	4	3	1	0. 25

计算得出：$\lambda_{max} = 5.408$，CR = CI/RI = 0. 091。CR < 0. 1，满足一致性检验的通过条件，检验通过。

表 4－32　　C3－P 单排序

E3－F	F1	F8	F9	w
F1	1	1/3	1/3	0.14
F8	3	1	2	0.52
F9	3	1/2	1	0.33

计算得出：$\lambda_{max} = 3.054$，$CR = CI/RI = 0.052$。$CR < 0.1$，满足一致性检验的通过条件，检验通过。

最终得到奥飞娱乐的动漫形象占据动漫玩具收入的比重，计算过程如下：

营销效果占玩具收入的比重 $= 0.12 \times 0.25 + 0.56 \times 0.47 + 0.32 \times 0.46 = 0.44$；

动漫形象占营销效果的比重 $= 0.65 \times 0.46 + 0.29 \times 0.45 + 0.06 \times 0.14 = 0.49$；

动漫形象占玩具收入的比重 $= 0.44 \times 0.49 = 0.22$。

所以，动漫形象的价值占动漫玩具销售收入的 22%。

通过以上分析可知，奥飞娱乐的动漫形象的评估价值约为 187803.77 万元。

第八节　网络游戏版权及价值分析

一、文化创意产业中的知识产权

（一）文化创意产业与网络游戏产业

文化创意产业是对数字游戏、互动娱乐、影视动漫、数字出版、数字展示等产业的统称，是一个具有绿色和高增长特征的知识密集型产业。网络游戏产业作为新兴文化创意产业的一个分支，与文化创意产业既有联系又有区别。

（二）文化创意产业的知识产权

知识产权是指人们就其智力劳动成果所依法享有的专有权利，其中一个是著作权（也称版权），另一个是工业产权。知识产权由两部分组成：人身权利和财产权。人身权利是指那些与取得智力成果的人身不可分割的权利，是人身关系在法律上的反映。财产权是指权利人利用这些智力成果获得报酬或在知识产权得到法律承认后获得奖励的权利。

研究网络游戏版权的内涵，首先要弄清楚在文化创意产业这一特殊文化环境中的知识产权。不同于传统内容产业，文化创意产业是以平台主导流量、版权交叉利用和资产创新融合为核心的产业生态系统。在文化创意的浪潮中，以版权为单一核心的知识资产体系被更为多元、融合和创新的资产体系所取代。传统内容产业的知识资产主要体现为内容版权，而在当前的文化创意产业体系中，内容版权仍然是产业知识资产体系的主要组成部分，但随着产业价值链的变迁而变化。内容版权的交叉利用使得文化创意产业的版权不是基于单一市场保护和利用的单一产权，而是基于多个市场保护和利用的复合产权。

二、网络游戏版权内涵

（一）游戏版权变现模式

现阶段，网络游戏企业利用游戏版权进行变现的一般性模式如图 4 – 12 所示。游戏版权授权连接整个产业链。

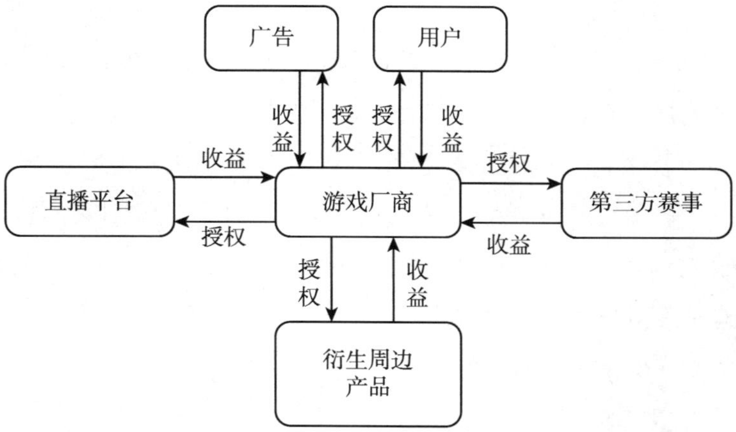

图 4 – 12　网络游戏企业利用游戏版权进行变现的一般性模式

资料来源：对公开资料的整理。

1. 直播平台。游戏厂商相对于直播平台来说具有强势地位，因为游戏厂商的授权与否决定着直播平台的内容产出。2015 年，网易收回旗下游戏《梦幻西游》的直播权，已显示出某种趋势。2016 年是“直播元年”，直播行业发展迅猛。同年，腾讯先是收购了拳头公司的剩余股份，后来又投资了斗鱼直播平台。这就是一个厂商版权变现的例子，游戏厂商通过授权给直播平台，能够从直播平台的收益中分红。

2. 广告。游戏的火爆会获得广告商的青睐。而游戏能否火爆起来从根本上取决于其内容版权。当游戏内容足够吸引人时，游戏产品会拥有数量众多的游戏玩家，这些游戏玩家会吸引广告商的到来。广告商投放广告，以达到良好的宣传目的。因此，广告收入也是版权变现的一种体现。

3. 用户。用户被游戏内容、游戏题材或者游戏玩法所吸引，通过游戏渠道商获取游戏资源，开启游戏体验。目前，用户的付费模式包括游戏收费和增值服务收费。增值服务收费所采取的形式是将游戏产品免费提供给用户，但向用户收取道具或皮肤等增值服务费。这种游戏付费方式已日渐流行，很多游戏产品都采用这种模式。用户所创造的游戏收入是游戏内容版权变现的直接的重要来源。

4. 第三方赛事（电子竞技）。电竞行业最初兴起是由游戏厂商牵头举办大型竞技类游戏比赛，目的是宣传游戏，让更多的人了解游戏，让游戏能够持续火热。而如今随着电竞产业的发展，举办第三方赛事也能够获得可观的利润与广泛的观众群。

5. 游戏周边产品的开发。随着游戏越来越火爆，用户增多，粉丝增加，从游戏衍生出来的周边产品也会给游戏的经营者带来不少的收入。衍生品开发所带来的收入分国家来看，国内的衍生品市场还不够发达，但欧美和日韩的衍生品市场发达，各种 IP 周边产品齐全且完善，所以对于这些国家而言，衍生品开发所带来的收入相当可观。例如，迪士尼动画《冰雪奇缘》的衍生品和周边收入远超过动画片在北美的票房收入。

（二）网络游戏版权内涵的界定

知识产权的主要领域包括版权、商标权、专利权和商业秘密等，但从游戏知识产权的价值实现方式看，在对游戏厂商的利润贡献中起核心作用的是以内容为主的游戏版权。

基于知识产权的角度分析，网络游戏属于一种复合型智力成果。中国的《著作权法》表明，网络游戏还没有成为一种著作权法保护的独立客体。网络游戏产品中可以分解出美术作品、文字作品、音乐作品、类电影作品、计算机软件作品等，也就是说，网络游戏版权包含但不限于计算机软件著作权，网络游戏版权的本质是多种著作权客体的集合。

本书将网络游戏版权定义为网络游戏版权所有者对网络游戏成果依法享有

的人身权和财产权。中国《著作权法》中规定人身权利有四项，包括发表权、署名权、修改权和保护作品完整权；财产权利有13项，包括复制权、发行权、改编权、表演权、信息网络传播权等。

基于以上游戏版权变现的一般性模式及网络游戏运营模式，网络游戏涉及的版权权利如下：网络游戏产品能够上架并能被玩家所消费娱乐，主要涉及版权中的发表权、署名权、复制权和信息网络传播权；游戏制造商授权直播平台和第三方活动涉及版权的摄制权、发行权、表演权等；随着游戏市场的国际化，游戏产品也开始出现进口和出口，涉及的主要权利有复制权、发行权、翻译权等；对于衍生品的二次开发利用主要涉及改编权等。目前，后两种模式有所涉及，但并未成为主流。

综上所述，游戏版权主要涵盖发表权、署名权、修改权、复制权、发行权、信息网络传播权、翻译权、表演权、摄制权和改编权。在这十项权利中，前三项为人身权，后七项为财产权。

三、网络游戏版权价值影响因素及价值演变规律分析

在本节中，笔者将分析网络游戏版权价值影响因素及此过程中的价值演变规律，为版权价值评估模型的构建提供理论支持。

（一）网络游戏版权价值影响因素分析

在对游戏版权价值影响因素进行分析时，本书分析的逻辑按照版权所带来的经济收益实现过程展开。游戏版权经济价值的实现途径主要有两个：一是对游戏产品的直接消费；二是对游戏版权的跨产业开发。

1. 原生用户价值影响因素分析。本书把用户对游戏产品的直接消费所形成的价值界定为原生用户价值，其价值影响因素分析如下：

（1）游戏产品吸引力因素。游戏产品对用户的吸引力是游戏版权能否实现价值的核心因素，游戏产品吸引用户并引导其消费，这是游戏产品版权价值变现的市场基础。游戏产品对原生用户的吸引力体现在三个方面。

第一，游戏类型/题材。通过设定不同的游戏类型和风格，吸引不同细分市场的消费者，如适合女性玩家的女性向游戏和适合男性玩家的男性向游戏。游戏产品类型或题材符合玩家胃口是游戏玩家尝试某款游戏的重要原因。据极光大数据《2018年年度手机游戏行业数据报告》，95后游戏玩家比80后玩家更容

易受到自己感兴趣的游戏类型或者题材的吸引。

第二，游戏设计。游戏玩家关注游戏体验，网络游戏中构成的世界观、游戏人物角色形象以及游戏操作的难易程度都成为能否吸引游戏玩家的主要因素。

第三，游戏创作者的影响力。游戏产品创作者如因其以往的游戏创作形成了足够的知名度并获得了消费者的认可，则可在游戏玩家中形成良好的口碑，促进玩家消费。例如，暴雪公司在游戏开发和运营领域就对其原生用户具有巨大的吸引力和影响力，在玩家中形成了“暴雪出品，必属精品”的口碑和认同感，故暴雪开发的系列游戏和新游戏都有迅速获得用户的能力。

（2）平台因素。游戏产品所处平台的引流能力是一款游戏产品能否在一开始就覆盖足够多的原生用户的关键。平台引流能力越强，游戏产品所能覆盖的原生用户数量的基数和规模就越大，原生用户消费能够实现的价值就越高。

（3）监管因素。监管因素主要是指在游戏产品生产和传播的过程中，由于国家政策法规的政策倾向和引导趋势的发展和变化，出现游戏创作方和平台无法控制的外部风险，导致其游戏产品的价值实现中断或显著降低。如自 2018 年 3 月起，游戏版号审核就一直处于关闭状态。没有版号意味着游戏只能免费公测，不能收取任何费用。以腾讯的“吃鸡”手游《刺激战场》为例，因为没有版号，在国内市场就无法商业化和货币化。

2. 衍生用户价值影响因素分析。本书把游戏版权在泛娱乐行业进行跨产业开发所形成的价值界定为衍生用户价值。在泛娱乐产业的游戏产品联动模式中，其价值影响因素可以归结为衍生转化因素、衍生权利因素和衍生用户因素。

（1）衍生转化因素。衍生转化因素是指在游戏产品的泛娱乐产业衍生开发过程中影响其价值实现的因素，主要包括衍生产品类型、变现模式、产品能力三个因素。

①变现模式。游戏版权跨产业开发成为不同的衍生产品类型，存在不同的变现模式。通过跨产业开发扩展了对原生用户和新用户的影响力，但如何利用影响力，转化为产品的现实收益依赖于产品变现模式的设计。产品变现模式的差异直接反映和影响内容产品各利益相关方在开发过程中的博弈关系和利益分配机制。

②产品能力。产品构建能力有以下两个评判标准：第一，内容转化能力。内容开发商能否对原创内容的 IP 进行合理的顺应趋势的二次开发利用。第二，资源聚集能力。游戏产品衍生性开发虽然有原生用户基础，但优秀的游戏产品

转化依然需要产品开发方能够提供各个方面的资源注入和支持。从内容出发，产品制作团队、资金和资源支持、平台和渠道能力以及社会公共关系处理等方面都要求产品开发方具备优秀的资源聚集能力，进而推动游戏版权顺利转化。

（2）衍生权利因素。权利束是产权经济学中的概念，即产权是由许多权利构成。完备产权是一种理想状态，但在现实中产权往往是不完整的，因此现实中的产权也是一个“结构”概念。知识产权可被视为权利束集合，伴随着内容产品的跨行业开发，其知识产权也呈现衍生出权利束的不同排列组合状态。游戏版权也是如此，例如版权中包含的复制权和传播权等多种权利束。

（3）衍生用户因素。伴随着技术的进步，网络游戏产业链向外延伸变得更加完整丰富，游戏产品的用户规模也在逐渐增大。从小规模受众的游戏市场转向大规模受众的泛娱乐市场，需要考虑转化渠道和转化率这两个因素。游戏产品的衍生用户数量受渠道导入的影响，即选择何种渠道吸引用户的关注和刺激用户消费。比如，以微信、微博等社交媒体、百度贴吧等互动平台和影视、游戏专业网站或平台为主，影响力扩散程度可以通过在相关渠道上的点击、阅读、浏览、发帖、评分等数据进行计算。

（二）网络游戏产业版权价值演变规律分析

基于上文对游戏版权内涵的讨论和对其价值影响因素的分析，本书对游戏版权价值演变规律的分析将从两个维度展开：一是价值演变是基于时间连续变化的产物，应该如何分析版权依时间连续变化的规律；二是价值演变又是不同时点的特定知识产权组合（版权属于知识产权组合）和状态的产物，应该如何认识特定组合和状态下的知识产权对价值变化的影响。

1. 用户价值变化是游戏版权价值演变的主轴。基于以上对游戏版权价值影响因素的分析，游戏产品的用户价值变化是影响其版权价值的主要因素。针对游戏产品用户的价值变化，本书认为需要分析和描述游戏产品的变化进程，并构建用户价值变化与游戏产品变化进程的关系。通过借鉴市场营销中经典的产品周期理论，构建分析游戏版权用户价值变化的逻辑框架，在后文会对此进行阐述。

2. 游戏产品生命周期是判断用户价值变化的基准。产品生命周期最初由Dean（1950）提出，用于说明从设计开始到最终淡出市场的典型产品的预期生命周期。在目前的国内外研究成果中，有两种讨论生命周期概念的角度，分别是全生命周期和剩余生命周期。

（1）游戏产品全生命周期概念。本书将游戏产品的全生命周期定义为一款游戏从开始出现直至完全丧失盈利能力的全过程。网络游戏的整个生命周期可分为四个阶段：导入期、成长期、成熟期和衰退期。

①游戏导入期。在游戏导入期阶段，游戏玩家对游戏内容及玩法了解甚少，因此一开始注册的游戏用户数量不多。在这一阶段，游戏厂商通常会花较多资金和精力在游戏宣传上，以使游戏触及更广阔的用户群体。在此阶段，由于广告方面的投入，以及玩家规模尚未培养起来，游戏厂商的获利很少，甚至有可能亏本。这一阶段主要是为游戏打开知名度和市场。

②游戏成长期。在游戏产品吸引了足够数量的游戏用户之后，开始进入成长期阶段。由于游戏的推广方式和力度不同，游戏营收通常呈现出波浪形态势。在这一阶段，游戏玩家熟悉了游戏内容与玩法，花费在游戏上的时间和金钱都在逐渐增加。在这一阶段，游戏玩家数量的增速加快，而游戏厂商的广告成本投入下降，因此游戏厂商在此阶段的获利增加。在这个阶段，主要是抓住游戏市场，挤压类似竞争对手的生存空间。需要注意的是，游戏产品在上线初期面对的不确定性较强，因此游戏产品很有可能在成长期就面对产品失败，用户和收益极速下滑，直接进入衰退期。

③游戏成熟期。在成熟期这一阶段，注册用户数量增幅不大，游戏玩家的活跃情况和付费情况也都比较稳定。随着游戏厂商加大对广告的投入，注册用户数量趋于饱和。在该阶段，注册成本费用增加比利润增加更显著。本阶段的关键是抢夺市场份额，提高及维持游戏用户的忠诚度以及获取最大利润。

④游戏衰退期。在这一阶段，游戏进入了淘汰期。部分玩家由于游戏时长的增加而逐渐对游戏丧失了兴趣，也有部分玩家由于被市场上出现的新游戏所吸引，游戏用户活跃度逐渐减弱。但是，在这一阶段还是有部分忠实玩家继续沉浸在游戏中。随着游戏用户数量的减少，这一阶段的游戏营收也慢慢降低。

（2）游戏产品剩余生命周期概念。游戏产品剩余生命周期指的是从当前到游戏产品失去盈利性的时间段。本书研究的是网络游戏版权价值，选择哪个角度来诠释产品生命周期概念以及在产品生命周期概念下的用户价值是需要考虑的问题。本书需要在“资产评估”这一语境下分析这个问题：市场每时每刻都在变化，资产价值也在变化。在评定估算资产价值时，前提是要定好一个时间基准，这就是资产评估中的评估时点原则。如果这个时间点被理解为“当前”，那么产品剩余生命周期和预测期是一致的，因此产品剩余生命周期可以用来代替资产评估的预测期；产品的整个生命周期大于或等于预测期的长度，两者并不完全一致。基于以上分析，本书选择产品剩余生命周期作为产品生命周期的概念，将产品剩余生命周期作为资产评估的预测期。

3. 知识产权组合状态是游戏产品价值分成的依据。网络游戏产品是一种复合型智力成果，其知识产权也体现为复合型的组合形态。游戏产品包含复杂的智力成果，如软件、游戏情节、场景设置和人物形象以及配乐配音，这些智力成果属于不同的知识产权类型。游戏产品版权的本质是多种版权的集合，包含计算机软件版权、美术作品版权和音乐作品版权三种类别的版权，这三者共同构成了游戏版权组合。在游戏产品传播中还产生了电信运营商的邻接权。我国的《版权法》对作品传播者赋予邻接权，保护作品在传播过程的版权和传播者的权利。据此，网络游戏产品的知识产权就是多种版权和邻接权等知识产权的组合。要对数字内容产品的价值进行判断，就需要首先对产品特定的知识产权组合进行认知。评估游戏版权就是看游戏版权在知识产权组合中为游戏产品价值所做的贡献，即游戏版权的权重。

第九节 案例研究——《王者荣耀》游戏版权价值评估

一、腾讯游戏平台及《王者荣耀》游戏简介

（一）腾讯游戏平台介绍

腾讯游戏平台是全球领先的游戏开发和运营机构，是腾讯公司的四大平台之一，也是中国最大的游戏社区。该平台是国内游戏行业的领军者，旗下囊括《英雄联盟》《穿越火线》《王者荣耀》等多款精品游戏。腾讯游戏业务板块的业绩显著。

（二）《王者荣耀》游戏介绍

1. 《王者荣耀》游戏的开发运营商是腾讯公司，属于多人在线战术竞技游戏（MOBA 类游戏），于 2015 年 11 月 26 日在安卓和 IOS 平台正式公测。游戏玩家随机被匹配成两队，大家以团队作战的形式在王者峡谷等地图模式上互相攻

击对抗。游戏玩家可以选择英雄，并通过左右手操纵界面指挥英雄使用不同的技能和大招。每个英雄都有不同的角色定位，王者峡谷中有法师、刺客以及当肉扛的坦克等，在选择英雄时要注意团队的阵容搭配。

2.《王者荣耀》虚拟货币系统。《王者荣耀》游戏中虚拟货币种类很多，主要有三类：点券、金币和钻石。在这三类货币中，点券是唯一需要用钱购买的游戏货币，而金币和钻石则可以在游戏体验中获得。点券是该游戏收入的主要来源。金币一般是通过每日登录做任务、进行对战以及冒险模式获得，可以用来购买部分英雄，如白起、老夫子和高渐离等。钻石可通过抽奖、日常活动、成就以及武道大会获得，用来抽取铭文、购买英雄、夺宝解锁铭文页等。

3.《王者荣耀》游戏运营情况。笔者通过查询猎豹大数据得出，2018 年第一季度《王者荣耀》的周活跃渗透率是 5.44%，与巅峰时期 9.5% 的周活跃渗透率相比减少了很多。同时，同属于腾讯游戏旗下的游戏产品《绝地求生：刺激战场》和《绝地求生：全军突击》增长幅度较大，周活跃渗透率显著提高。

在 2018 年 5 月《王者荣耀》仍是中国 iOS 最畅销排行榜排名第一的手游，日活跃用户数和游戏营收增速较快，表现可观。在 2018 年 10 月，该游戏位居中国手游下载量排行榜第七名，营收居排行榜榜首，见表 4－33 和表 4－34。

表 4－33　　2018 年 10 月中国手游下载量排行榜

排名	游戏	公司
1	绝地求生：刺激战场	腾讯
2	Happy Glass	AppLovin
3	红警 OL	腾讯
4	香肠派对	心动游戏
5	Nunpuz	多比特
6	航海王：燃烧意志	阿里巴巴集团
7	王者荣耀	腾讯
8	Weaphones Firearns Sinulator1	OranginalPlan
9	神都夜行录	网易
10	欢乐斗地主	腾讯

资料来源：App Annie、中商产业研究院整理。

表 4 – 34　　　　2018 年 10 月中国手游营收排行榜

排名	游戏	公司
1	王者荣耀	腾讯
2	梦幻西游	网易、三七互娱
3	神都夜行录	网易
4	QQ 飞车	腾讯
5	梦幻模拟战	紫龙互娱、游戏种子
6	斗破苍穹：斗帝之路	腾讯
7	大话西游	网易、三七互娱
8	阴阳师	网易、SEA、Kakao Corp、中青宝、曼巴互娱
9	航海王：燃烧意志	阿里巴巴集团
10	Fate/Grand Order	智冠科技、bilibili、索尼、Netnarble

资料来源：App Annie、中商产业研究院整理。

除了游戏本身的运营情况，《王者荣耀》游戏衍生的移动电竞产业发展也如火如荼。《王者荣耀》赛事全方位分布，除极具观赏性的《王者荣耀》职业联赛（KPL）外，其他赛事也很精彩。据报道，2018 年 KPL 春季常规赛的观看量突破 45 亿，并且其影响力还在持续增长。2018 年 9 月 28 日，《王者荣耀》与韩国合作，开启了首个国际赛区 KPL。《王者荣耀》的比赛直播不仅是游戏很重要的一部分，同时也扩大了游戏的影响。赛事直播增强了游戏与玩家之间的情感联系。

二、《王者荣耀》游戏的收入来源

（一）《王者荣耀》的盈利模式

《王者荣耀》游戏的盈利模式主要是免费增值模式，即游戏免费提供给玩家，向用户收取增值服务费。免费增值型模式允许玩家免费下载和运行游戏，并且鼓励用户购买道具或皮肤等增值服务。越来越多的网络游戏产品采用该盈利模式，并逐渐成为一种趋势。在此基础之上，《王者荣耀》还有如下几个盈利渠道：

1. IGA（In game advertising），即在游戏中植入广告。《王者荣耀》游戏的火爆吸引了大量厂商前来投放广告。游戏厂商植入的广告很精妙，不仅不会影响玩家的游戏体验，有的还能够成为点睛之笔，达到很好的宣传作用。比如，在《王者荣耀》中，老夫子的圣诞老人皮肤的设计中植入了耐克的广告，老夫子脚上穿的红鞋子上印着耐克的 logo，这款皮肤喜庆又时髦；劳力士的品牌也隐藏在韩信的皮肤中。随着英雄皮肤的大热，这些设计在英雄皮肤上的广告也能被更多的游戏玩家和潜在的消费者看到。

2. 游戏周边产品的开发。虽然相较于来自赞助商和广告商的收入来说，周边产品的收入较少，但是销售游戏周边产品也给游戏厂商带来了不少收入，只不过如同本书前面所阐述的那样，在游戏周边产品开发这方面国内市场做得还不够充分。

3. 电子竞技比赛。2016 年，中国电竞产业用户群体数量有 1.7 亿人，创造了高达 200 多亿元的产值。电竞行业创造价值的能力已不容小觑，在游戏产业链的衍生链上占有很重要的地位。作为国内游戏产业最重要部分的移动游戏产业，其电竞产业发展也很迅猛。2016 年是移动电子竞技元年，爆款移动电子竞技赛事取得了巨大成功，开始进入移动电子竞技时代。

与此同时，KPL 也引起了人们现象级的关注。从比赛转播平台到赛事现场门票，再到比赛赞助商赞助，KPL 为腾讯公司带来了巨额的利润。

4. 与其他企业的合作。腾讯王卡是腾讯和中国联通联合推出的一项业务。有了腾讯王卡，用户在使用腾讯公司旗下的《王者荣耀》游戏、微信、腾讯视频等产品时，免流量费。这样不仅能优化用户的产品体验，还可以为联通吸引用户，能达到双赢的效果。

除了举办职业联赛，腾讯公司还与大型互联网游戏直播平台达成了战略合作。通过实现跨产业合作，腾讯公司的业务触角伸向了很多产业。

（二）《王者荣耀》的主要收入来源

基于上文对《王者荣耀》游戏的盈利模式与盈利渠道的分析，本书可以将《王者荣耀》游戏的主要收入来源归纳为三个方面。

1. 游戏收入。游戏收入来源于游戏玩家的充值收入。游戏玩家充值以购买游戏内的皮肤、英雄等。这类收入直接由用户付费实现，并且这类虚拟的游戏产品的边际成本很低，甚至可以忽略不计。

2. 电子竞技比赛直播权。《王者荣耀》的电子竞技比赛 KPL 的赛事直播权被腾讯卖给了虎牙 TV、熊猫 TV 等直播平台，这类收入也较为可观。

3. 广告收入。《王者荣耀》的火爆获得了许多广告商的青睐。许多英雄的皮肤中都融入了各种各样品牌的 logo，并且有的还能达到互利共赢的效果。2016 年，必胜客与《王者荣耀》合作推出了王者套餐，在必胜客购买王者套餐就送一张闪卡，还有机会获得安琪拉的皮肤。这类收入来源于第三方客户，并由第三方企业负担成本。

游戏除了日常的运营费用、研发费用，其他主要收入相对应的成本基本上都是由第三方客户承担，或者是零边际成本。因此，游戏的利润空间十分可观。

三、基于修正的 DEVA 模型的各个参数的确定

本案例的评估对象是《王者荣耀》游戏的版权，选取的评估时点为 2018 年 9 月 30 日。基于修正的 DEVA 评估模型，对《王者荣耀》游戏的版权价值评估需要分别确定以下各个参数：

（一）月活跃用户数 MAU

月活跃用户数衡量给定月份的活跃游戏用户数，一般计算从某月的第一天到最后一天的数量。2017 年 2 月至 2017 年 6 月《王者荣耀》的月活跃用户数的具体数据见表 4 – 35。

表 4 – 35　　2017 年 2—6 月《王者荣耀》的月活跃用户数

日期	2017 年 2 月	2017 年 3 月	2017 年 4 月	2017 年 5 月	2017 年 6 月
月活跃用户数（亿人）	1.09	1.40	1.49	1.63	1.82

资料来源：极光大数据。

2017 年 10 月至 2018 年 10 月《王者荣耀》的月活跃用户数见图 4 – 13。其中，2018 年 9 月的活跃用户数为 18173.1 万人。

（二）用户剩余生命周期价值 CLV

1.《王者荣耀》的用户剩余生命周期长度。《王者荣耀》的用户生命周期与《王者荣耀》游戏产品生命周期密切相关，本书采用《王者荣耀》游戏产品生命周期来近似替代《王者荣耀》的用户生命周期。

《王者荣耀》自 2015 年 8 月 18 日开始内测，同年 11 月 26 日进行公测，至今已经陪伴各位玩家走过三个年头。这款手游生命力顽强且富有生机，其 2018 年的（iOS）收入预计为 124 亿元。

随着吃鸡游戏的盛行，《王者荣耀》实际上在 2017 年下半年就已经开始走下坡路了，但在新角色、新玩法的运营支持下，2018 年第一季度用户数量仍成增长态势。作为一款 5v5 公平平台竞争游戏，深得平民玩家的喜爱，在这里平民玩家完全可以依靠自己的技术来占领属于自己的一片天地。虽然随着吃鸡游戏

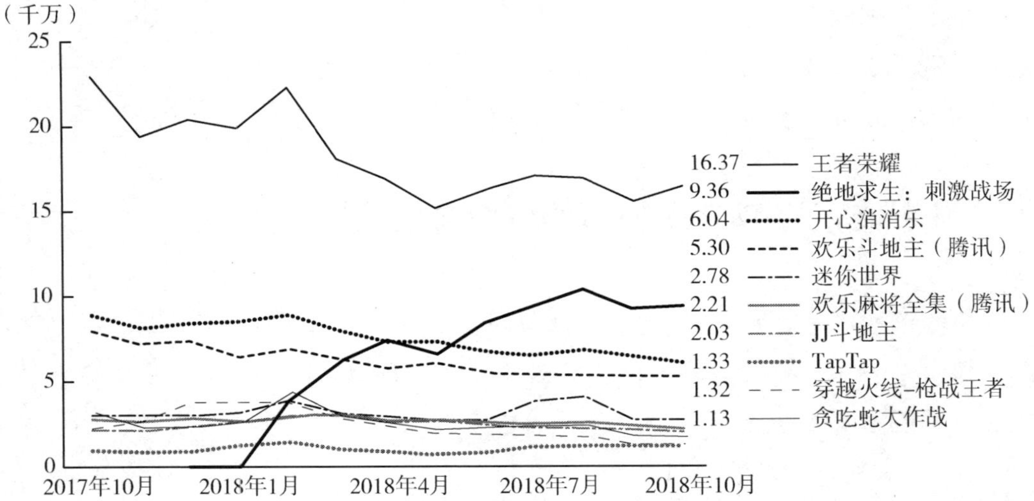

图 4-13　2018 年 10 月渗透率排名前十位的手游 APP 的月活跃用户数

资料来源：极光大数据。

热潮的兴起，部分《王者荣耀》玩家转战吃鸡战场，但是由于最近吃鸡游戏开外挂情况很严重，部分追求公平的游戏玩家重拾对《王者荣耀》这个公平竞技的平台的喜爱与兴趣，这又延长了《王者荣耀》的寿命。

在 QuestMobile 发布的《中国移动互联网 2018 年秋季大报告》中，若把报告内月活跃用户数突出的四款产品与 6 月份的数据进行对比（见表 4-36）可知，四款游戏中除了《王者荣耀》的月活跃用户数在减少，另外三款游戏的月活跃用户数均有不同程度的增加。根据极光大数据 2018 手游年报，《王者荣耀》的渗透率虽然降到了 17.36%，却依然在手游类 APP 排行榜中排名第一，并且是唯一一款月活跃用户数破亿的游戏产品，《绝地求生：刺激战场》的渗透率排在第二位。

表 4-36　月活跃用户数表现突出的四款游戏产品 2018 年 6 月与 9 月用户数据

序号	游戏名称	2018 年 6 月的月活跃用户数（万人）	2018 年 9 月的月活跃用户数（万人）
1	王者荣耀	22212.4	18173.1
2	刺激战场	15134.6	16118.5
3	开心消消乐	11796.6	12157.8
4	欢乐斗地主	5757.1	6079.7

资料来源：《中国移动互联网 2018 年秋季大报告》。

《王者荣耀》游戏的开发商运营商是腾讯，不存在游戏授权和合约年限问题，并且腾讯完成了《王者荣耀》从产品到IP的跨越，使《王者荣耀》成为游戏的主流，具有超长的生命周期。基于以上分析，本书预测《王者荣耀》的生命周期还有一年，即《王者荣耀》用户剩余生命周期长度为一年。

2. 用户剩余生命周期价值（CLV）的确定。在本书中，《王者荣耀》游戏用户剩余生命周期价值（CLV）通过以下模型测算：

$$CLV = \sum_{i=1}^{n} C_i(1+d)^{-1} \quad (4-9)$$

式中：C_i 是客户在第 i 期的收益；d 是折现率；n 是用户剩余生命周期长度。

（1）客户在第 i 期的收益。客户在第 i 个月的收益通过单位用户平均贡献值（ARPU）进行估算。

$$ARPU = 该月收入 \div 该月活跃用户数 \quad (4-10)$$

基于上一节的分析，《王者荣耀》产品收入主要由三个部分构成，分别是游戏收入、电子竞技比赛直播权收入以及广告收入。表4-37给出了腾讯分业务营业收入预测。

表4-37　腾讯分业务预测表　单位：亿元

营业收入	2017Q3	2017Q4	2018Q1	2018Q2	2018Q3	2018Q4E
增值服务	421	399	469	421	440	424
网络游戏	268	244	288	252	258	237
PC 游戏	146	128	141	129	124	118
手游	182	169	217	176	195	174
社交网络收入	153	156	181	169	182	187
网络广告	110	124	107	141	162	182
社交及其他广告	69	81	74	94	112	129
媒体广告	41	41	33	47	51	53
其他业务	120	141	160	175	203	217
合计	652	664	735	737	806	823

资料来源：公司财报，广发证券发展研究中心。

注：Q 表示季度；E 表示预测值。

从该表可以看出，腾讯 2018 年第三季度手游收入同比增长 7%、环比增加

11%，达到195亿元。这是由于正值七八月份暑假，属于旺季，同时一系列新皮肤的上线吸引了大量游戏用户付费购买（见图4－14）。同时，2018年第四季度是游戏上线三周年纪念，到时候会推出一系列的庆祝和促销活动，以吸引更多的玩家重返游戏。

同时，依据安信证券研究中心的研究报告，腾讯的手游业务增长放缓，《王者荣耀》进入成熟期。表4－38给出了2018年第三季度游戏收入排名前五位的情况。

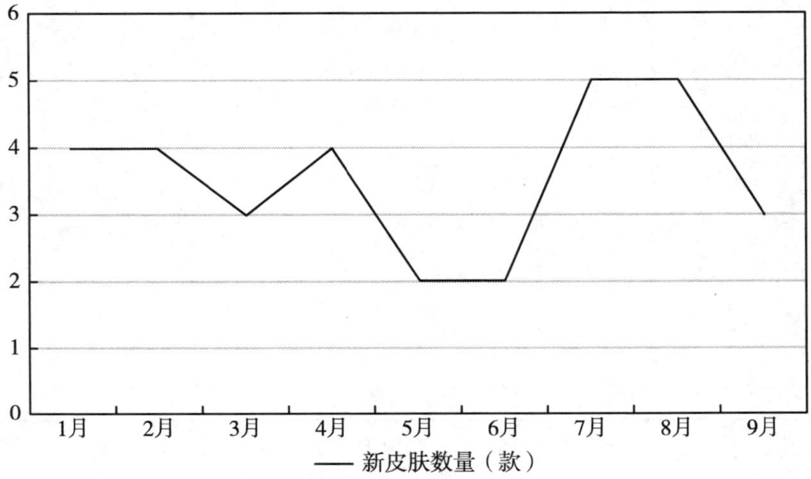

图4－14　2018年《王者荣耀》月度新皮肤数量

资料来源：《王者荣耀》游戏，广发证券发展研究中心。

表4－38　2018年第三季度游戏收入榜前五位的情况

排名	游戏名称	发行商	排名变化	季度流水测算（亿元）
1	王者荣耀	腾讯	—	50＋
2	梦幻西游	网易	—	20＋
3	我叫MT4	腾讯	NEW	15＋
4	QQ飞车	腾讯	NEW	10＋
5	自由幻想	腾讯	NEW	10＋

资料来源：GNC、第一上海整理。

根据以上分析，我们赋予《王者荣耀》2018年第三季度7月、8月和9月三个月的流水以40%、40%和20%的权重。依据证券分析报告和腾讯网络广告业务发展情况，我们估算来自《王者荣耀》的广告收入占0.1%。腾讯的财报中没有指出电竞直播业务的情况。腾讯旗下竞技游戏产生的电子直播业务已经产生了一定的收入，围绕电子竞技所持续发酵的《王者荣耀》等竞技游戏收入也是腾讯游戏收入的主要来源，本书认为原因应该在于电竞直播的大部分收入来源于游戏本身的增值服务，所以电竞直播业务暂时并未在财报中单独列出。

故2018年9月《王者荣耀》产品收入为：

$50\times20\%+112\times0.1\%\div3=10.04$（亿元）

ARPU＝10.04亿元÷1.81731亿人＝5.52元/人

则《王者荣耀》游戏产品的单位用户每月平均贡献值可测算为5.52元。

（2）折现率d。权益资本成本K_e采用CAPM模型来计算：

$$K_e=R_f+(R_m-R_f)\times\beta \qquad (4-11)$$

式中：R_f是无风险报酬率；R_m-R_f是市场风险溢价；β是企业的系统风险。

以Wind资讯上可以查询到的评估基准日国债（10年期）的平均收益率来确定R_f。也就是说，本次无风险报酬率R_f取3.355%（Wind中债国债到期收益率10年数据）。

本书采用从诞生开始的恒生指数的几何平均收益率为平均市场收益率R_m。恒生指数诞生于1969年，基期是1964年7月31日，基期指数定为100。截至2018年7月31日，香港恒生指数为25586，期限为54年。所以，其收益率的几何平均数为：

$$R_m=\sqrt[54]{\frac{25586}{100}}-1=10.81\% \qquad (4-12)$$

平均市场风险溢价$R_m-R_f=10.81\%-3.355\%=7.455\%$

本书采用腾讯近六年的月连续复利收益率对恒生指数同期收益率做回归，得出β的估计值，如图4－15所示。

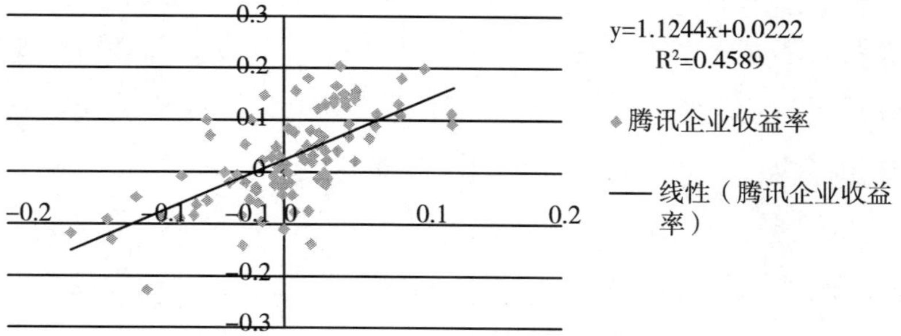

图4－15　腾讯企业收益率的回归图

故有：$\beta=1.1244$

因此得到：$Ke=Rf+(Rm-Rf)\times\beta=3.355\%+7.455\%\times1.1244=11.74\%$

加权平均资本成本的估计，基于管理用财务报表编制的资本结构，计算如下：

股东权益/净资产 = 122100/104561 = 1.1677

净负债/净投资 = −29048/104561 = −0.1436

金融资产回报率为2017年和2018年实际金融资产与净金融资产的比率。

金融资产收益 = 利息收入 + 外币折算差额 − 财务成本净额 = 2327 + 1975 − 1618 = 2684

金融资产的收益率 = 2684/17539 = 15.3%

则年折现率 = 1.1677 × 11.74% − 14.36% × 15.3% = 11.51%

（3）单位用户剩余生命周期价值CLV。由于计算出《王者荣耀》游戏产品的单位用户每月平均贡献值为5.52元，则单位用户每年平均贡献值为66.24元。

$$CLV=\sum_{i=1}^{n}C_i(1+d)^{-1}=\sum_{I=1}^{5}86.16(1+11.51\%)^{-1}=386 \qquad (4-13)$$

则一个《王者荣耀》用户的剩余生命周期价值（CLV）为59元。

（三）引入用户付费率

《王者荣耀》的用户付费率计算公式我们已经知晓，但由于《王者荣耀》相关付费用户数据并未公开，无法获得确切的用户付费率。本书通过查阅资料发现，按照国内游戏产业环境的标准，免费游戏的氪金玩家一般仅占2.3%，像《王者荣耀》和《英雄联盟》这类现象级游戏，用户付费率可达到15%—20%。本书取《王者荣耀》的用户付费率为18%。

（四）游戏版权价值贡献比率R的确定

基于上文对《王者荣耀》游戏产品的分析可以看出，《王者荣耀》中获取用户价值最为核心的知识资产就是游戏版权。不过，为《王者荣耀》创造经济价值的不仅仅只有游戏版权。本书认为，对《王者荣耀》的价值起贡献作用的有以下几类知识产权：游戏版权、商标权以及专利权。

1. 建立层次结构模型并构建判断矩阵。如图4−16所示，设定目标层为《王者荣耀》的知识产权组合价值；准则层为广告价值、电竞直播价值、游戏价值；方案层为游戏版权、商标权、专利权。

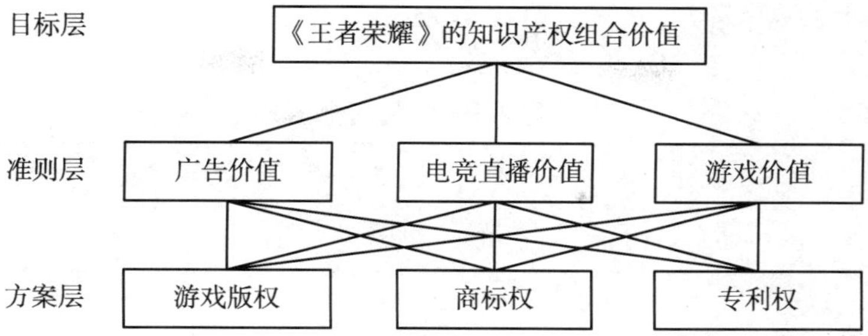

图4－16 《王者荣耀》知识产权组合价值贡献计算层次体系

根据“1—9标度方法”进行专家判断，可以构造出准则层对于目标层知识产权组合价值的判断矩阵A，并以相同的方式构造出方案层每个因素对于准则层每个因素的判断矩阵。本书对由45名行业从业人员组成的评估团队进行问卷调查，根据比较标度表4－39进行打分，接着对数据进行分析处理，得到判断矩阵A及方案层因素对于准则层每个因素的判断矩阵。

表4－39 比较标度表

相对重要标度	含义
1	两个要素的重要性相同
3	一个要素比另一个要素稍微重要
5	一个要素比另一个要素明显重要
7	一个要素比另一个要素强烈重要
9	一个要素比另一个要素极端重要
2、4、6、8	作为上述相邻判断的插值

$$A=\begin{bmatrix}1 & 2 & 1/3\\ 1/2 & 1 & 1/5\\ 3 & 5 & 1\end{bmatrix}$$

本书采用Matlab软件计算出准则层中广告价值、电竞直播价值以及游戏价值这三种影响因素的权重，各向量权重向量Q＝（0.2297，0.1220，0.6483）。

同理，按照此方法可求出方案层中的每个因素对于准则层中的每个因素的权重，在此不一一列出其判断矩阵，本书会在下面的一致性检验中给出每个因素权重列表。

2. 层次单排序及一致性检验。

（1）查找一致性指标RI。根据比较判断矩阵阶数n，查出平均随机一致性指标 RI，如表 4－40 所示。

表 4－40　　平均随机一致性指标 RI

n	1	2	3	4	5	6	7	8	9
RI	0.00	0.00	0.58	0.90	1.12	1.24	1.32	1.41	1.45

（2）计算一致性指标 CI。

$$CI = \frac{\lambda_{max} - n}{n - 1} \tag{4-14}$$

其中，λ_{max}是判断矩阵的最大特征值；n 是判断矩阵阶数。

（3）计算一致性比率 CR。

$$CR = \frac{CI}{RI} \tag{4-15}$$

当满足 $CR < 0.1$ 这一条件时，判断矩阵通过一致性检验，表示通过此矩阵计算出来的权重结果可信度较高。当 $CR \geq 0.1$ 时，权重结果不能被接受，判断矩阵需要再进行修改。

由 Matlab 软件得出的运行结果见表 4－41 至表 4－46。

表 4－41　　A－B 层单排序与一致性检验

A	B1	B2	B3	权重	一致性检验
B1	1	2	1/3	0.2297	$\lambda_{max}=3.0037$
B2	1/2	1	1/5	0.1220	CI = 0.0018
B3	3	5	1	0.6483	RI = 0.58

$CR = 0.0032$，$CR < 0.1$，满足一致性。

表 4－42　　B1 层单排序与一致性检验

B1	C1	C2	C3	权重	一致性检验
C1	1	1/5	3	0.1947	$\lambda_{max}=3.0940$
C2	5	1	6	0.7172	CI = 0.0470
C3	1/3	1/6	1	0.0881	RI = 0.58

$CR = 0.0810$，$CR < 0.1$，满足一致性。

表 4－43　　B2 层单排序与一致性检验

B2	C1	C2	C3	权重	一致性检验
C1	1	1	2	0.4000	$\lambda_{max}=3$
C2	1	1	2	0.4000	CI＝0
C3	1/2	1/2	1	0.2000	RI＝0.58

CR＝0，CR＜0.1，满足一致性。

表 4－44　　B3 层单排序与一致性检验

B3	C1	C2	C3	权重	一致性检验
C1	1	2	3	0.5396	$\lambda_{max}=3.0092$
C2	1/2	1	2	0.2970	CI＝0.0046
C3	1/3	1/2	1	0.1634	RI＝0.58

CR＝0.0079，CR＜0.1，满足一致性。

3. 层次总排序及一致性检验。

表 4－45　　层次总排序合成表

B 层 / C 层	B1 0.2297	B2 0.1220	B3 0.6483	C 层总排序权重
C1	0.1947	0.4000	0.5396	0.4433
C2	0.7172	0.4000	0.2970	0.4061
C3	0.0881	0.2000	0.1634	0.1506

表 4－46　　层次总排序一致性检验

CI_i	0.0470	0	0.0046	CI	RI
RI_i	0.58	0.58	0.58	0.0138	0.58

CR＝0.0238，CR＜0.1，满足一致性。

4. 游戏版权权。由以上计算可以得出游戏版权权重 R＝44.33%。

（五）Y 值的确定

由前文可知，Y＝alnMAU－b。通过 2017 年 2 月至 2017 年 6 月《王者荣耀》月活跃用户历史数据及对应时间序列，运用 WPS 软件中的 Excel 进行数据拟合测算，测算结果如图 4－17 所示。

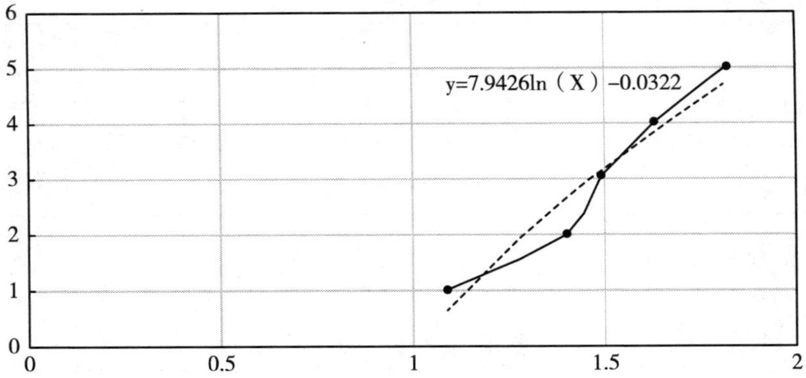

图 4－17 《王者荣耀》历史月活跃用户数据拟合结果

由拟合结果 $y = 7.9426\ln(x) - 0.0322$ 可知，$a = 7.9426$，$b = 0.0322$。将《王者荣耀》2018 年 9 月的月活跃用户数代入计算得到：

$$y = 7.9426\ln(1.82) - 0.0322 = 4.72 \quad (4-16)$$

（六）《王者荣耀》游戏产品版权价值

将以上参数带入修正的《王者荣耀》知识产权组合 DEVA 价值评估模型，计算出《王者荣耀》游戏产品版权评估价值为：

$$K = P \times Y \times (MAU \times CLV) \times R$$
$$= 18\% \times 4.72 \times (18173.1 \times 59) \times 44.33\%$$
$$= 403824 \text{（万元）}$$

主要参考文献

［1］ Alexander Fink，Oliver Schlake，Scenario management：An approach for strategic foresight［J］. Competitive Intelligence Review. 2000，11（1）：37－45.

［2］ Alp Toygar，C. E. Tapie Rohm Jr，Jake Zhu. A New Asset Type：Digital Assets［J］. Journal of International Technology and Information Management. 2013，22（4）：113－119.

［3］ Binder，J. Exchanging assets and metadata across platforms［J］. Journal of Digital Asset Management. 2006，2（5），215.

［4］ Blanke T. 6 － Economy and society of crowds and clouds［J］. Digital Asset Ecosystems. 2014：119－143.

［5］ Davis P，Pyper N. Enacting a new approach to scenario analysis：the potential of apragmatist account［J］. Fore sight. 2015，59（5）：268－272.

［6］ Gladen P. J. Harding，C. H&Shedd，E. Digital age unlocks true value of intellectual property［J］. International Tax Review. 2002（8）：19－25.

［7］ Gold Finger C. Intangible economy and its implications for statistics and statisticians［J］. International Statistical Review. 1997，65（2）：191－220.

［8］ Hao－Ren Ke，Shu－Hsien Tseng. Digital Curation for Cultural and Intellectual Assets：A Taiwan Perspective［J］. Libres Library & Information Science Research Electronic Journal. 2016，26（1）：64－72.

［9］ Ian Pollari. The Rise Of Fintech：opportunities and challenges［J］. The Finsia Journal of Applied Finance. 2016（3）：15－21.

［10］ Kevin V. Tu，Michael W. Meredith. Rethinking Virtual Currency Regulation in the Bitcoin Age［J］. Social Science Electronic Publishing. 2015（90）：271－347.

［11］ Kyle C. POST，Marsha L. Bayless，J. Kaoton Grubbs. Digital Assets：Law And Technology Collide－A Dilemma Needing A Solution［J］. Southern Journal of Business and Ethics. 2014（6）：47－56.

[12] Melanie Swan. Anticipating the Economic Benefits of Blockchain [J]. Technology Innovation Management Review. 2017, 7 (10): 6 - 13.

[13] Moulton B. GDP and the Digital Economy: Keeping up with the Changes [R/OL]. 1999 [2017 - 07 - 26].

[14] OECD. Measuring the Digital Economy: A New Perspective [M]. Paris: OECD Publishing, 2014.

[15] Otilia. The Virtual Currency And Financial Blockchain Technology. Current Trends In Digitial Finance [J]. Financial Studies. 2017 (3): 45 - 59.

[16] Philip W. F van Notten, Jan Rotmans, Mar jolein B. A van Asselt, Dale S Rothman. An updated scenario typology [J]. Futures. 2003 (5).

[17] Prof. Sabera Begum, Mohd. Ghouse. Access Control and Revocation for Digital Assets on Cloud with Consideration for Sharing [J]. Journal of Engineering Research and Application. 2017, 7 (5): 6 - 9.

[18] Seadle M, Conway P. Modeling the digital content landscape in universities [J]. Library Hi Tech. 2008, 26 (3): 342 - 354.

[19] Tapscott D. The Digital Economy: Promise and Peril in the Age of Networked Intelligence [M]. New York: McGraw - Hill, 1996.

[20] Van Niekerk A. Strategic management of media assets to optimizing market communication strategies, obtaining a sustainable competitive advantage and maximizing return on investment: An empirical study [J]. Journal of Digital Asset Management. 2007 (3): 89 - 98.

[21] 陈欣. 区块链技术在金融行业的应用 [J]. 电子技术与软件工程, 2018 (23): 126.

[22] 丁晓蔚. 对区块链融入版权保险的思考 [J]. 南京社会科学, 2018 (9): 120 - 125.

[23] 冯宏声. 深化数字化转型升级 激发内容产业新动能 [J/OL]. 科技与出版: 1 - 12 [2019 - 01 - 14].

[24] 付豪. 新技术引领医药物流变革 [J]. 中国物流与采购, 2018 (12): 34 - 35.

[25] 何枭吟. 数字经济发展趋势及我国的战略抉择 [J]. 现代经济探讨, 2013 (3): 39 - 43.

[26] 何枭吟. 数字经济与信息经济、网络经济和知识经济的内涵比较[J]. 时代金融, 2011 (29): 47.

[27] 李钧, 孔华威. 数字货币的崎岖进化 [M]. 北京: 电子工业出版社, 2014.

[28] 刘良惠. "电子商务环境下数字资产的会计确认、计量和核算" [J]. 财会研究, 2002 (10): 23-24.

[29] 刘一鸣, 蒋欣羽. 基于区块链技术的学术出版版权屏障研究 [J]. 编辑之友, 2018 (8): 95-99.

[30] 娄伟. 情景分析理论研究 [J]. 未来与发展, 2013, 36 (8): 30-37.

[31] 龙卫球. 数据新型财产权构建及其体系研究 [J]. 政法论坛, 2017, 35 (4): 63-77.

[32] 罗建辉. 拥抱区块链构建物流共信共配服务体系 [J]. 中国物流与采购, 2018 (14): 53.

[33] 吕玉芹, 袁昊, 舒平. 论数字资产的会计确认和计量 [J]. 中央财经大学学报, 2003 (11): 62-65.

[34] 聂静. 基于区块链的数字出版版权保护 [J]. 出版发行研究, 2017 (9): 33-36.

[35] 逄健, 朱欣民. 国外数字经济发展趋势与数字经济国家发展战略[J]. 科技进步与对策, 2013 (8): 124-128.

[36] 冉景刚. 区块链在数字出版业中的应用研究 [J]. 出版发行研究, 2018 (6): 34-38.

[37] 孙婧. 科技期刊数字侵权现状与版权保护——区块链技术可行性初探[J]. 中国科技期刊研究, 2018, 29 (10): 1000-1005.

[38] 田光明. 情景分析法 [J]. 晋图学刊, 2008 (3): 7-9+12.

[39] 涂红, 刘程. 区块链在全球贸易与金融领域中的应用 [J]. 国际贸易, 2018 (10): 63-67.

[40] 王晓光. 数字资产管理 [M]. 北京: 电子工业出版社, 2013.

[41] 肖瑞, 张劲枫, 林珮希. "区块链技术应用下的农业物流信息探究"[J]. 山西农经, 2018 (21): 15-16.

[42] 于潇宇, 陈硕. "全球数字经济发展的现状、经验及对我国的启示"[J]. 现代管理科学, 2018 (12): 12-14.

［43］张晗．基于区块链技术的金融产业革新［J］．中国集体经济，2018（36）：88－90．

［44］张云生，董志军．电子商务环境下会计工作面临的新问题［J］．科学与管理，2005（1）：77－78．

［45］张启望．数字资产核算［J］．财会通讯（学术版），2006（2）：112－114．